高等法律职业教育系列教材
审定委员会

高等法律职业教育系列教材

民事诉讼原理与实务

MINSHI SUSONG YUANLI YU SHIWU

主　编○邓　岩

副主编○吴晓苹　欧　滔

撰稿人○（以撰写章节先后为序）

邓　岩　梁瀚匀　欧　滔

吴晓苹　李雪松

中国政法大学出版社

2016·北京

图书在版编目（ＣＩＰ）数据

民事诉讼原理与实务/邓岩主编. —北京：中国政法大学出版社,2016.1（2024.1重印）
ISBN 978-7-5620-6625-5

Ⅰ.①民… Ⅱ.①邓… Ⅲ.①民事诉讼法-中国-高等学校-教材 Ⅳ.①D925.1

中国版本图书馆CIP数据核字(2016)第009548号

出 版 者　　中国政法大学出版社

地　　址　　北京市海淀区西土城路 25 号

邮　　箱　　fadapress@163.com

网　　址　　http://www.cuplpress.com（网络实名：中国政法大学出版社）

电　　话　　010-58908435(第一编辑部) 58908334(邮购部)

承　　印　　固安华明印业有限公司

开　　本　　787mm×1092mm　1/16

印　　张　　17

字　　数　　352 千字

版　　次　　2016 年 1 月第 1 版

印　　次　　2024 年 1 月第 5 次印刷

印　　数　　17001～19000

定　　价　　39.00 元

总　序
Preface

　　高等法律职业化教育已成为社会的广泛共识。2008 年，由中央政法委等 15 部委联合启动的全国政法干警招录体制改革试点工作，更成为中国法律职业化教育发展的里程碑。这也必将带来高等法律职业教育人才培养机制的深层次变革。顺应时代法治发展需要，培养高素质、技能型的法律职业人才，是高等法律职业教育亟待破解的重大实践课题。

　　目前，受高等职业教育大趋势的牵引、拉动，我国高等法律职业教育开始了教育观念和人才培养模式的重塑。改革传统的理论灌输型学科教学模式，吸收、内化"校企合作、工学结合"的高等职业教育办学理念，从办学"基因"——专业建设、课程设置上"颠覆"教学模式："校警合作"办专业，以"工作过程导向"为基点，设计开发课程，探索出了富有成效的法律职业化教学之路。为积累教学经验、深化教学改革、凝塑教育成果，我们着手推出"基于工作过程导向系统化"的法律职业系列教材。

　　《国家中长期教育改革和发展规划纲要（2010～2020 年）》明确指出，高等教育要注重知行统一，坚持教育教学与生产劳动、社会实践相结合。该系列教材的一个重要出发点就是尝试为高等法律职业教育在"知"与"行"之间搭建平台，努力对法律教育如何职业化这一教育课题进行研究、破解。在编排形式上，打破了传统篇、章、节的体例，以司法行政工作的法律应用过程为学习单元设计体例，以职业岗位的真实任务为基础，突出职业核心技能的培养；在内容设计上，改变传统历史、原则、概念的理论型解读，采取"教、学、练、训"一体化的编写模式。以案例等导出问题，根据内容设计相应的情境训练，将相关原理与实操训练有机地结合，围绕关键知识点引入相关实例，归纳总结理论，分析判断解决问题的途径，充分展现法律职业活动的演进过程和应用法律的流程。

法律的生命不在于逻辑，而在于实践。法律职业化教育之舟只有驶入法律实践的海洋当中，才能激发出勃勃生机。在以高等职业教育实践性教学改革为平台进行法律职业化教育改革的路径探索过程中，有一个不容忽视的现实问题：高等职业教育人才培养模式主要适用于机械工程制造等以"物"作为工作对象的职业领域，而法律职业教育主要针对的是司法机关、行政机关等以"人"作为工作对象的职业领域，这就要求在法律职业教育中对高等职业教育人才培养模式进行"辩证"地吸纳与深化，而不是简单、盲目地照搬照抄。我们所培养的人才不应是"无生命"的执法机器，而是有法律智慧、正义良知、训练有素的有生命的法律职业人员。但愿这套系列教材能为我国高等法律职业化教育改革作出有益的探索，为法律职业人才的培养提供宝贵的经验、借鉴。

2010 年 11 月 15 日

前　言
Foreword

　　为适应培养职业技能型人才的客观需要，编写组依据《民事诉讼法》课程标准，遵循高职教育自身的认知规律，紧密联系司法实践和相关专业人才培养模式，以法律事务职业岗位（群）的实际工作过程为载体，以工作任务为导向，从培养学生的职业品格出发，以培养法律工作者的专业技能为落脚点，设计了突出法律工作职业岗位技能系统化的项目内容和课程体系。本教材编写体例融合了民事诉讼实务"教、学、做"的"工学结合"情境，按照工作进程设置项目、单元内容，以典型案例为载体，对应学习内容来设计教学过程，全面培养和训练法律工作者的职业岗位能力，充分体现了理论必需性、职业针对性的高职教育理念。

　　本教材内容分为十一个学习单元，各学习单元根据"知识目标"和"能力目标"的培养要求，通过典型案例，导入该单元"应知"的"相关知识"和"应会"的"工作任务"，并明确了模拟训练要求和步骤，旨在培养和训练法律工作者的职业岗位能力。同时，在每个单元还设计了"思考题"，以启发和激励学生学习的主动性和积极性，检验学习效果。本教材不仅能满足警官职业学院的教学需要，还可作为司法从业人员的培训教材以及其他类型职业学校、高等专科、成人高等学校法学及相关专业的实用教材，也可供广大法律爱好者自学之用。

　　本书由邓岩任主编，吴晓苹、欧滔任副主编，李雪松、梁瀚匀参编。具体写作及分工如下（以撰写章节先后为序）：

邓　岩：第一、二、三、五、十单元

梁瀚匀：第四单元

欧　滔：第六、九单元

吴晓苹：第七、八单元

李雪松：第十一单元

在教材的立项、编写过程中，得到了广东司法警官职业学院教材建设工作委员会的大力支持和帮助，对具体编写工作给予了热情指导并提出了宝贵意见。谨此，表示由衷的感谢！为圆满完成教材的编写工作，作者参阅和借鉴了有关学者和相关部门的研究成果和文献资料，对他们表示诚挚的谢忱！

由于编著者水平有限，不足和缺陷在所难免，恳请读者多提宝贵意见，以便进一步提高教材质量和水平，更好地为警官高等职业教育服务。

教材编写组

2015 年 12 月 8 日于广州龙洞

目　录
Contents

单元一

民事诉讼及其基本制度

✍ **本单元知识结构图**

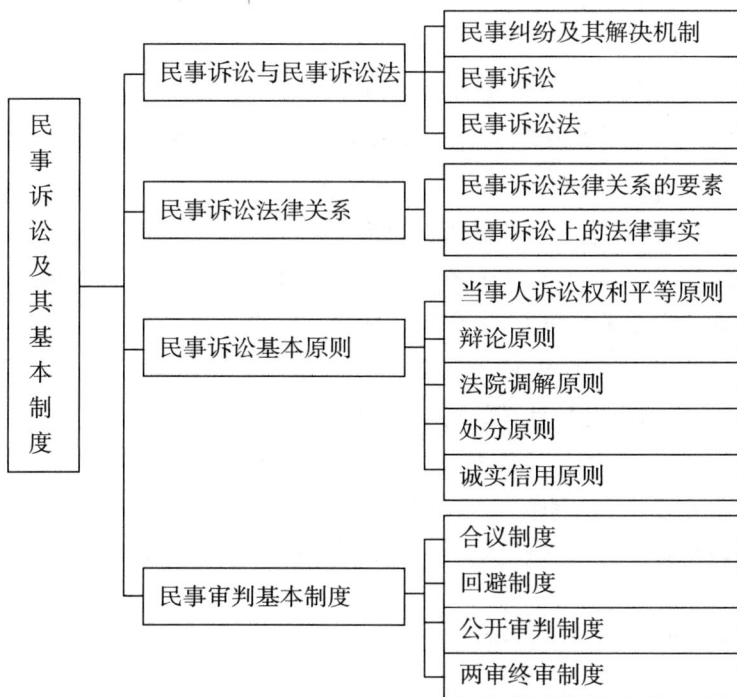

```
                          ┌─────────────────┬── 民事纠纷及其解决机制
              ┌── 民事诉讼与民事诉讼法 ──┼── 民事诉讼
              │                         └── 民事诉讼法
              │
民              │                         ┌── 民事诉讼法律关系的要素
事              ├── 民事诉讼法律关系 ──────┤
诉              │                         └── 民事诉讼上的法律事实
讼              │
及              │                         ┌── 当事人诉讼权利平等原则
其              │                         ├── 辩论原则
基              ├── 民事诉讼基本原则 ──────┼── 法院调解原则
本              │                         ├── 处分原则
制              │                         └── 诚实信用原则
度              │
              │                         ┌── 合议制度
              └── 民事审判基本制度 ──────┼── 回避制度
                                        ├── 公开审判制度
                                        └── 两审终审制度
```

🖊 **知识目标**

1. 熟悉民事纠纷的特点及其处理机制；

2. 熟悉民事诉讼的特征；

3. 掌握民事诉讼法的效力；

4. 熟悉民事诉讼法律关系的要素；

5. 理解民事诉讼的基本原则；

6. 掌握民事诉讼的各项基本制度。

能力目标

1. 能够准确判断一个争议是否属于民事争议，并熟知纠纷解决的多种途径；
2. 能够初步判断具体案件中的民事诉讼法律关系的各个要素；
3. 理解民事诉讼基本制度内涵，并能够在民事诉讼中准确地运用各项制度。

项目一 民事诉讼与民事诉讼法

引例

2001 年 7 月，方先生花了 264 982 元，在位于上海市松江区九亭镇涞亭南路的奥林匹克花园购置了一套商品房，并签订了商品房预售合同。2002 年 6 月 28 日，开发商按约交房，方先生于当日填写了购房契税纳税申报单，按房价的 0.75% 将契税交由开发商代为缴纳。开发商还以办理产权证的名义收取了方先生 300 元手续费。2002 年 10 月，等着拿产权证的方先生突然发现，开发商在小区内贴出一张公告，要求购房业主再补交房价 0.75% 的契税。迷惑不解的他在询问后才知道，原来上海市政府自 2002 年 9 月 1 日起，取消了市民购买商品房的契税补贴，要按照房价的 1.5% 交纳契税。

方先生认为："我在 6 月就交了契税，既然开发商许诺代我们缴税，并收取了手续费，那么，因其拖延缴税导致需要补交的税款，应由开发商承担。"在多次交涉未果后，方先生将开发商上海奥林匹克置业投资有限责任公司告到法院，要求赔偿损失 1978.11 元。和他一起递交起诉状的还有其他 16 名业主。

问题：

1. 本案中因补交税款而引发的纠纷属于什么性质的纠纷？
2. 当事人除用诉讼的方式解决该纠纷外，还有哪些途径？

基本原理认知

一、民事纠纷及其解决机制

(一) 民事纠纷

民事纠纷，也叫民事争议，是指平等主体之间发生的，以民事权利义务为内容的法律纠纷，如离婚纠纷、损害赔偿纠纷、房屋产权纠纷、合同纠纷、著作权纠纷等。民事纠纷作为法律纠纷的一种，一般来说，是因违反了民事法律规范而引起的。民事主体违反了民事法律义务性规范而侵害了他人的民事权利，由此而产生了以民事权利义务为内容的争议。民事纠纷与其他法律纠纷相比，具有以下主要特征：

1. 民事纠纷主体之间的法律地位平等。民事纠纷发生在平等主体的公民之间、法人之间以及公民和法人之间。不论实际地位、身份有何不同，主体在纠纷中始终处于平等地位。

2. 民事纠纷的内容是对民事权利义务的争议。即基于平等主体之间的财产关系和人身关系发生的争议，如果超出了这个范围就不属于民事纠纷。

3. 民事纠纷的可处分性。这是因为民事纠纷是有关私法的争议，而私法的基本原则是当事人"自治"，所以纠纷主体依法拥有对发生纠纷的民事权益的处分权。当然，这主要针对有关财产关系的民事纠纷而言的，有关人身关系的民事纠纷多不具有可处分性。

根据民事纠纷的内容，可将其分为：有关财产关系的民事纠纷和有关人身关系的民事纠纷。事实上，这两种纠纷往往是交相并存的：财产关系和人身关系的民事纠纷的发生往往互为前提；有些民事权利，如继承权、股东权等兼有财产和人身的性质，由此而发生的民事纠纷则兼有财产和人身的性质。

（二）民事纠纷的处理机制

人们在社会生活中，难免会发生各种民事纠纷，这些民事纠纷若不能得到妥善解决，不仅会损害当事人合法的民事权益，而且可能波及第三者甚至影响社会的安定。因此，各国都很重视民事纠纷的解决并建立了相应的处理民事纠纷的制度。根据解决民事纠纷的制度和方法的不同性质和特点，以及它们对解决民事纠纷的不同作用，可以将民事纠纷的处理机制分为三种，即自力救济、社会救济和公力救济。

1. 自力救济。自力救济包括自决与和解。它是指纠纷主体依靠自身力量解决纠纷，以达到维护自己的权益。自决是指纠纷主体一方凭借自己的力量使对方服从。和解是指双方互相妥协和让步。两者共同点是，都依靠自我的力量来解决争议，无需第三方的参与。

2. 社会救济。社会救济包括调解（诉讼外调解）和仲裁。它是只依靠社会力量处理民事纠纷的一种机制。

调解是由第三者（调解机构或调解人）出面对纠纷的双方当事人进行调停说和，用一定的法律规范和道德规范劝导冲突双方，促使他们在互谅互让的基础上达成解决纠纷的协议。调解协议不具有法律上的强制力，但具有合同意义上的效力。

仲裁是由双方当事人选定的仲裁机构对纠纷进行审理并作出裁决。仲裁不同于调解，仲裁裁决具有法律上的强制力。但是，仲裁与调解一样，也是以双方当事人的自愿为前提条件的，只有纠纷的双方达成仲裁协议，并一致同意将纠纷交付裁决，仲裁才能够开始。

3. 公力救济。公力救济是指通过国家机关解决民事纠纷。主要有两种途径，一是行政裁决，二是民事诉讼。

行政裁决是指由法律规定的行政机关主持解决相关的民事纠纷。纠纷当事人对行政裁决不服的，可以依法提起民事诉讼。适用行政裁决的民事纠纷包括：①食品卫生、药品管理、环境保护、医疗卫生、产品质量、社会福利等方面的侵权损害赔偿纠纷；②土地、草原、水流、滩涂、矿产等自然资源的权属争议；③劳动工资、经济补偿纠纷等。

民事诉讼是法院在当事人和其他诉讼参与人的参加下，以审理、判决、执行等方式解决民事纠纷的活动，是利用国家公权力解决纠纷的一种最权威也最为有效的机制，具有国家强制性和严格的规范性等特点。

二、民事诉讼

民事诉讼是指法院在当事人和其他诉讼参与人的参加下，以审理、判决、执行等方式解决民事纠纷的活动，以及由这些活动产生的各种诉讼关系的总和。民事诉讼动态地表现为法院、当事人及其他诉讼参与人进行的各种诉讼活动，静态地表现为在诉讼活动中产生的诉讼关系。

民事诉讼与调解、仲裁这些诉讼外解决民事纠纷的方式不同，也区别于行政诉讼和刑事诉讼，具有以下特征：

1. 民事诉讼具有公权性。民事诉讼是以司法方式解决平等主体之间的纠纷，由法院代表国家行使审判权解决民事争议。它既不同于群众自治组织性质的人民调解委员会以调解方式解决纠纷，也不同于由民间性质的仲裁委员会以仲裁方式解决纠纷。

2. 民事诉讼具有强制性。强制性是公权力的重要属性。民事诉讼的强制性既表现在案件的受理上，又反映在裁判的执行上。调解、仲裁均建立在当事人自愿的基础上，只要有一方不愿意选择上述方式解决争议，调解、仲裁就无从进行。民事诉讼则不同，只要原告起诉符合民事诉讼法规定的条件，无论被告是否愿意，诉讼均会发生。诉讼外调解协议的履行依赖于当事人的自觉，不具有强制力；法院裁判则不同，当事人不自动履行生效裁判所确定的义务，法院可以依法强制执行。

3. 民事诉讼具有程序性。民事诉讼是依照法定程序进行的诉讼活动，无论是法院还是当事人和其他诉讼参与人，都需要按照民事诉讼法设定的程序实施诉讼行为，违反诉讼程序常常会引起一定的法律后果，如法院的裁判被上级法院撤销，当事人失去为某种诉讼行为的权利等。诉讼外解决民事纠纷的方式程序性较弱，人民调解没有严格的程序规则，仲裁虽然也需要按预先设定的程序进行，但其程序相当灵活，当事人对程序的选择权也较大。

4. 民事诉讼的诉讼标的是发生争议的民事法律关系。民事法律关系是法律确认的权利主体对人或物的关系，这种关系的内容为民事权利和民事义务。民事义务的不履行或者不适当履行，必然引起争议，发生纠纷，当一方当事人把它诉诸司法解决，就成了民事诉讼。而民事诉讼要解决的，正是发生争议的民事法律关系是否存在，以及权利义务如何的问题。从这个意义上讲，发生争议的民事法律关系是民事诉讼的诉讼标的。这一特点是民事诉讼区别于行政诉讼和刑事诉讼的显著标志。

三、民事诉讼法

（一）民事诉讼法的含义

民事诉讼法，是指调整法院和诉讼参与人的各种诉讼活动以及由此产生的各种诉讼关系的法律规范的总称。民事诉讼法调整的对象：一是法院、当事人和其他诉讼参与人的诉讼活动，二是从诉讼活动中产生的各种关系。民事诉讼法有狭义和广义之分。

狭义的民事诉讼法专指民事诉讼法典，我国现行的民事诉讼法典是1991年4月9日颁布实施的《中华人民共和国民事诉讼法》。2007年10月28日全国人民代表大会常务委员会对《中华人民共和国民事诉讼法》进行了第一次修正，修正后的《中华人民共和国民事诉讼法》自2008年4月1日起施行。2012年8月31日全国人民代表大会常务委员会对《中华人民共和国民事诉讼法》进行了第二次修正，修正后的《中华人民共和国民事诉讼法》自2013年1月1日起施行。

广义的民事诉讼法，不仅包括民事诉讼法典，而且还包括宪法、其他法律、法规中有关民事诉讼的规范，以及最高人民法院在适用民事诉讼法过程中作出的司法解释。这些司法解释通过两种方式表现出来：一是综合性解释，如《最高人民法院关于适用〈中华人民共和国民事诉讼法〉的解释》（以下简称《关于适用民诉法的解释》）、《最高人民法院关于民事经济审判方式改革问题的若干规定》（以下简称《民经审判方式改革规定》）；二是针对高级人民法院就个案请示所作的批复，如《关于人民法院是否受理因邮电部门电报稽延纠纷提起诉讼问题的批复》。这些司法解释是民事诉讼法条文的具体化，针对性强，经常适用。但司法解释不能与法律、法规相抵触，与法律、法规冲突时，应当适用法律、法规。

（二）民事诉讼法的性质

1. 民事诉讼法是基本法。就民事诉讼法在我国法律体系中的地位而言，它属于基本法律，其效力仅低于宪法。按照我国立法法的规定，民事诉讼法典的立法权属于全国人民代表大会。

2. 民事诉讼法是部门法。从民事诉讼法调整的社会关系看，它调整的是民事诉讼关系，是社会关系中具有自身特点的一类社会关系，这决定了民事诉讼法能够成为一个独立的法律部门。

3. 民事诉讼法是程序法。从民事诉讼法的内容看，它规定的主要是程序问题，除总则外，民事诉讼法规定了第一审程序、第二审程序、审判监督程序、特别程序、督促程序、公示催告程序、执行程序等。民事诉讼法在主要规定诉讼程序的同时，它还规定了一些同民事诉讼相关的非讼程序。

（三）民事诉讼法的效力

民事诉讼法的效力，是指民事诉讼法在何时何地对何人何事具有法律约束力。

1. 时间效力。民事诉讼法的时间效力，是指民事诉讼法在什么时间范围内具有效力，包括民事诉讼法何时生效、何时失效，以及对民事诉讼法生效前的民事案件是否具有溯及力等事项。经第十一届全国人民代表大会常务委员会第二十八次会议通过的新修正的《中华人民共和国民事诉讼法》，自 2013 年 1 月 1 日起施行。

民事诉讼法有溯及既往的效力。即现行民事诉讼法生效后，法院无论是审理生效前受理的案件，还是审理生效后受理的案件，均应适用新法；但新法生效前已适用旧法进行的尚未终结的程序活动依然有效。

2. 空间效力。民事诉讼法的空间效力，是指民事诉讼法适用的地域范围。我国《民事诉讼法》第 4 条规定："凡在中华人民共和国领域内进行民事诉讼，必须遵守本法。"该条规定指明了我国民事诉讼法的空间效力，包括中华人民共和国整个领域，即我国的领土、领空、领海以及领土的延伸部分，如我国驻外使领馆、航行或停泊于国外或公海上的我国飞行器或船舶等。

另外，香港、澳门和台湾虽是中国领土不可分割的组成部分，但由于历史和现实的原因，民事诉讼法在香港、澳门和台湾不发生法律效力。

我国《民事诉讼法》第 16 条规定，民族自治地方的人民代表大会为贯彻实施民事诉讼法而制定的变通或补充规定，仅适用于该民族自治区域。

3. 对人效力。民事诉讼法对人效力，是指民事诉讼法对什么人生效，即适用于哪些人。我国《民事诉讼法》第 4 条规定："凡在中华人民共和国领域内进行民事诉讼，必须遵守本法。"也就是说，无论何人，只要在中华人民共和国领域内进行民事诉讼活动，就必须遵守我国《民事诉讼法》。具体讲，我国《民事诉讼法》适用于下列人员：①我国的公民、法人和其他组织；②申请在我国进行民事诉讼的外国人、无国籍人以及外国企业和组织。

我国《民事诉讼法》第 261 条规定，对享有外交特权与豁免的外国人、外国组织或国际组织提起的民事诉讼，应当依照我国有关法律和我国缔结或参加的国际条约的规定办理。

4. 对事效力。民事诉讼法对事效力，是指人民法院依照民事诉讼法审理的民事案件的范围。我国《民事诉讼法》第 3 条规定："人民法院受理公民之间、法人之间、其他组织之间以及他们相互之间因财产关系和人身关系提起民事诉讼，适用本法的规定。"人民法院审理案件的具体范围在后面的法院主管制度中阐明。

相关法律规范

《中华人民共和国民事诉讼法》第 2～4、16、261 条。

学习情境一 民事纠纷的解决途径

【情境案例】

2008 年 5 月 2 日下午 5 点多，家住郑州市二七区的李某和同事一起到二七区红云路的山西小吃店就餐时，不小心打碎一个碟子，双方因赔偿数额达不成一致，且矛盾升级导致店主何某与两名男店员殴打李某，110 接到报警后及时赶到现场处理了此事。郑州市第一人民医院诊断，李某为头外伤，脑震荡，右下肢软组织损伤。后经郑州市公安局法医鉴定中心鉴定李某为面部轻微伤。为此李某花去住院费，误工费等共计 1651 元，李某要求何某赔偿其损失。但何某认为，自己与李某打架，李某有重大过错，并且李某也打了自己，她也受到了伤害，因此拒绝赔偿。

【训练目的和要求】

结合案例和相关知识，通过训练，学生能够熟练掌握解决民事纠纷的途径。

【训练方法】

参训学生 3～5 名为一组，分角色扮演。由 2 名学生模拟当事人，1～3 名学生模拟人民调解员。

【工作任务】

任务一：自行和解解决纠纷。

步骤 1：由纠纷的一方提出和解方案。

步骤 2：双方就和解协议进行协商，最后达成或没有达成和解协议。

任务二：人民调解委员会调解解决纠纷。

步骤 1：人民调解案件的受理。受理纠纷包括以下具体步骤：接待当事人、审查当事人申请、制作接待笔录、填写受理纠纷登记表。

【文书样式】

调解申请书

申请人姓名_____ 性别____ 民族____年龄____

职业或职务_____联系方式_____

单位或住址_____ 被申请人姓名_____性别_____

民族_____年龄_____

职业或职务_____联系方式_____

单位或住址_____

纠纷简要情况：_____

_____

_____

当事人申请事项：1. ＿＿＿＿＿＿＿＿＿＿＿＿＿＿＿＿＿＿＿＿＿

2. ＿＿＿＿＿＿＿＿＿＿＿＿＿＿＿＿＿＿＿＿＿＿＿＿＿＿

3. ＿＿＿＿＿＿＿＿＿＿＿＿＿＿＿＿＿＿＿＿＿＿＿＿＿＿

人民调解委员会已将申请人民调解的相关规定告知我，现自愿申请人民调解委员会进行调解。

申请人（签名盖章或按指印）＿＿＿＿＿

＿＿＿＿年＿＿＿＿月＿＿＿＿日

人民调解受理登记表

＿＿＿＿年＿＿＿＿月＿＿＿＿日，人民调解委员会依当事人申请（人民调解委员会主动调解），经当事人同意，调解＿＿＿＿、＿＿＿＿之间的纠纷。

纠纷类型：＿＿＿＿＿＿＿＿＿＿＿＿＿＿＿＿＿＿＿＿＿＿＿＿

案件来源：①当事人申请；②人民调解委员会主动调解

纠纷简要情况：＿＿＿＿＿＿＿＿＿＿＿＿＿＿＿＿＿＿＿＿

＿＿＿＿＿＿＿＿＿＿＿＿＿＿＿＿＿＿＿＿＿＿＿＿＿＿＿＿＿＿

＿＿＿＿＿＿＿＿＿＿＿＿＿＿＿＿＿＿＿＿＿＿＿＿＿＿＿＿＿＿

当事人（签名）＿＿＿＿＿

登记人（签名）＿＿＿＿＿

＿＿＿＿＿＿＿＿人民调解委员会

＿＿＿＿年＿＿＿＿月＿＿＿＿日

备注：此表由人民调解委员会填写。

步骤2：人民调解前的准备。人民调解前应做好以下准备工作：选定调解主持人、调查核实纠纷、拟定调解方案。

步骤3：人民调解工作的实施。人民调解时一般按以下步骤进行：告知当事人的权利义务、双方当事人陈述、进行调解、达成协议（或没有达成协议）、调解回访（达成协议时适用）。

【文书样式】

人民调解协议书

编号＿＿＿＿＿

当事人姓名＿＿＿＿＿　性别＿＿＿＿　民族＿＿＿＿年龄＿＿＿＿

职业或职务＿＿＿＿＿＿＿＿联系方式＿＿＿＿＿＿＿＿

单位或住址＿＿＿＿＿＿＿＿＿＿＿＿＿＿＿＿＿＿＿＿＿＿＿＿＿＿＿＿＿

当事人姓名＿＿＿＿＿ 性别＿＿＿＿ 民族＿＿＿＿ 年龄＿＿＿＿

职业或职务＿＿＿＿＿＿＿＿＿＿联系方式＿＿＿＿＿＿＿＿＿

单位或住址＿＿＿＿＿＿＿＿＿＿＿＿＿＿＿＿＿＿＿＿＿＿＿＿＿＿＿＿＿

纠纷主要事实、争议事项：＿＿＿＿＿＿＿＿＿＿＿＿＿＿＿＿＿＿＿＿＿＿

＿＿＿＿＿＿＿＿＿＿＿＿＿＿＿＿＿＿＿＿＿＿＿＿＿＿＿＿＿＿＿＿＿＿＿＿＿

＿＿＿＿＿＿＿＿＿＿＿＿＿＿＿＿＿＿＿＿＿＿＿＿＿＿＿＿＿＿＿＿＿＿＿＿＿

经调解，自愿达成如下协议：＿＿＿＿＿＿＿＿＿＿＿＿＿＿＿＿＿＿＿＿＿＿

＿＿＿＿＿＿＿＿＿＿＿＿＿＿＿＿＿＿＿＿＿＿＿＿＿＿＿＿＿＿＿＿＿＿＿＿＿

＿＿＿＿＿＿＿＿＿＿＿＿＿＿＿＿＿＿＿＿＿＿＿＿＿＿＿＿＿＿＿＿＿＿＿＿＿

履行方式、时限＿＿＿＿＿＿＿＿＿＿＿＿＿＿＿＿＿＿＿＿＿＿＿＿＿＿＿＿

本协议一式＿＿＿＿＿＿份，当事人、人民调解委员会各持一份。

当事人（签名盖章或按指印）＿＿＿＿＿＿人民调解员（签名）＿＿＿＿＿

当事人（签名盖章或按指印）＿＿＿＿＿记录人（签名）＿＿＿＿＿

（人民调解委员会印章）

＿＿＿＿＿年＿＿＿＿＿月＿＿＿＿＿日

任务三：法院诉讼解决纠纷。该任务不在本单元完成，学生只要掌握它是解决民事纠纷的重要途径即可。

项目二 民事诉讼法律关系

引例

2009 年 1 月 24 日晚，李某到何计快餐店（隶属于何计餐饮管理有限公司，以下简称快餐店）就餐。在取餐时因地面湿滑而跌倒，被餐盘中的热饮烫伤右小腿。因快餐店未对李某进行积极救治，李某当天只得自行前往医保定点医院，因伤势较重被收治入院。快餐店得到通知后，当天派两位经理前往医院看望，但只承诺予以合理的赔偿。出院后李某与快餐店经理孙某联系，赔偿费一直协商未果。故李某诉至法院，请求法院判令快餐店赔偿医疗费、交通费、误工费、护理费、住院伙食补助费共计 13 359.53 元，精神损失费 10 000 元，本案诉讼费由被告承担。最终，法院判决被告赔偿原告李某医疗费、误工费、住院伙食补助费共计 8333.93 元、精神损害抚慰金 2000 元，驳回原告其他诉讼请求。

问题：

1. 作为本案的民事诉讼法律关系主体、客体、内容各是什么？

2. 引起本案发生的法律事实是什么？

基本原理认知

民事诉讼法律关系问题是民事诉讼法学中的重要理论问题，同时也与民事诉讼实践有密切联系，因此，研究民事诉讼法律关系不仅有助于人民法院正确理解和掌握民事诉讼法律规范的精神实质，尊重诉讼参与人的诉讼权利，依法行使审判权，正确履行职责，也有助于引导诉讼参与人正确行使诉讼权利和自觉履行诉讼义务。

民事诉讼法律关系，是指人民法院和一切诉讼参与人之间在民事诉讼过程中发生的、由民事诉讼法所调整的诉讼上的权利义务关系。它包括以下几层含义：①民事诉讼法律关系发生在民事诉讼过程中；②民事诉讼法律关系存在于人民法院和一切诉讼参与人之间；③民事诉讼法律关系以诉讼权利义务为内容；④民事诉讼法律关系受民事诉讼法调整。

一、民事诉讼法律关系的要素

民事诉讼法律关系的要素，是指构成民事诉讼法律关系的基本因素。民事诉讼法律关系与其他法律关系一样，由主体、客体和内容三个要素构成。

（一）民事诉讼法律关系的主体

民事诉讼法律关系的主体，是指民事诉讼权利的享有者和民事诉讼义务的承担者。民事诉讼法律关系的主体包括人民法院、人民检察院和诉讼参与人。诉讼参与人包括诉讼参加人和其他诉讼参与人，诉讼参加人是指当事人和诉讼代理人；其他诉讼参与人是指证人、鉴定人、翻译人员和勘验人员等。

在我国民事诉讼理论中，还有一个与民事诉讼法律关系主体既相联系又有区别的概念，即民事诉讼主体（简称诉讼主体）。诉讼主体不是诉讼法律关系主体的简称，而是指诉讼法律关系主体中能够直接对诉讼程序的发生、发展和终结产生影响者。诉讼主体，一定是诉讼法律关系主体，如当事人既是诉讼主体，又是诉讼法律关系主体；而诉讼法律关系主体，不一定是诉讼主体，如证人、鉴定人、翻译人员和勘验人员，是诉讼法律关系的主体，但不是诉讼主体。诉讼主体只包括人民法院、人民检察院、当事人、法定代理人和经特别授权的委托代理人。

（二）民事诉讼法律关系的内容

民事诉讼法律关系的内容，是指民事诉讼法律关系主体依法享有的诉讼权利和承担的诉讼义务。诉讼权利是指民事诉讼法律关系主体在诉讼中依法可以为一定行为或不为一定行为的可能性。诉讼义务是指民事诉讼法律关系主体在诉讼中依法可以为一定行为或不为一定行为的必要性。

不同的诉讼法律关系主体在诉讼中的地位和作用不同，他们享有的权利和所承担的义务也有所区别。

1. 人民法院。人民法院以国家审判机关的名义参加诉讼对民事案件进行审判，这是人民法院的诉讼权利，也是其诉讼义务。人民法院要依照法律的规定审判案件，当事人也必须接受人民法院的审判，这是人民法院的诉讼权利；同时，对于法院来讲，这种权利是不能被放弃的，应该审判的案件如果法院不审判，属失职行为，是法律所不允许的，从这个角度讲，对民事案件进行审判又是人民法院的诉讼义务。人民法院的诉讼义务主要有两方面：一是保障当事人和其他诉讼参与人正确行使诉讼权利；二是要正确、合法、及时地审判民事案件。人民法院行使诉讼权利和履行诉讼义务表现了对国家和人民负责的一致性，与其审判职能相一致。

2. 当事人。当事人的诉讼权利和诉讼义务与人民法院不同。当事人享有的诉讼权利是以他们的实体权利为基础的。当其实体权利受到侵害或者与他人发生争议时，就有权要求人民法院给予司法保护，而被告也可以通过应诉和反诉的方式行使自己的权利。我国《民事诉讼法》第49～51条规定了当事人具有广泛的诉讼权利，同时也要求他们履行一定的诉讼义务。对于法律所规定的诉讼权利，当事人既可以行使，也可以放弃；但法律所规定的诉讼义务，当事人必须履行，以保障诉讼活动的正常进行。

3. 诉讼代理人。诉讼代理人以当事人的名义参加诉讼，法律赋予其与当事人相似的诉讼地位。他们的诉讼权利和诉讼义务与当事人的诉讼权利和诉讼义务基本相同。但诉讼代理人必须在代理权限范围内进行诉讼活动。

4. 其他诉讼参与人。证人、鉴定人和翻译人员参加诉讼活动，是为了协助人民法院查明案件事实，他们享有一定的诉讼权利，也承担一事实上的诉讼义务，以保障人民法院及时地解决民事纠纷。

（三）民事诉讼法律关系的客体

民事诉讼法律关系的客体，是指民事诉讼法律关系主体之间诉讼权利和诉讼义务所指向的对象，它通常包括案件事实和当事人之间争议的民事实体法律关系。由于不同的民事诉讼法律关系主体有不同的诉讼权利义务，因此，民事诉讼法律关系的客体即诉讼权利义务指向的对象也有所不同。例如，人民法院和当事人之间诉讼权利义务指向的对象，既包括案件事实，又包括当事人之间争议的民事实体法律关系；人民法院和其他诉讼参与人之间诉讼权利义务指向的对象，只能是案件事实。

二、民事诉讼上的法律事实

民事诉讼法律关系的发生、变更和消灭，是由诉讼上的法律事实引起的。凡是能够引起民事诉讼法律关系发生、变更和消灭的事实，都称为诉讼上的法律事实。诉讼上的法律事实包括诉讼事件和诉讼行为两类。

（一）诉讼事件

诉讼事件，是指不以人的意志为转移，能够引起诉讼上一定法律效果的客观情况，比如自然人的死亡、法人的终止等。在离婚诉讼中一方当事人的死亡，诉讼程序终结，导致民事诉讼法律关系消灭；在诉讼中法人因合并而终止，其诉讼权利义务由合并后的法人享有和承担，导致民事诉讼法律关系的变更。

（二）诉讼行为

诉讼行为，是指民事诉讼法律关系主体所实施的，能够引起诉讼上一定法律效果的各种活动。它是引起民事诉讼法律关系发生、变更和消灭的主要原因。

诉讼行为包括作为和不作为。前者如起诉、应诉、反诉、申请回避、强制执行等，后者如一审判决作出后，当事人在上诉期内没有提出上诉等。

诉讼行为还可分为合法行为和违法行为。不仅合法行为能引起民事诉讼法律关系的发生、变更和消灭，违法行为也可引起民事诉讼法律关系的发生、变更和消灭。前者如当事人起诉，引起民事诉讼法律关系的发生，后者如原告无正当理由不到庭参加诉讼，法院按撤诉处理，导致民事诉讼法律关系的消灭。

项目三　民事诉讼基本原则

📖 引例

甲公司（国有股份制企业）与乙公司（私营企业）因租赁合同产生纠纷，甲公司以乙公司违约为由将其诉至法院，要求其支付赔偿金 12 万元。法院在征得双方同意后，对双方的纠纷进行了调解，但终因分歧过大，调解失败。在法院审理过程中，乙公司提出了反诉，后来又将反诉撤回。此案法院开庭三次，在庭审中双方进行了激烈辩论。最后为了给予国有资产更多的保护，防止国有资产的流失，法院判决被告乙公司向原告甲公司支付赔偿金 15 万元，并承担本案诉讼费用。

问题：本案中，该法院的做法遵循了民事诉讼法的哪些基本原则，同时又违背了民事诉讼法的哪些基本原则？

📖 基本原理认知

民事诉讼法的基本原则，是指能够指导民事诉讼活动正常进行的基本原理和基本规则。它是民事诉讼法学基本理论的重要组成部分和集中体现，是民事诉讼法学基本理论的条文化、法律化，是制定各项程序制度的依据，同时它还具有概括性强、适应性强的特点，可以弥补立法的不足。因此，民事诉讼法的基本原则在民事诉讼法中有着十分重要的地位和作用。

民事诉讼法的基本原则规定在《民事诉讼法》第一章中，法学界通常将这些原则分为两大类：

第一类是共有原则，它是根据宪法原则，参照人民法院组织法有关规定制定的基本原则，这类基本原则它不仅适用于民事诉讼，而且也适用于刑事诉讼和行政诉讼。这类原则具体包括以下 7 项：①审判权由人民法院行使的原则；②人民法院依法独立审判案件的原则；③以事实为根据、以法律为准绳的原则；④对诉讼当事人在适用法律上一律平等的原则；⑤使用本民族语言、文字进行诉讼的原则；⑥检察监督原则；⑦民族自治地方可以制定变通或者补充规定的原则。

第二类是特有原则，它是根据民事诉讼的特殊要求制定的基本原则，反映了民事诉讼的特殊规律性。这类原则具体包括以下 5 项：①当事人诉讼权利平等原则；②辩论原则；③法院调解原则；④处分原则；⑤诚实信用原则。本教材只对民事诉讼法的特有原则加以具体阐述。

一、当事人诉讼权利平等原则

当事人诉讼权利平等原则，是指在民事诉讼中，当事人平等地享有和行使诉讼权利。我国《民事诉讼法》第 8 条规定："民事诉讼当事人有平等的诉讼权利。人民法院审理民事案件，应当保障和便利当事人行使诉讼权利，对当事人在适用法律上一律平等。"根据此条规定，当事人诉讼权利平等原则，包括以下三项基本内容：

1. 当事人在诉讼中的地位平等。当事人在诉讼中的地位，不因当事人的社会地位、经济状况、文化程度、民族等因素不同而存在差别。这种地位上的平等在民事诉讼中进一步体现为诉讼权利赋予和诉讼义务承担上的平等。

2. 当事人平等地拥有行使权利的手段。行使诉讼权利的手段，是实现诉讼权利的具体形式。没有平等地行使诉讼权利的手段，平等的诉讼权利就无法实现。如果在民事诉讼中，只一方当事人享有行使诉讼权利的手段，就无法保证双方当事人平等地行使诉讼权利。

3. 保障和便利当事人平等地行使诉讼权利。首先是立法保障。作为立法的指导原则，诉讼权利平等原则应当体现在民事诉讼法的相关制度和具体规范中，使这一原则具体化，为当事人实际平等地享有和行使诉讼权利提供法律依据。其次是在司法实践中，人民法院应当为当事人平等地行使诉讼权利提供保障和便利。依法保障当事人双方平等地行使诉讼权利，并且为他们行使诉讼权利创造和提供平等的机会和条件，这是人民法院应当履行的职责，也是诉讼权利平等原则实现的重要保证。

二、辩论原则

民事诉讼中的辩论原则，是指在人民法院主持下，当事人有权就案件事实和争议的问题，各自陈述其主张和根据，互相进行反驳和答辩。

《民事诉讼法》第 12 条规定："人民法院审理民事案件时，当事人有权进行辩论。"该条确立了民事诉讼中的辩论原则。辩论原则主要包括以下三方面内容：

1. 辩论原则贯穿于民事诉讼的全过程。通常的理解中，辩论只指法庭辩论，实际上辩论决不限于法庭辩论，而是贯穿于整个民事诉讼的全过程。从原告起诉、被告答辩开始，到人民法院作出终审裁判之前，不论是在第一审程序、第二审程序还是在审判监督程序中，双方当事人都可以以法定的形式进行辩论。

2. 辩论的内容，既可以是程序方面的问题，也可以是实体方面的问题。对于程序方面的问题，如当事人是否适格，当事人的某项诉讼行为是否符合法定要求以及代理人是否有代理权等。实体方面的问题通常是辩论的焦点。一般来说，对实体问题的辩论往往是法庭认定事实的重要依据，因为借助辩论过程，审判人员可以了解双方的观点及各自的论据，进而作出某种评判。

3. 辩论的方式既可以是口头的也可以是书面的。口头辩论又称为"言辞辩论"，主要集中在法庭审理阶段，且只适用于诉讼汇合的场合。书面辩论主要集中在其他阶段，如原告提交起诉状、被告提交答辩状以及一方当事人为支持自己的主张，对抗对方主张提交的其他诉讼文书和资料。

民事诉讼中的辩论原则与刑事诉讼中的辩护原则具有一定的区别。辩护原则建立在公诉权与辩护权分立的基础之上，检察机关代表国家，以公诉人的身份对刑事被告人行使追诉权，被告人处于被控诉和受审判的地位，只能就自己是否犯罪和罪行轻重进行辩护。辩论原则建立在原告和被告诉讼地位平等而又彼此对立的基础之上，双方可以相互反驳、争辩，被告还有权对原告进行反诉。

三、法院调解原则

《民事诉讼法》第 9 条规定："人民法院审理民事案件，应当根据自愿和合法的原则进行调解；调解不成的，应当及时判决。"法院调解是我国民事审判工作的优良传统和成功经验，民事诉讼把法院调解用法律条文固定下来，并将自愿、合法进行调解确定为一项基本原则。法院调解原则包括以下三方面的含义：

1. 法院调解既是一种审理案件的方式，又是一种结案方式。人民法院审理民事案件，只要有调解可能的，应当尽量用调解方式结案，促使双方当事人互相谅解，达成协议，彻底解决纠纷。

2. 人民法院进行调解时，必须遵守自愿原则与合法原则。人民法院在受理民事案件后，如果用调解的方式解决纠纷应征得双方当事人的同意，调解协议的达成必须双方意思表示一致。同时，人民法院进行调解的全过程必须符合民事诉讼法规定的程序，调解协议的内容也必须符合民法、经济法等实体法的规定。

3. 法院调解不能久调不决。除离婚案件和按简易程序审理的一些特殊案件外，调解一般不是诉讼的必经程序。人民法院对于调解不成的案件，应当及时判决，而不能久调不决，拖延诉讼，使当事人的法律关系长期处于不稳定的状态。

法院调解是贯穿于民事审判程序各个阶段的一项基本原则。法院调解既可以在第一审普通程序或简易程序中进行，也可以在第二审程序或审判监督程序中进行。但应当明确，在执行程序中不得进行法院调解。

四、处分原则

《民事诉讼法》第13条第2款条规定："当事人有权在法律规定的范围内处分自己的民事权利和诉讼权利。"该条确立了民事诉讼中的处分原则。

处分原则，是指在民事诉讼的整个过程中，当事人在法律规定的范围内，对自己的民事权利和诉讼权利有支配和处置的自由。根据处分原则，民事诉讼法对当事人在诉讼中对其实体权利和诉讼权利的处分权以及方式都有具体的规定。处分原则具体体现在以下几个方面：

1. 处分权的享有者只限于民事诉讼当事人，其他诉讼参与人不享有处分权。因为有权对自己实体权利和诉讼权利进行处置的只能是权利者本人，但诉讼代理人可依照法律的规定或当事人的授权，代理当事人实施处分行为。

2. 当事人行使处分权的对象包括依法享有的实体权利和诉讼权利。对实体权利的处分主要表现在三个方面：①诉讼主体在起诉时可以自由地确定请求司法保护的范围和选择保护的方法。②诉讼开始后，原告可以变更诉讼请求，即将诉讼请求部分或全部撤回，代之以另一诉讼请求；也可以扩大或缩小原来的请求范围。③在诉讼中，原告可全部放弃其诉讼请求，被告可部分或全部承认原告的诉讼请求；当事人双方可以达成或拒绝达成调解协议；在判决未执行完毕之前，双方当事人随时可就实体问题自行和解。

对诉讼权利的处分主要体现在以下几个方面：①争议发生后，当事人可依自己的意愿决定是否行使起诉权。人民法院采取"不告不理"的原则，既不能强令当事人起诉，也不能在当事人不起诉的情况下主动进行审理。②在诉讼过程中，原告可以申请撤诉，从而要求人民法院终结已经进行的诉讼。被告也有权提出反诉，对抗原告的诉讼请求。当事人双方都有权请求法院以调解方式解决纠纷。③在一审判决作出后，在上诉期内，当事人有权决定是否提起上诉；对于已生效的判决或调解书认为确有错误时，当事人有权决定是否申请再审；对生效判决或者其他具有执行力的法律文书享有权利的当事人，有权决定是否申请强制执行。④在执行过程中，申请执行人可以撤回其申请。

需要注意，我国民事诉讼中当事人的处分权不是绝对的，法律在赋予当事人处分权的同时，也要求当事人不得违反法律规定，不得损害国家的、社会的、集体的和他人的利益。否则，人民法院将代表国家实行干预，即通过司法审判确认当事人某种不当的处分行为无效。

五、诚实信用原则

《民事诉讼法》第13条第1款规定："民事诉讼应当遵循诚实信用原则。"本款是2012年民事诉讼法修改新增加的规定。诚实信用原则，应当贯穿民事诉讼活动的全过程，不仅当事人和其他诉讼参与人应当遵守该原则，人民法院行使审判权也应当遵守这一原则。

为贯彻实施诚实信用原则，《关于适用民诉法的解释》从以下方面对该原则进行了完善：

1. 增加关于制裁违反诚实信用原则行为的规定，明确对诉讼参与人或者他人冒充他人提起诉讼或者参加诉讼，证人签署保证书后作虚假证言等违反诚实信用原则的行为进行处罚。

2. 增加对虚假诉讼行为予以制裁的规定，打击当事人之间恶意串通，企图通过诉讼、调解等方式损害他人合法权益的行为。

3. 对当事人签署据实陈述保证书、证人签署如实作证保证书的程序及后果作出规定。

4. 增加规定失信被执行人名单制度。对被执行人不履行法律文书确定义务的，人民法院除对被执行人予以处罚外，还可以根据情节将其纳入失信被执行人名单，将被执行人不履行或者不完全履行的信息向其所在单位、征信机构以及其他相关机构通报。

📖 相关法律规范 ⌐

1. 《中华人民共和国民事诉讼法》第5~9、11~15条；

2. 《最高人民法院关于适用〈中华人民共和国民事诉讼法〉的解释》第110、119、189~190、518条。

项目四　民事审判的基本制度

📖 引例

原告甲公司向人民法院起诉被告乙及丙公司。起诉状中称：被告乙原是其营销部经理，后被丙公司高薪挖去，在丙公司负责市场推销工作。乙利用其在甲公司所掌握的商业秘密，将甲公司的销售与进货渠道几乎全部提供给了丙公司，甲公司因而损失严重，请求乙和丙承担连带赔偿责任。同时申请不公开审理，保护商业秘密。法院受理案件后，由张法官、周法官、计法官3人组成合议庭对案件进行了不公开审理。在法院第一次开庭审理时，原告甲公司提出，审理本案的周法官是被告乙的表哥，遂要求周法官回避。经法院调查，周法官确实与被告乙存在三代旁系血亲关系，于是决定周法官予以回避，改由人民陪审员陈某参与本案审理。法院经审理后，依法作出一审判决，支持了原告的诉讼请求，判令二被告承担连带赔偿责任。被告丙公司不服，提出上诉。二审法院经审理，驳回其上诉，维持了原判决。

问题：在本案的审理中，人民法院运用了民事审判中的哪些基本制度？

基本原理认知

民事审判的基本制度，是指人民法院审判民事案件所必须遵循的基本操作规程。民事审判的基本制度不同于民事诉讼的基本原则。首先，民事审判的基本制度是以《宪法》《人民法院组织法》为根据，以民事诉讼基本原则为指导而制定的民事审判的具体操作规程，它通常比较具体；民事诉讼的基本原则则是对民事诉讼本质的抽象概括，是对整个民事诉讼的具体制度、规范起指导作用的准则，具有高度的抽象性。其次，民事诉讼的基本制度主要是用以规范人民法院的审判行为；民事诉讼的基本原则，是用以指导人民法院和诉讼参与人进行民事诉讼活动的准则。

根据《民事诉讼法》的规定，我国民事审判的基本制度包括：合议制度、回避制度、公开审判制度和两审终审制度。

一、合议制度

合议制度，是指由 3 名以上审判人员组成合议庭，代表人民法院行使审判权，对案件进行审理并作出裁判的制度。实行合议制，是为了发挥集体的智慧，弥补个人能力上的不足，以保证案件的审判质量。

合议制是与独任制相对的审判组织形式。合议制是由审判员或与陪审员组成合议庭对民事案件进行审理并作出裁判的集体审判制度。独任制是由 1 名审判员代表人民法院对民事案件进行审理并作出判决的制度。根据《民事诉讼法》规定，独任制只适用于第一审人民法院审理简单的民事案件。具体来说，只有基层人民法院和它派出的法庭按简易程序审理简单的民事案件，才适用独任制。此外所有的民事案件，都应当采用合议制。

（一）合议庭的组成

合议庭，是指按照合议制组成的审判组织。合议庭的成员人数，必须是单数。根据《民事诉讼法》第 39、40 条的规定，在不同的审判程序中，合议庭的组成也有所不同：

1. 第一审合议庭的组成。人民法院审理第一审民事案件，由审判人员和人民陪审员共同组成合议庭。具体而言，有两种形式，一是由审判员和陪审员共同组成合议庭；二是完全由审判员组成合议庭。至于哪些案件由陪审员参加的合议庭审理，哪些案件由审判员组成的合议庭审理，民事诉讼法未作规定，而由人民法院根据案件的实际情况加以确定。但在民事非讼程序中，如选民资格案件、其他适用特别程序审理的重大、疑难的民事非讼案件必须由审判员组成合议庭。

2. 第二审合议庭的组成。根据《民事诉讼法》的规定，人民法院审理第二审民事案件，由审判员组成合议庭，不吸收陪审员参加。因为第二审是上诉审，不仅要对当事人之间的争议进行审理，而且还要对下级法院的审判活动实行监督，第二审的性质和任务决定了第二审只能是由审判员组成合议庭进行审理。

3. 重审案件合议庭的组成。第二审法院依法发回重审案件，原审人民法院应当按照第一审普通程序另行组成合议庭，即原来参加合议庭的审判员、陪审员以及原来独任审理的审判员不得进入重审合议庭，以避免先入为主，保证重审案件审判的公正性。

4. 再审案件合议庭的组成。按照审判监督程序要求，人民法院对已经发生法律效力的判决、裁定、调解书，如果发现确有错误，应当决定再审。再审的案件可能是第一审法院审结的案件，也可能是第二审法院审结的案件。原来是第一审的，应当按照第一审程序另行组成合议庭；原来是第二审的，应当按照第二审程序另行组成合议庭。上级人民法院提审的案件，应按第二审程序组成合议庭，即由审判员组成合议庭。

（二）合议庭的活动原则

合议庭是一个审判集体，代表人民法院行使审判权。合议庭由一名审判员担任审判长，主持工作。根据《民事诉讼法》第41条的规定，合议庭审理案件时，应当由院长或者庭长指定审判员一人担任审判长；院长或者庭长参加审判的，由院长或者庭长担任审判长，陪审员参加合议庭审理案件时，不能担任审判长。

合议庭的成员，享有同等的权利，对案件进行评议或作出决定，必须充分发扬民主，共同协商。《民事诉讼法》第42条规定，合议庭评议案件，实行少数服从多数的原则。评议应当制作笔录，由合议庭成员签名。评议中的不同意见，必须如实记入笔录。合议庭评议案件没有形成多数人意见时，应由院长提交审判委员会讨论决定。对审判委员会的决定，合议庭必须执行。

二、回避制度

回避制度，是指为实现司法公正，当审判人员及其他有关人员与案件有某种利害关系时，不得参与本案的审理或与案件有关的诉讼活动的制度。在诉讼中实行回避制度，可以使对案件公正审理可能产生影响的审判人员和其他有关人员退出审判活动及相关的诉讼活动，从而从程序上保障诉讼在公正的情况下进行。

（一）回避的适用对象

根据《民事诉讼法》的规定，适用回避的人员包括：审判人员、书记员、翻译人员、鉴定人、勘验人员、执行员等。证人不适用回避。这里的审判人员包括参与本案审理的人民法院院长、副院长、审判委员会委员、庭长、副庭长、审判员、助理审判员和人民陪审员。

（二）回避的法定事由

根据《民事诉讼法》第44条及《关于适用民诉法的解释》第43、44条的规定，审判人员有下列情形之一的，应当自行回避，当事人有权用口头或者书面方式申请他们回避：①是本案当事人或者当事人近亲属的；②本人或者其近亲属与本案有利害关系的；③担任过本案的证人、鉴定人、辩护人、诉讼代理人、翻译人员的；④是本案诉讼代理人近亲属的；⑤本人或者其近亲属持有本案非上市公司当事人的股份或者股权的；⑥与本案当事人或者诉讼代理人有其他利害关系，可能影响公正审理的。

审判人员有下列情形之一的，当事人有权申请其回避：①接受本案当事人及其受托人宴请，或者参加由其支付费用的活动的；②索取、接受本案当事人及其受托人财物或者其他利益的；③违反规定会见本案当事人、诉讼代理人的；④为本案当事人推荐、介绍诉讼代理人，或者为律师、其他人员介绍代理本案的；⑤向本案当事人及其受托人借用款物的；⑥有其他不正当行为，可能影响公正审理的。

根据《关于适用民诉法的解释》第45~47条的规定，回避中还需注意以下问题：①在一个审判程序中参与过本案审判工作的审判人员，不得再参与该案其他程序的审判。发回重审的案件，在一审法院作出裁判后又进入第二审程序的，原第二审程序中合议庭组成人员不受前款规定的限制。②审判人员有应当回避的情形，没有自行回避，当事人也没有申请其回避的，由院长或者审判委员会决定其回避。③人民法院应当依法告知当事人对合议庭组成人员、独任审判员和书记员等人员有申请回避的权利。

（三）回避的程序

1. 回避的提出。回避的提出方式有两种：一种是自行回避，即遇有法定的回避情形时，审判人员及其他有关人员主动退出该案审理活动；第二种是申请回避，即当事人及其诉讼代理人，向人民法院提出申请，要求符合条件的审判人员、其他有关人员回避。当事人申请回避的，应当在案件开始审理时提出，回避事由在案件开始审理后知道的，可以在法庭辩论终结前提出。提出回避申请应当说明理由。

2. 回避的决定。《民事诉讼法》第46条规定，院长担任审判长时的回避，由审判委员会决定；审判人员的回避，由院长决定；其他人员的回避，由审判长决定。

《民事诉讼法》第47条规定，人民法院对当事人提出的回避申请，应当在申请提出的3日内，以口头或者书面形式作出决定。申请人对决定不服的，可以在接到决定时申请复议一次。人民法院对复议申请，应当在3日内作出复议决定，并通知复议申请人。

（四）回避的法律效果

在当事人提出回避申请到法院作出是否同意申请的决定期间，除案件需要采取紧急措施的外，被申请回避的人员应暂停执行有关本案的职务。法院决定同意申请人回避申请的，被申请回避人退出本案的审判或诉讼；法院决定驳回回避申请而当事人申请复议的，复议期间，被申请回避的人员不停止参与本案的审判或诉讼。

三、公开审判制度

公开审判制度，是指人民法院审理民事案件，除法律有特别规定的以外，审判过程应当向群众、社会公开的制度。

实行公开审判可以使法院的审判置于社会的直接监督之下，体现社会对审判活动的民主监督，保障审判的公正性和平等性。此外，实行公开审判还可以充分发挥审判的教育作用，扩大办案的效果和影响，有利于提高广大人民群众的法律意识和法制观念。

（一）公开审判的要求

公开审判是对诉讼案件审判的基本制度。它有两方面的基本要求：一方面，公开审判形式上要求，向群众公开，允许群众旁听案件的审判活动；向社会公开，允许大众传媒对案件的审判情况进行采访和报道。另一方面，公开审判内容上要求，案件审理除法律明确规定不公开审理的外，一律公开进行；不论是否公开审理的案件，宣判时一律公开进行。对于公开审理的案件，为了便于群众参加旁听和新闻媒体采访报道，《民事诉讼法》规定应当在开庭 3 日前公告当事人的姓名、案由和开庭的时间和地点。

（二）公开审判的例外

根据《民事诉讼法》第 134 条的规定，不公开审理的案件包括应当不公开审理的案件和可以不公开审理的案件：

1. 应当不公开审理的案件，具体包括以下三种：①涉及国家机密的案件。国家机密是指关系到国家安全和利益，依照法定程序，在一定时间内只限于一定范围的人知悉的事项，包括科技、经济、军事、外交政策等国家事务方面的机密。这种案件不公开审理是为了维护国家政治、经济利益和社会公共利益。②涉及个人隐私的案件。个人隐私是指个人私生活中不愿公开的内容。这种案件不公开审理，既考虑到对个人隐私权的保护，也顾及可能对社会产生的不良影响。③法律另有规定的案件。这三类案件法院是绝对不可以公开审理的。

2. 可以不公开审理的案件：①离婚案件。离婚案件涉及双方当事人之间的生活和感情问题，有的还可能涉及个人隐私。②涉及商业秘密的案件。商业秘密是指不为公众所知悉，能为权利人带来经济利益、具有实用性并经权利人采取保密措施的技术信息和经营信息。商业秘密一旦公开，将给权利人带来经济利益方面的损失。因此，对于离婚案件和涉及商业秘密的案件，法律赋予当事人可以申请不公开审理，但是否批准由法院决定。

四、两审终审制度

两审终审制，是指一个案件经过两级人民法院审理即告终结的法律制度。实行两审终审制，不仅可以使错误的第一审判决、裁定在尚未发生法律效力之前得到纠正，保证办案质量，还可以防止诉讼拖延，节省诉讼资源，使民事主体间的民事纠纷得以及时解决。

（一）两审终审制度的内容

我国的人民法院分为四级，即最高人民法院、高级人民法院、中级人民法院、基层人民法院。按照《民事诉讼法》级别管辖的规定，各级人民法院都有权管辖第一审民事案件。如果当事人对各级人民法院作出的第一审判决、裁定不服，可以依法向上一级人民法院提起上诉，要求上一级人民法院对案件进行第二次审判。第二审人民法院对案件进行审理后，所作出的判决和裁定即为终审的判决和裁定，当事人不服不得再提起上诉，人民法院也不得按照上诉审程序审理。

（二）两审终审制度的例外

两审终审制并非是绝对的，根据《民事诉讼法》和《最高人民法院关于适用〈中华人民共和国婚姻法〉若干问题的解释（一）》的规定，下列民事案件实行一审终审：①最高人民法院审理的第一审民事案件；②按照《民事诉讼法》特别程序、督促程序、公示催告程序审理的案件；③小额诉讼，即基层人民法院和它的派出法庭审理的事实清楚、权利义务关系明确、争议不大并且标的额为各省、自治区、直辖市上年度就业人员年平均工资30%以下的符合适用简易程序条件的简单民事案件；④确认婚姻效力的案件。

相关法律规范

1. 《中华人民共和国民事诉讼法》第10、39～40、44～47、134、136、148条；
2. 《最高人民法院关于适用〈中华人民共和国民事诉讼法〉的解释》第45～47条；
3. 《最高人民法院关于适用〈中华人民共和国婚姻法〉若干问题的解释（一）》第9条。

学习情境二　回避的申请与处理

【情境案例】

张某与刘某因买卖合同产生纠纷，张某到人民法院起诉，要求刘某赔偿经济损失。人民法院开庭审理此案，在法庭辩论阶段，张某向人民法院提交书面申请，要求审判员朱某回避。理由是朱某是刘某的学生，学生当然会作出有利于老师的判决。经了解，刘某曾是某中学的教师，朱某是该中学的毕业生，但朱某进该校时，刘某已经辞职下海经商，朱某与刘某并不认识。于是该法院院长作出决定，驳回张某的申请。张某不服，要求复议一次。法院经复议，在第3天作出复议决定，维持驳回张某回避申请的决定，并通知张某，在复议期间，朱某没有停止与本案有关的工作。

【训练目的和要求】

结合案例和相关知识，通过训练，使学生能够熟练运用回避制度，能以当事人或法官身份处理与回避有关的法律事务。

【训练方法】

参训学生 6 名为一组，分角色扮演。由 2 名学生模拟当事人，4 名学生模拟法官，其中 1 名模拟院长。

【工作任务】

任务一：当事人申请回避，法院决定回避或驳回申请。

步骤 1：当事人提出口头或书面申请，要求有关人员回避。

步骤 2：法院对回避申请进行审查，以口头或书面方式决定是否回避。

任务二：当事人申请复议，法院决定回避或驳回申请。

步骤 1：当事人提出复议申请。

步骤 2：法院对复议申请进行审查，作出回避或驳回复议申请的决定，并通知当事人。

思考题

1. 什么是民事纠纷？民事纠纷的处理机制有哪些？

2. 什么是民事诉讼？民事诉讼有何特点？

3. 什么是民事诉讼法？简述民事诉讼法的效力。

4. 什么是民事诉讼法律关系？简述民事诉讼法律关系的三要素。

5. 什么是民事诉讼法上的法律事实？民事诉讼法上的法律事实有哪些？

6. 民事诉讼法的基本原则有哪些？如何理解这些基本原则？

7. 简述合议制度的主要内容。

8. 简述回避的法定事由和适用对象。

9. 什么是公开审判制度？法院不宜公开审理的案件有哪些？

10. 什么是两审终审制度？简述两审终审制度的内容。

单元二

法院的主管与管辖

本单元知识结构图

```
                                    ┌─────────────────┐
                      ┌─────────┐   │  法院主管的范围  │
                      │ 法院的主管 ├───┤                 │
                      │         │   │  法院主管的排除  │
           ┌──────┐   └─────────┘   └─────────────────┘
           │ 法    │
           │ 院    │                ┌─────────────────┐
           │ 的    │                │    级别管辖     │
           │ 主    │   ┌─────────┐  │                 │
           │ 管    ├───┤ 法院的管辖 ├──┤    地域管辖     │
           │ 与    │   │         │  │                 │
           │ 管    │   └─────────┘  │    裁定管辖     │
           │ 辖    │                │                 │
           └──────┘                │    管辖权异议    │
                                    └─────────────────┘
```

知识目标

1. 了解并掌握法院主管的法律规定；

2. 熟悉各级法院对案件的管辖范围和权限；

3. 掌握地域管辖中的基本原则与专属管辖的相关规定。

能力目标

1. 能够选择解决民事纠纷的最佳方式，熟练处理仲裁与诉讼之间的关系；

2. 能够针对不同民事案件正确选择不同级别、不同区域的管辖法院；

3. 能够处理有关管辖权异议的法律事务。

项目一　法院的主管

引例

我国南方某市政府，为了保证城市开发建设及拆迁工作的顺利进行，以"红头文件"的形式规定，在拆迁范围内因拆迁而引起的任何纠纷只能向某政府部门请求解决，而不得向法院提起民事诉讼。张某在该拆迁地具有一处房产，当地政府出于城市开发建设的需要，需对该房产进行拆迁，于 2008 年 12 月 25 日下发文件通知当地居民于 2009 年 3 月 20 日至 5 月 20 日配合政府拆迁工作。张某由于政府补偿金过低而不愿意拆迁。陈某不知道该地将进行拆迁，与张某商议欲以房屋市场价 100 万元人民币购买张某的房产。张某立即答应了陈某的要求，并于 2009 年 1 月 2 日签订房屋买卖合同。合同约定陈某于同年 1 月 3 日一次性支付 30 万元价款，张某于 2 月 20 日前办理房屋所有权转移登记，陈某于登记次日支付剩余的 70 万元房款。陈某依合同约定于 1 月 3 日支付了 30 万元房款，但在 1 月 27 日突然得知该房产即将拆迁。陈某以张某隐瞒重大事实为由要求张某解除合同，要求张某退还已支付的 30 万元人民币。张某不予理睬，陈某遂起诉至当地法院，但法院以当地政府的"红头文件"为依据拒绝受理。

问题：陈某能否向法院起诉要求解除合同？该案是否属于法院受理的范围？

基本原理认知

在我国民事纠纷的解决途径有很多，不是只要发生民事纠纷就一定向人民法院提起民事诉讼。人民法院与仲裁机构、人民调解委员会受理民事案件的范围有交叉，管辖权的归属问题如何解决，这就是民事诉讼中的人民法院主管问题。

一、法院主管的范围

法院主管的范围，即法院有权管辖案件的范围。案件是否可以由法院主管取决于争议法律关系的性质。《民事诉讼法》第 3 条规定："人民法院受理公民之间、法人之间、其他组织之间以及他们相互之间因财产关系和人身关系提起的民事诉讼，适用本法的规定。"我国《民事诉讼法》以及《关于适用民诉法的解释》直接明确了人民法院主管民事案件的范围：

1. 由民法调整的平等主体之间的财产关系和人身关系产生的案件，如张某一房二卖，依据民法产生债权关系的案件；

2. 由婚姻法调整的婚姻家庭关系产生的案件，如离婚案件；

3. 由经济法调整的平等主体之间基于经济关系产生的案件，如消费者权益保护法所调整的消费者与产品销售者之间的侵权赔偿关系的案件；

4. 由劳动法调整的劳动合同关系和劳资关系产生的案件，如赵某与某公司签订劳动合同，因公司不按约定支付工资所产生的纠纷案件。

5. 法律规定的其他案件，如选民资格案件、非讼案件等。

二、法院主管的排除

法院主管的排除，解决的是什么样的民事纠纷不是由法院主管的问题。在我国，现阶段具有终局性效力的民事纠纷解决机制主要有：诉讼、仲裁与经司法确认的人民调解。《中华人民共和国仲裁法》《最高人民法院关于适用〈中华人民共和国仲裁法〉若干问题的解释》和《中华人民共和国人民调解法》对法院主管进行了排除：

（一）双方当事人在仲裁协议或合同的仲裁条款中约定将争议提交仲裁委员会仲裁的，排除法院主管

例如张三与李四签订租赁合同，合同中约定："如在合同履行过程中发生争议，由广州仲裁委员会仲裁裁决。"这就属于仲裁条款。此种情况下，法院不得受理张三或李四就合同争议向法院提出的诉讼请求。

但这一规定有例外：

1. 仲裁协议无效的，不排除法院主管。以下是仲裁协议无效的情形：

（1）未采用书面形式订立的仲裁协议无效，仲裁协议必须以书面的形式存在才有效，形式不合格导致协议无效；

（2）无民事行为能力人或者限制民事行为能力人订立的仲裁协议无效，主体不合格导致协议无效；

（3）一方采取胁迫手段迫使对方订立的仲裁协议无效，意思表示不真实导致协议无效；

（4）仲裁协议对仲裁事项没有约定或约定不明确，当事人对此又达不成补充协议的，仲裁协议无效；

（5）仲裁协议中约定可选择诉讼或者仲裁的，仲裁协议无效，但一方向仲裁机构申请仲裁，另一方未在仲裁庭首次开庭前提出异议的，协议视为有效，排除法院主管；

（6）协议中选择的仲裁机构不存在的，仲裁协议无效，如当事人选择在阳江仲裁委员会仲裁，但事实上阳江市没有设立仲裁委员会，当事人选择的"阳江仲裁委员会"不存在，仲裁协议无效；

（7）仲裁终局性不确定的仲裁协议无效。

2. 双方当事人的仲裁协议约定的仲裁事项超出仲裁范围的，不能排除法院主管。《仲裁法》第 2 条规定："平等主体的公民、法人和其他组织之间发生的合同纠纷和其他财产权益纠纷，可以仲裁。"该法第 3 条规定："下列纠纷不能仲裁：① 婚姻、收养、监护、扶养、继承纠纷；② 依法应当由行政机关处理的行政争议。"根据《仲裁法》对仲裁的范围的规定，仲裁机构只能对民事主体之间的合同纠纷等财产权益纠纷

进行仲裁，超出该范围的纠纷案件不属于仲裁机构主管的范畴。即使该纠纷已由当事人约定由仲裁机构处理，法院也可以受理。

3. 双方当事人在仲裁协议或仲裁条款中约定不明确、不具体、不能使约定的仲裁机构特定化的，不能排除法院主管：

（1）仲裁协议或仲裁条款约定的仲裁机构名称不准确，不能确定具体仲裁机构的，仲裁协议无效；但仍可以确定具体仲裁机构的，应当认定为选定了仲裁机构。

（2）仅在仲裁协议中约定了纠纷适用的仲裁规则的，协议无效；但当事人达成补充协议或者按照约定的仲裁规则能够确定仲裁机构的除外。

（3）仲裁协议约定两个以上仲裁机构的，当事人可以协商选择一个进行仲裁，若不能达成一致，仲裁协议无效，当事人可以通过诉讼解决纠纷。

（4）协议仅约定仲裁地时，若该地只有一个仲裁委员会，则该仲裁机构视为约定的仲裁机构；若该地有两个以上仲裁机构的，当事人可以协议选择其中一个，但如双方不能达成一致，则协议无效。在我国，北京、上海、深圳都有两个以上的仲裁委员会。

4. 仲裁协议失效的，不排除法院主管。这里注意与仲裁协议无效的情况相区别。无效指协议自始无效；失效指原本有效的协议，因法律事实的出现而变为无效。以下为仲裁协议失效的情形：

（1）仲裁裁决被撤销或者不予执行。仲裁裁决的强制执行由法院主持。当一方当事人不履行仲裁裁决时，另一方当事人可以持仲裁裁决书向法院申请强制执行。但若法院审查后认为裁决的结果违反法律规定，可对仲裁裁决予以撤销或不予执行。此时，法院对纠纷有主管权。

（2）附期限的协议期限届满。一般的仲裁协议无时间限制，但不排除在司法实践中，存在当事人在仲裁协议中约定协议有效期限的情况。附期限的协议期限届满的，当事人对争议解决方式的选择不再受协议限制。

（3）当事人协议放弃已签订的仲裁协议，具体包括：①双方达成书面协议，明示放弃原有效的仲裁协议；②双方达成书面协议，明示变更纠纷解决方式；③双方通过默示行为变更纠纷解决方式。《仲裁法》第26条规定："当事人达成仲裁协议，一方向人民法院起诉未声明有仲裁协议，人民法院受理后，另一方在首次开庭前提交仲裁协议的，人民法院应当驳回起诉，但仲裁协议无效的除外；另一方在首次开庭前未对人民法院受理该案提出异议的，视为放弃仲裁协议，人民法院应当继续审理。"根据上述法条的规定，当事人默示变更纠纷解决方式的行为主要有两种：一是在答辩期内应诉答辩，并且在法院首次开庭前不提出异议；二是在答辩期内不应诉答辩，并且在法院首次开庭前也不提出异议。

（二）法律规定纠纷主体必须以行政机关的先行处理为前置程序的纠纷未经行政机关处理的，排除法院主管

在这类纠纷发生之后，当事人不能直接向法院起诉，而应将纠纷送交行政机关处理，对该处理不服才能向法院起诉。如《专利法》第 41 条规定："国务院专利行政部门设立专利复审委员会。专利申请人对国务院专利行政部门驳回申请的决定不服的，可以自收到通知之日起 3 个月内，向专利复审委员会请求复审。专利复审委员会复审后，作出决定，并通知专利申请人。专利申请人对专利复审委员会的复审决定不服的，可以自收到通知之日起 3 个月内向人民法院起诉。"

（三）关于人民调解的问题

1. 人民调解并非诉讼的必经程序。是否向人民调解委员会申请调解完全由当事人自行决定。当事人可以选择人民调解，也可以直接向人民法院起诉。《人民调解法》第 3 条规定，人民调解委员会调解民间纠纷，应当尊重当事人的权利，不得因调解而阻止当事人依法通过仲裁、行政、司法等途径维护自己的权利。第 32 条规定，经人民调解委员会调解达成调解协议后，当事人之间就调解协议的履行或者调解协议的内容发生争议的，一方当事人可以向人民法院提起诉讼。

2. 调解协议效力。《人民调解法》第 31 条规定，经人民调解委员会调解达成的调解协议，具有法律约束力，当事人应当按照约定履行。

3. 司法确认。《人民调解法》第 33 条规定，经人民调解委员会调解达成调解协议后，双方当事人认为有必要的，可以自调解协议生效之日起 30 日内共同向人民法院申请司法确认，人民法院应当及时对调解协议进行审查，依法确认调解协议的效力。人民法院依法确认调解协议有效，一方当事人拒绝履行或者未全部履行的，对方当事人可以向人民法院申请强制执行。人民法院依法确认调解协议无效的，当事人可以通过人民调解方式变更原调解协议或者达成新的调解协议，也可以向人民法院提起诉讼。

相关法律规范

1. 《中华人民共和国民事诉讼法》第 3、15、16、111 条；

2. 《最高人民法院关于适用〈中华人民共和国民事诉讼法〉的解释》第 145、146、148 条；

3. 《中华人民共和国仲裁法》第 13、15～20、26 条；

4. 《中华人民共和国人民调解法》第 3、31～33 条；

5. 《最高人民法院关于适用〈中华人民共和国仲裁法〉若干问题的解释》第 7 条。

项目二　法院的管辖

引例

广州市天河区高某与白云区张某于 2008 年 9 月在天河区登记结婚。婚后双方有时住在天河区，但大多数时间住在白云区。2009 年 7 月，张某以双方性格不合为由，向白云区人民法院起诉要求与高某离婚。白云区人民法院受理案件后，发现被告高某的住所地为天河区，便将案件移送给天河区法院。半个月后，天河区法院又以"双方当事人经常居住地在白云区"为由，将案件退回白云区法院。

问题：

1. 该案应由哪个法院管辖？上述各法院的做法是否正确？天河区法院能否再移送案件？为什么？

2. 如果案件移送至天河区法院管辖后，张某对天河区法院管辖持有异议，张某应当如何维护自己的权益？

基本原理认知

法院主管的明确避免了诉讼与其他纠纷解决机制的冲突，而法院管辖将决定的是第一审案件在各级以及同级不同地区法院之间管辖权的归属。法院的管辖，指的是人民法院内部上下级法院之间，以及同级别各法院之间在受理第一审民事案件上的分工。《民事诉讼法》第二章将其分为级别管辖、地域管辖、移送管辖和指定管辖。其中，地域管辖又可分为一般地域管辖、特殊地域管辖、专属管辖、协议管辖、共同管辖与选择管辖。

一、级别管辖

级别管辖，就是由法律确定案件在第一审时由哪一级别的法院具体管辖。我国的法院分为四个级别，从高到低分别是最高人民法院、高级人民法院、中级人民法院和基层人民法院。根据《民事诉讼法》第 17~20 条的规定，我国四级人民法院在受理第一审民事案件上的分工如下：

（一）基层人民法院管辖的第一审民事案件

除法律另有规定的民事案件，一般的民事纠纷案件都由各基层法院管辖，只有某些特殊案件由法律专门规定管辖的法院，排除基层法院的管辖。

（二）中级人民法院管辖的第一审民事案件

1. 重大涉外案件。所谓涉外，指以下任一因素涉外：①当事人；②法律事实，即引起法律关系产生、变更或消灭的客观现象；③诉讼标的物，即引发当事人争议的财产。但并非所有涉外案件都由中级人民法院管辖，一般涉外案件都由基层法院管辖，只有重大的涉外案件才由中级人民法院管辖。重大涉外案件，包括争议标的额大的案件、案情复杂的案件，或者一方当事人人数众多等具有重大影响的案件。

2. 在本辖区有重大影响的案件。是否为"重大影响的案件"一般需参考下列因素：案情繁简、诉讼标的金额大小、在当地的影响等情况。标的金额在全国没有统一规定，根据最高人民法院的通知，中级人民法院管辖第一审民商事案件标准，由高级人民法院自行确定，但应当符合下列条件：北京、上海所辖中级人民法院，广东、江苏、浙江辖区内省会城市、计划单列市和经济较为发达的市中级人民法院，可管辖诉讼标的额不低于 5000 万元的第一审民商事案件，以及诉讼标的额不低于 2000 万元且当事人一方住所地不在本辖区或者涉外、涉港澳台的第一审民商事案件；其他中级人民法院可管辖诉讼标的额不低于 2000 万元的第一审民商事案件，以及诉讼标的额不低于 800 万元且当事人一方住所地不在本辖区或者涉外、涉港澳台的第一审民商事案件。

3. 最高人民法院确定由中级人民法院管辖的案件。包括：

（1）海事海商案件。海事海商案件由海事法院管辖，我国的海事法院均为中级人民法院。

（2）商标民事纠纷案件。商标民事纠纷案件应当由中级人民法院管辖，但是也有例外，各高级人民法院根据本辖区的实际情况，经最高人民法院批准可以在较大城市确定 1~2 个基层人民法院管辖。

（3）著作权民事纠纷案件。著作权民事纠纷案件一般由中级人民法院管辖，但也有例外：各高级人民法院根据本辖区的实际情况，可以确定若干基层人民法院管辖第一审著作权民事纠纷案件。

（4）专利纠纷案件。《关于适用民诉法的解释》第 2 条规定，专利纠纷案件由知识产权法院、最高人民法院确定的中级人民法院和基层人民法院管辖。目前我国已在北京、上海、广州设立了知识产权法院，知识产权法院均为中级人民法院。

（5）重大的涉港澳台民事案件。

（6）涉及域名的侵权纠纷案件，由侵权行为地或者被告住所地的中级人民法院管辖。

（7）虚假陈述证券民事赔偿案件，由省、自治区、直辖市人民政府所在地的市、计划单列市和经济特区的中级人民法院管辖。

（8）对于仲裁协议的效力有异议请求法院做出裁决的，由当事人选择的仲裁机构所在地的中级人民法院管辖；当事人对仲裁机构没有约定或者约定不明的，由被告所在地的中级人民法院管辖。

（9）申请撤销仲裁裁决的，由仲裁机构所在地的中级人民法院管辖。

（三）高级人民法院管辖的第一审民事案件

高级人民法院管辖在本辖区内有重大影响的案件。所谓"重大影响"，是指案情复杂、诉讼标的金额大或在当地的影响大。同样地，标的金额在全国没有统一规定，由各高级人民法院根据各地的具体情况自行决定。根据最高人民法院的通知，北京、上海、广东、江苏、浙江高级人民法院，可管辖诉讼标的额在 2 亿元以上的第一审民商事案件，以及诉讼标的额在 1 亿元以上且当事人一方住所地不在本辖区或者涉外、涉港澳台的第一审民商事案件。

（四）最高人民法院管辖的第一审民事案件

1. 在全国有重大影响的案件。

2. 最高人民法院认为应当由本院管辖的案件。即使案件在国内影响并不大，只要最高院认为该案应由自己管辖即可取得案件管辖权。

二、地域管辖

地域管辖是同级法院之间受理第一审民事案件的分工和权限。级别管辖是在上下级法院之间做选择，而地域管辖则是在同级法院之间的权限分工。因此，级别管辖与地域管辖实质上分别是对法院之间纵向关系与横向关系的处理。

（一）一般地域管辖

一般地域管辖，是一种按照法院辖区与当事人之间的关系确定地域管辖的方法。在确定一般地域管辖时，以"原告就被告"为原则，以"被告就原告"为补充。

1. 以"原告就被告"为原则。原告就被告是指诉讼一般都由被告所在地法院管辖，原告要起诉被告，应该到被告所在地的法院进行。我国《民事诉讼法》第21条对此原则进行了立法上的确认，该条规定：①对自然人提起的民事诉讼，由被告住所地人民法院管辖；被告住所地与经常居住地不一致的，由经常居住地人民法院管辖。②对法人或者其他组织提起的民事诉讼，由被告住所地人民法院管辖。③同一诉讼的几个被告住所地、经常居住地在两个以上人民法院辖区的，各该人民法院都有管辖权。

自然人的住所地是指自然人的户籍所在地。一般来说，自然人的住所地指的就是其户籍所在地，与实际居住地无关。但是，考虑到现实生活中可能出现原告或被告长期离开户籍所在地生活的情况，若仍然由其户籍所在地法院来管辖案件对法院的调查取证以及审判工作不利，且会给当事人参加诉讼带来不便。因此，当自然人长期离开户籍所在地生活的，以其经常居住地为其住所地来确定管辖。经常居住地是指自然人离开户籍所在地后，至起诉时已连续居住 1 年以上的地方，但自然人住院就医的地方除外。法人或其他组织的住所地是指法人或其他组织的主要办事机构所在地。法人或其他组织的主要办事机构所在地不能确定的，法人或其他组织的注册地或登记地为住所地。

《关于适用民诉法的解释》第 5 ~ 8、11 ~ 12 条对原告就被告的原则又做了如下补充规定：

（1）双方当事人都被监禁或者被采取强制性教育措施的，由被告原住所地人民法院管辖。被告被监禁或者被采取强制性教育措施1年以上的，由被告被监禁地或者被采取强制性教育措施地人民法院管辖；

（2）双方当事人均被注销户籍的，由被告居住地法院管辖。管辖法院为被告居住地法院，而不是被告住所地法院，居住地指起诉时的居住地，对居留时间没有要求；

（3）当事人的户籍迁出后尚未落户，有经常居住地的，由该地人民法院管辖，没有经常居住地的，由其原户籍所在地人民法院管辖；

（4）夫妻双方离开住所地超过1年，一方起诉离婚的案件，由被告经常居住地的人民法院管辖，没有经常居住地的，由原告起诉时被告居住地人民法院管辖；

（5）对没有办事机构的个人合伙、合伙型联营体提起的诉讼，由被告注册登记地人民法院管辖，没有注册登记，几个被告又不在同一辖区的，被告住所地的人民法院都有管辖权。

2. 以"被告就原告"为补充。一般情况下，案件由被告住所地管辖，但出于诉讼便利的需要，法律对被告所在地管辖原则作出了例外规定。根据《民事诉讼法》第22条及《关于适用民诉法的解释》第9、12条的规定，下列案件由原告所在地法院管辖：

（1）对不在中华人民共和国领域内居住的人提起的有关身份关系的诉讼。被告不居住在我国境内，并不是不具有我国国籍；诉讼的内容有关身份关系，而不得为纯粹的财产关系。如离婚诉讼、确定收养关系的诉讼等是有关身份关系的诉讼，而为实现债权的诉讼是纯粹财产关系的诉讼等。

（2）对下落不明或者宣告失踪的人提起的有关身份关系的诉讼。由于被告不知去向，为了保证原告的诉权能够实现，法律对此作出了特殊规定。

（3）对被采取强制性教育措施的人提起的诉讼。

（4）对被监禁的人提起的诉讼。

（5）被告被注销户籍的。

（6）追索赡养费、抚育费、扶养费案件的几个被告住所地不在同一辖区的，可以由原告住所地人民法院管辖。原告可以选择向原告或被告所在地法院起诉。另外，只有在几个被告住所地不一致的情况下，才可以由原告所在地法院管辖，若多个被告都在同一辖区，则仍应遵循"原告就被告"原则，由被告住所地管辖。

（7）夫妻一方离开住所地超过1年，另一方起诉离婚的案件，可以由原告住所地人民法院管辖。

3. 最高人民法院关于一般地域管辖的补充规定。《关于适用民诉法的解释》第10～11、13～17条对一般地域管辖作了补充规定：

（1）不服指定监护或变更监护关系的案件，由被监护人住所地人民法院管辖。管辖与原被告所在地法院无关，而是出于对被监护人的保护，特别规定由被监护人住所地法院管辖。比如：张三丧偶，有子张小三（10 岁）。张三沉迷于赌博，无暇顾及张小三，张三之父张老三提出要抚养张小三，张三不同意。张老三向法院起诉，要求变更监护关系。张老三的住所地为甲市 A 区，张三住所地为乙市 B 区，张小三住所地为丙市 C 区。按照地域管辖的一般原则，应当由被告张三的住所地乙市 B 区人民法院管辖，但由于法律的特殊规定，案件实际应由被监护人张小三的住所地丙市 C 区人民法院管辖。

（2）双方当事人均为军人或者军队单位的民事案件由军事法院管辖。

（3）在国内结婚并定居国外的华侨，如定居国法院以离婚诉讼须由婚姻缔结地法院管辖为由不予受理，当事人向人民法院提出离婚诉讼的，由婚姻缔结地或一方在国内的最后居住地人民法院管辖，即案件既可以由原告在国内的最后居住地也可以由被告在国内的最后居住地法院管辖。最后居住地不一定是户籍所在地，也不一定是经常居住地；当事人的最后居住地不受居留时间影响。

（4）在国外结婚并定居国外的华侨，如定居国法院以离婚诉讼须由国籍所属国法院管辖为由不予受理，当事人向人民法院提出离婚诉讼的，由一方原住所地或在国内的最后居住地人民法院管辖。

（5）中国公民一方居住在国外，一方居住在国内，不论哪一方向人民法院提起离婚诉讼，国内一方住所地的人民法院都有权管辖；如国外一方在居住国法院起诉，国内一方向我国人民法院起诉的，受诉的我国人民法院有权管辖。

（6）中国公民双方在国外但未定居，一方向人民法院起诉离婚的，应由原告或者被告原住所地的人民法院管辖。住所地应当指户籍所在地，婚姻缔结地法院无权管辖。

（7）已经离婚的中国公民，双方均定居国外，仅就国内财产分割提起诉讼的，由主要财产所在地人民法院管辖。

（二）特殊地域管辖

特殊地域管辖，又称特别管辖，是指以诉讼标的物所在地或者引起民事法律关系发生、变更、消灭的法律事实所在地为标准确定的管辖。特殊地域管辖是相对于一般地域管辖而言的，是法律对某些特殊案件的管辖法院的特殊规定。我国《民事诉讼法》第 23 ～ 32 条规定了 10 种特殊地域管辖的诉讼。

1. 一般合同纠纷的管辖。我国《民事诉讼法》第 23 条规定，合同纠纷由被告住所地或者合同履行地人民法院管辖。合同履行地的确定，是确定合同纠纷管辖的关键。根据《关于适用民诉法的解释》以及其他相关司法解释的规定，合同履行地依下列方法确定：

（1）合同约定履行地点的，以约定的履行地点为合同履行地。合同对履行地点没有约定或者约定不明确，争议标的为给付货币的，接收货币一方所在地为合同履行地；交付不动产的，不动产所在地为合同履行地；其他标的，履行义务一方所在地为合同履行地；即时结清的合同，交易行为地为合同履行地。合同没有实际履行，当事人双方住所地都不在合同约定的履行地的，由被告住所地人民法院管辖。如张三诉李四购销合同违约一案，约定 A 地为合同履行地，张三与李四的住所地分别为 B、C 两地，但合同并未实际履行，因此管辖的法院应当为被告住所地 C 地。

（2）当事人在合同中明确约定了履行地点或交货地点，但在实际履行中以书面方式或双方当事人一致认可的其他方式变更约定的，以变更后的约定确定合同履行地。当事人未以上述方式变更原约定，或者变更原合同而未涉及履行地问题的，仍以原合同的约定确定履行地。

（3）财产租赁合同、融资租赁合同以租赁物使用地为合同履行地；合同对履行地有约定的，从其约定。

（4）以信息网络方式订立的买卖合同，通过信息网络交付标的的，以买受人住所地为合同履行地；通过其他方式交付标的的，收货地为合同履行地。合同对履行地有约定的，从其约定。

（5）主合同和担保合同发生纠纷提起诉讼的，应当根据主合同确定案件管辖。担保人承担连带责任的担保合同方式纠纷，债权人向担保人主张权利的，应当由担保人住所地的法院管辖；主合同和担保合同选择的管辖法院不一致的，应当根据主合同确定案件管辖。

2. 保险合同纠纷的管辖。根据《民事诉讼法》第 24 条以及《关于适用民诉法的解释》第 21 条的规定，保险合同纠纷由被告住所地或者保险标的物所在地人民法院管辖，而不以合同履行地确定管辖法院。如果保险标的物是运输工具或者运输中的货物，可以由运输工具登记注册地、运输目的地、保险事故发生地人民法院管辖。注意：运输始发地法院没有管辖权。因人身保险合同纠纷提起的诉讼，可以由被保险人住所地人民法院管辖。

3. 票据纠纷的管辖。根据《民事诉讼法》第 25 条以及有关司法解释的规定，票据纠纷中因为案件性质不同，管辖法院也不相同。因票据权利纠纷提起的诉讼，由票据支付地或者被告住所地人民法院管辖；非票据权利纠纷提起的诉讼，依法由被告住所地人民法院管辖。

4. 公司纠纷的管辖。《民事诉讼法》第 26 条规定，因公司设立、确认股东资格、分配利润、解散等纠纷提起的诉讼，由公司住所地人民法院管辖。《关于适用民诉法的解释》第 22 条的规定又补充规定，因股东名册记载、请求变更公司登记、股东知情权、公司决议、公司合并、公司分立、公司减资、公司增资等纠纷提起的诉讼，也由公司住所地人民法院管辖。

5. 运输合同纠纷的管辖。《民事诉讼法》第 27 条规定，因铁路、公路、水上、航空运输和联合运输合同纠纷提起的诉讼，由运输始发地、目的地或者被告住所地人民法院管辖。若为海上运输合同，由运输始发地、目的地、转运港所在地或被告所在地的海事法院管辖。

6. 侵权纠纷的管辖。根据《民事诉讼法》第 28 条以及《关于适用民诉法的解释》第 24 条的规定，因侵权纠纷提起的诉讼，由侵权行为地或者被告住所地人民法院管辖。所谓侵权行为地，不仅包括侵权行为实施地，也包括了侵权结果发生地。

对于某些侵权纠纷的地域管辖，《关于适用民诉法的解释》第 25 条、26 条以及有关法律法规、司法解释还作出了一些特别规定：

（1）信息网络侵权行为实施地包括实施被诉侵权行为的计算机等信息设备所在地，侵权结果发生地包括被侵权人住所地。

（2）因产品、服务质量不合格造成他人财产、人身损害提起的诉讼，产品制造地、产品销售地、服务提供地、侵权行为地和被告住所地人民法院都有管辖权。

（3）因侵犯著作权行为提起的民事诉讼，由侵权行为实施地、侵权复制品储藏地或者查封、扣押地或被告住所地人民法院管辖。侵害著作权案件的管辖法院与一般的侵权案件不同，侵害著作权案件的管辖法院不包括侵权结果发生地法院，这是因为著作权的载体流动性非常强，很难具体确定其侵害结果发生的时间地点，为了实现诉讼的可操作性，法律不将侵权结果发生地的法院列入管辖法院的范畴。

（4）因侵犯注册商标专用权行为提起的民事诉讼，由侵权行为实施地（不包括侵权结果发生地）、侵权产品的储藏地或者查封、扣押地或被告住所地人民法院管辖。

7. 交通事故损害赔偿纠纷的管辖。《民事诉讼法》第 29 条规定，因铁路、公路、水上和航空事故请求损害赔偿提起诉讼，由事故发生地或者车辆、船舶最先到达地、航空器最先降落地或者被告住所地人民法院管辖。

8. 海事损害事故赔偿纠纷的管辖。《民事诉讼法》第 30 条规定，因船舶碰撞或者其他海事损害事故请求损害赔偿提起的诉讼，由碰撞发生地（事故发生地）、碰撞船舶最先到达地、加害船舶被扣留地或者被告住所地的人民法院管辖。船舶碰撞损害赔偿等海事侵权纠纷案件，由海事法院管辖。

9. 海难救助费用纠纷的管辖。《民事诉讼法》第 31 条规定，因海难救助费用提起的诉讼，由救助地或者被救助船舶最先到达地人民法院管辖。根据有关司法解释，除此之外，还可以由被救助的船舶以外的其他获救财产所在地的人民法院管辖，但不包括被告住所地法院。海难救助纠纷案件由海事法院管辖。如，从天津港开往海口港的 A 公司的货轮，在台湾海峡遭遇台风沉没，船上工作人员与部分货物漂浮在海面上，被 B 公司的货轮于福州港附近海域救起。其后，B 公司向 A 公司索要救助所耗费的费用共 30 万元，A 公司认为实际发生的费用仅为 19 万元，不同意支付 30 万的救助费。于是，B 公司向法院提起诉讼，受诉法院应为救助地福州港所在地的人民法院。若 A 公司货轮并未沉没，而是被 B 公司货轮拖曳至 B 公司货轮的目的地温州港，则受诉法院应为救助地福州港所在地法院或被救助船舶最先到达地——温州港所在地人民法院。

10. 共同海损纠纷的管辖。《民事诉讼法》第 31 条规定，因共同海损引起的诉讼，由船舶最先到达地、共同海损理算地或者航程终止地的人民法院管辖，不包括被告住所地法院。共同海损纠纷案件由海事法院管辖。

（三）专属管辖

专属管辖，指法律明确规定某些特殊类型的案件只能由特定法院管辖，无论当事人还是人民法院都无权加以变更的诉讼管辖。根据《民事诉讼法》第33条的规定，下列案件的管辖为专属管辖：

1. 因不动产纠纷提起的诉讼，由不动产所在地人民法院管辖。《关于适用民诉法的解释》第28条规定，此处的不动产纠纷是指因不动产的权利确认、分割、相邻关系等引起的物权纠纷。农村土地承包经营合同纠纷、房屋租赁合同纠纷、建设工程施工合同纠纷、政策性房屋买卖合同纠纷，按照不动产纠纷确定管辖。不动产已登记的，以不动产登记簿记载的所在地为不动产所在地；不动产未登记的，以不动产实际所在地为不动产所在地。

2. 因港口作业中发生纠纷提起的诉讼，由港口所在地人民法院管辖。若该港口为沿海港口，则由港口所在地海事法院管辖；

3. 因继承遗产纠纷提起的诉讼，由被继承人死亡时的住所地或者主要遗产所在地人民法院管辖。所谓主要财产是指价值较大的财产，不一定是不动产；注意区分不动产案件与遗产继承案件。如果遗产继承涉及不动产，该案属于遗产继承案件，而不应确定为不动产纠纷案件。比如，张大、张二为两兄弟，其父老张死后留下300万元的现金和一套价值100万元的住房，张大、张二因遗产继承问题发生纠纷，此案应按照遗产纠纷案件的管辖原则确定管辖法院，即原告方可向300万元现金的所在地或老张死亡时的住所地法院起诉。

4. 涉外案件的专属管辖：在我国履行中外合资经营企业合同、中外合作经营企业合同、中外合作勘探开发自然资源合同发生纠纷提起的诉讼，由中华人民共和国人民法院管辖。

另外，根据《海事诉讼特别程序法》第7条的规定，下列海事诉讼也属于专属管辖的范畴：

1. 因沿海港口作业纠纷提起的诉讼，由港口所在地海事法院管辖。

2. 因船舶排放、泄漏、倾倒油类或者其他有害物质，海上生产、作业或者折船、修船作业造成海域污染损害提起的诉讼，由污染发生地、损害结果地或者采取预防污染措施地海事法院管辖。

3. 因在中华人民共和国领域和有管辖权的海域履行的海洋勘探开发合同纠纷提起的诉讼，由合同履行地海事法院管辖。

（四）协议管辖

根据《民事诉讼法》第34条的规定，合同或者其他财产权益纠纷的当事人可以书面协议选择被告住所地、合同履行地、合同签订地、原告住所地、标的物所在地等与争议有实际联系的地点的人民法院管辖，但不得违反本法对级别管辖和专属管辖的规定。协议管辖应当具备以下成立要件：

1. 该协议只能适用于合同纠纷或者其他财产权益纠纷，因身份关系产生的纠纷不适用。

2. 可以协议选择的法院应当与争议有实际联系的地点的人民法院，在实践中，除了被告住所地、合同履行地、合同签订地、原告住所地、标的物所在地外，还包括侵犯物权或者知识产权等财产权益的行为发生地等。

3. 根据管辖协议，起诉时能够确定管辖法院的，从其约定；不能确定的，依照民事诉讼法的相关规定确定管辖；管辖协议约定两个以上与争议有实际联系的地点的人民法院管辖，原告可以向其中一个人民法院起诉。

4. 选择不得违反民事诉讼法对级别管辖和专属管辖的规定。例如：王某（住所地为甲市 A 区）与陈某（住所地为甲市 B 区）就权属王某的价值 60 万元的房屋（坐落在甲市 C 区）签订买卖合同，在合同中约定："若日后发生纠纷，双方均应向甲市中级人民法院提起诉讼。"按照法律对级别管辖与专属管辖的规定，管辖法院应当为甲市 C 区人民法院，该约定选择的法院违反了法律规定，约定无效，该案只能由房产所在地甲市 C 区的基层人民法院管辖。

5. 当事人协议管辖应当采用书面形式。该书面协议，包括书面合同中的协议管辖条款或者诉讼前以书面形式达成的选择管辖的协议。

另外，根据《关于适用民诉法的解释》第 31~34 条的规定，协议管辖还应注意以下问题：①经营者使用格式条款与消费者订立管辖协议，未采取合理方式提请消费者注意，消费者主张管辖协议无效的，人民法院应予支持；②管辖协议约定由一方当事人住所地人民法院管辖，协议签订后当事人住所地变更的，由签订管辖协议时的住所地人民法院管辖，但当事人另有约定的除外；③合同转让的，合同的管辖协议对合同受让人有效，但转让时受让人不知道有管辖协议，或者转让协议另有约定且原合同相对人同意的除外；④当事人因同居或者在解除婚姻、收养关系后发生财产争议，约定管辖的，可以适用本条规定确定管辖。

（五）共同管辖与选择管辖

共同管辖，指几个法院对同一案件均有管辖权。选择管辖，指几个法院对同一案件均有管辖权的情况下，由原告选择其中的一个法院受理案件。共同管辖与选择管辖是一个问题的两个方面，从人民法院角度是共同管辖，从当事人角度则是选择管辖。

《民事诉讼法》第 35 条规定："两个以上人民法院都有管辖权的诉讼，原告可以向其中一个人民法院起诉；原告向两个以上有管辖权的法院起诉的，由最先立案的法院管辖。"比如，刘某诉田某违约一案，A 地为合同履行地，B 地为田某住所地，刘某先向 A 地法院提起诉讼，A 地法院受理了该案。两天后，刘某听朋友说应该向 B 地法院起诉，便又将诉状提交到 B 地法院。此时 B 法院了解到 A 法院已经受理此案，遂决定不予受理。A 地法院取得该案的管辖权。

（六）管辖权恒定

管辖恒定原则，是指确定案件的管辖权以起诉时为标准，起诉时对案件享有管辖权的法院，不因确定管辖的事实在诉讼过程中发生变化而影响其管辖权。

《关于适用民诉法的解释》第 37 条规定，案件受理后，受诉人民法院的管辖权不受当事人住所地、经常居住地变更的影响。第 38 条规定，有管辖权的人民法院受理案件后，不得以行政区域变更为由，将案件移送给变更后有管辖权的人民法院。第 39 条规定，人民法院对管辖异议审查后确定有管辖权的，不因当事人提起反诉、增加或者变更诉讼请求等改变管辖，但违反级别管辖、专属管辖规定的除外。

比如：甲的户籍所在地在某市 A 区与 B 区交界处，本来属于 A 区的管辖范围，后由于该市重新进行市政规划，行政区域发生变更，甲的户籍被划入 B 区的管辖范围。在行政区域变更前，甲由于开车撞伤乙，被乙起诉至 A 区人民法院，A 区人民法院受理案件并开庭审理，在庭审期间，行政区域发生改变，A 区人民法院以行政区域发生变更为由将案件移送给 B 区人民法院，是不被允许的。

三、裁定管辖

裁定管辖，指人民法院通过裁定的形式来确定案件的管辖法院。裁定管辖是对法定管辖的补充。法定管辖在一般情况下可以明确案件的管辖法院，其所指向的法院在绝大多数情况下并不是唯一的，往往会有两个以上的法院供当事人选择，如果合法的管辖法院互相推诿，或者当事人选择了错误的法院而法院又受理了案件，法定管辖就不能够妥善地解决问题。此外，在现实中也可能发生法定管辖所指向的法院不适合管辖的情况。裁定管辖作为法定管辖的补充，将帮助法定管辖制度克服现实中可能出现的困难。裁定管辖包括移送管辖、指定管辖和管辖权的转移。

（一）移送管辖

移送管辖，指受理案件的法院发现自己对案件无管辖权，依法将案件移送给有管辖权的法院审理的活动。

1. 移送管辖的条件：

（1）本院已经受理了案件。如果法院未受理案件，只要告知当事人向有管辖权的法院起诉即可，不存在移送的问题；

（2）本院对受理的案件没有管辖权或者其他有管辖权的法院已经先立案受理该案。《关于适用民诉法的解释》第 36 条规定，两个以上人民法院都有管辖权的诉讼，先立案的人民法院不得将案件移送给另一个有管辖权的人民法院。人民法院在立案前发现其他有管辖权的人民法院已先立案的，不得重复立案；立案后发现其他有管辖权的人民法院已先立案的，裁定将案件移送给先立案的人民法院。如，A 法院与 B 法院都对某一案件有管辖权，当事人向 A 法院起诉后又向 B 法院提起诉讼，两个法院都受理了案件，A 法院的受理发生于 B 法院受理之前。A 法院得知 B 法院也受理了案件的时候，将案件移送给 B 法院审理，这是法律所不允许的。这种情况的正确解决方法应当是 B 法院移送案件给 A 法院。

（3）受移送法院对该案有管辖权。移送管辖并非随意移送给任何法院，而是只能移送给法定管辖所指向的法院，即移送管辖不得违背法定管辖。如果受移送的人民法院认为受移送的案件依照规定不属于本院管辖的，应当报请上级人民法院指定管辖，不得再自行移送。即移送只能进行一次。

（二）指定管辖

指定管辖，指上级人民法院以裁定的方式指定某一下级人民法院对某一案件行使管辖权。《关于适用民诉法的解释》第 37 条规定："有管辖权的人民法院由于特殊原因，不能行使管辖权的，由上级人民法院指定管辖。人民法院之间因管辖权发生争议，由争议双方协商解决；协商解决不了的，报请它们的共同上级人民法院指定管辖。"

需要指定管辖的情形有三种：

1. 受移送法院认为自己对移送来的案件无管辖权，报请上级法院指定管辖。根据移送管辖制度的规定，移送只能进行一次，如果受移送法院认为案件不应由自己管辖，需要再移送，则必须由自己的上级法院指定管辖。

2. 有管辖权的法院由于特殊原因不能行使管辖权的，报请上级法院指定管辖。比如，离婚诉讼的被告为受诉法院的院长，出于回避的需要，该法院不适合管辖案件，但依据法定管辖，没有其他法院对案件有管辖权，无法自行移送案件，则应当报请上级法院指定管辖。

一般来讲，特殊原因主要包括两个方面：一是出现法院审判人员全体回避的情况；二是发生自然灾害，法院无法正常办公。

3. 几个法院因为管辖权问题发生争议，协商不成的，由共同上级法院指定管辖。《关于适用民诉法的解释》第 40 条规定，发生管辖权争议的两个人民法院因协商不成报请它们的共同上级人民法院指定管辖时，双方为同属一个地、市辖区的基层人民法院的，由该地、市的中级人民法院及时指定管辖；同属一个省、自治区、直辖市的两个人民法院的，由该省、自治区、直辖市的高级人民法院及时指定管辖；双方为跨省、自治区、直辖市的人民法院，高级人民法院协商不成的，由最高人民法院及时指定管辖。报请上级人民法院指定管辖时，应当逐级进行。如广东省广州市某区人民法院与广西壮族自治区南宁市某区人民法院发生管辖权争议，两院协商不成，分别报请广州市中级人民法院与南宁市中级人民法院，两个中院再进行协商，协商不成，分别报请广东省高级人民法院与广西壮族自治区高级人民法院协商，两高院协商不成的，最后由他们的共同上级法院最高人民法院指定由哪一个法院管辖。

根据《关于适用民诉法的解释》第41条的规定，人民法院依法指定管辖的，应当作出裁定。对报请上级人民法院指定管辖的案件，下级人民法院应当中止审理。指定管辖裁定作出前，下级人民法院对案件作出判决、裁定的，上级人民法院应当在裁定指定管辖的同时，一并撤销下级人民法院的判决、裁定。

（三）管辖权的转移

管辖权的转移，是指上级法院经其上级法院的批准决定将案件的管辖权转移给下级法院，或者下级法院经过上级法院同意将自己有管辖权的案件转移给上级法院。《民事诉讼法》第38条规定："上级人民法院有权审理下级人民法院管辖的第一审民事案件；确有必要将本院管辖的第一审民事案件交下级人民法院审理的，应当报请其上级人民法院批准。下级人民法院对它所管辖的第一审民事案件，认为需要由上级人民法院审理的，可以报请上级人民法院审理。"

1. 管辖权转移的条件。管辖权的转移应同时具备以下三个条件：

（1）管辖权被转移的案件必须是人民法院已受理的案件。根据法定管辖制度，对于同一案件可能有几个法院同时具有管辖权，但这些法院实际上只是具有管辖的资格，而并非现实的管辖权，法院的受理活动才能使其现实地享有案件的管辖权。

（2）移交的人民法院对此案具有管辖权。管辖权的转移是一种有权转移，即转移案件的法院本身合法享有案件的管辖权。如果移交案件的法院对案件没有管辖权，其受理活动就是错误的，受诉法院应当将案件移送给有管辖权的法院处理，而不是转移管辖权。本身不具有案件管辖权的法院无权转移案件的管辖权。

（3）移交的人民法院与接受的人民法院之间具有上下级审判监督关系。移交的法院与接受的法院之间必须具有上下级关系，我国的法院组织与行政组织不同，上下级之间不是领导而是审判监督关系。

2. 管辖权转移的情形。

（1）自下而上转移，即案件由下级人民法院转移给上级人民法院审理。这里又分两种情形：其一，下级法院遇到困难，报请上级法院审判。这是指一些重大、复杂、专业技术较强、干扰严重等的案件，下级人民法院确实无法审判的情况；有些案件案情复杂，涉及面广，调查案件事实需要动员各方面力量予以配合，或者适用法律政策界限不清，难以认定，审理有困难，需要由上级人民法院审判。下级人民法院报请上级人民法院审判，是否接受转移应由上级人民法院作出决定；上级人民法院不同意接受转移的，仍由报请的人民法院审判。其二，在上述情况下，上级法院主动提审自己本无管辖权的案件。

（2）自上而下转移，即依法由上级法院审判的案件，移交给下级法院审理。上级法院将案件转移下级法院审理必须具备两个条件：一是确有必要，二是报请其上级人民法院批准。根据《关于适用民诉法的解释》第42条的规定，下列第一审民事案件，上级人民法院可以在开庭前交下级人民法院审理：①破产程序中有关债务人的诉讼案件；②当事人人数众多且不方便诉讼的案件；③最高人民法院确定的其他类型案件。上级人民法院批准后，人民法院应当裁定将案件交下级人民法院审理。

3. 管辖权的转移与移送管辖的关系。管辖权的转移与移送管辖，都是由一个法院将某一已受理的案件，移送到另一个法院审理的活动。但是，两者在性质上完全不同：

（1）管辖权的转移是指人民法院将属于自己管辖的某一案件，移交给原来没有管辖权的人民法院审理；移送管辖是指人民法庭将不属于自己管辖的案件，移送给有管辖权的人民法院审理。所以，管辖权的转移转移的是案件的管辖权，而移送管辖移送的是案件本身。

（2）管辖权的转移仅指管辖权在上下级人民法院之间转移；移送管辖则包括案件在同级人民法院之间移送的情况。管辖权的转移主要用于调整级别管辖的问题；移送管辖主要用于解决地域管辖的问题。

（3）管辖权的转移必须报请上级人民法院批准；移送管辖则不需要报请上级人民法院批准。

四、管辖权异议

管辖权异议，指当事人认为受诉法院对案件无管辖权，而向受诉法院提出的该院对案件无管辖权的意见和主张。《民事诉讼法》第127条对管辖权异议作出了规定："人民法院受理案件后，当事人对管辖权有异议的，应当在提交答辩状期间提出。人民法院对当事人提出的异议，应当审查。异议成立的，裁定将案件移送有管辖权的人民法院；异议不成立的，裁定驳回。当事人未提出管辖异议，并应诉答辩的，视为受诉人民法院有管辖权，但违反级别管辖和专属管辖规定的除外。"提出管辖权异议是当事人依法享有的一项重要的诉讼权利，对保障双方当事人平等和保护当事人合法权益有着重要作用。法院有时可能对管辖权作出错误判断而受理不属于本院管辖的案件。

（一）提出管辖权异议的条件

1. 提出管辖权异议的主体是本案的当事人。本案的当事人指的是原告和被告。提出异议的在诉讼实务中通常是被告。

2. 提出管辖权异议的时间是提交答辩状期间。《民事诉讼法》第127条规定："……当事人对管辖权有异议的，应当在提交答辩状期间提出……"即双方当事人应在被告收到起诉状副本之日起15日内提出管辖权异议，同时《关于适用民诉法的解释》第223条又补充规定，如果当事人在提交答辩状期间提出管辖异议，又针对起诉状的内容进行答辩的，人民法院应当对管辖异议进行审查。如果当事人未提出管辖异议，就案件实体内容进行答辩、陈述或者反诉的，即应诉答辩的，视为受诉人民法院有管辖权，此为应诉管辖，但违反级别管辖和专属管辖规定的除外。

3. 管辖权异议的客体是第一审民事案件的管辖权。当事人只能对第一审民事案件的管辖权提出异议，对于第一审案件，当事人可以对地域管辖、级别管辖以及书面选择仲裁提出异议。但在二审、重审、再审程序中当事人不能再提出管辖权异议。

（二）人民法院对管辖权异议的处理

受诉法院接到当事人提出的管辖权异议后，应当认真进行审查。经审查，认为异议成立的，裁定将案件移送给有管辖权的法院；认为异议不成立的，裁定驳回管辖权异议。裁定应当送达双方当事人，当事人对裁定不服的，可以在裁定送达之日起的 10 日内向上一级法院提出上诉。裁定送达后的 10 日内，裁定尚未生效，法院不得对案件进行实体审理。当事人在上诉期内未提出上诉或上诉被驳回的，受诉法院应通知当事人参加诉讼。当事人对管辖权问题进一步申诉的，不影响受诉法院对案件的审理。

相关法律规范

1.《中华人民共和国民事诉讼法》第 17~38 条；
2.《最高人民法院关于适用〈中华人民共和国民事诉讼法〉的解释》第 1~42 条；
3.《中华人民共和国海事诉讼特别程序法》第 6、7 条。

学习情境三　管辖法院的确定

【情境案例】

赵 A 系中国煤炭某某公司（以下简称中煤公司）退休人员，赵 A 一家原承租中煤公司一居室住房一套及赵 A 之夫单位二居室住房一套。1995 年，中煤公司决定将三居室产权房一套调给赵 A 居住。同年 11 月 10 日，双方签订协议。次年 10 月 25 日中煤公司给赵 A 开出分配住房证。赵 A 搬入三居室后，双方对协议内容中约定赵 A 应交出一套一居室还是应交出一居室和二居室各一套发生争议。后中煤公司以赵 A 违约，只交出一居室未按协议约定交出二居室，没有居住使用三居室住房的合法手续为由，起诉至三居室所在地基层人民法院，要求赵 A 一家腾房。

法院认为本案的争议双方具有行政隶属关系，而非《民事诉讼法》受诉条件中规定的平等主体，法院无权受理案件。中煤公司与赵 A 则认为：中煤公司与赵 A 就分房问题签订了协议，是合同关系，属于法院受理案件的范畴。赵 A 认为案件标的额较大，应当由中级人民法院进行审理。

【训练目的及要求】

结合案例和相关知识，通过训练，使学生能够掌握我国法院受理民事案件的范畴，判断案件是否应由法院主管，能够确定应该由法院主管的案件，应由哪一级别的法院管辖。熟练办理主管争议相关法律事务。

【训练方法】

参训学生 8 ~ 12 名为一组，分角色扮演。由 2 ~ 3 名学生分别模拟基层法院法官，2 ~ 3 名学生模拟原告中煤公司的法人代表陈 C，2 ~ 3 名学生模拟被告赵 A，2 ~ 3 名学生模拟中级人民法院法官。

【工作任务】

任务一：根据案件基本情况，确定法院是否具有案件管辖权。

步骤 1：审查案件基本资料，确定案件争议的性质。

步骤 2：根据《民事诉讼法》关于人民法院受案条件的规定，明确案件是否应由法院管辖。

步骤 3：基层法院认为自己没有主管权，裁定不予受理案件，制作一份裁定书。

步骤 4：将不予受理的裁定送达起诉的当事人。

步骤 5：如法院受理案件后，当事人提出级别管辖异议，法院审查后认为级别管辖异议成立的，送达裁定书并及时移送案件；异议不成立的，送达裁定书后，通知当事人开庭时间。

【文书样式】

××××人民法院

民事裁定书

（××××）民初字第××号

起诉人：……（起诉人为自然人的，写明性别、民族、出生年月日、籍贯、现住址等；起诉人为法人、其他组织的，写明名称、地址及法定代表人或主要负责人的姓名、职务、现住址、联系电话等。）

××××年××月××日，本院收到某某某的起诉状，……（写明起诉的事由。）

经审查，本院认为，……（写明不符合起诉条件而不予受理的理由。）依照《中华人民共和国民事诉讼法》第 119 条的规定，裁定如下：

对×××的起诉，本院不予受理。

如不服本裁定，可在裁定书送达之日起 10 日内，向本院递交上诉状，上诉于某某某人民法院。

审判员：×××

×××年××月××日

（院印）

本件与原本核对无异

书记员：×××

任务二：学会制作不予受理裁定的上诉状。

步骤 1：审查案件基本资料，确定案件争议的性质。

步骤 2：根据《民事诉讼法》关于人民法院受案范围的规定，明确案件是否应由法院管辖。

步骤 3：法院认为自己没有主管权，裁定不予受理案件。当事人中煤公司认为案件应由法院主管，提交上诉状。

步骤 4：确定上诉状应提交给哪一家法院。

【文书样式】

上诉状

上诉人：……（上诉人为自然人的，写明性别、民族、出生年月日、籍贯、现住址、联系电话；上诉人为法人、其他组织的，写明名称、地址、联系电话及法定代表人或主要负责人的姓名、职务、现住址、联系电话。）

上诉请求：请求人民法院受理案件。

上诉依据的事实与理由：……

此致

××××人民法院

上诉人：×××（签名或盖章）

××××年××月××日

附：1. 本诉状副本 1 份。

2. 原审裁定书 1 份。

任务三：确定法院的级别管辖。

步骤 1：审查案件基本资料，确定案件争议标的的数额、社会影响力和影响范围的大小与案件复杂程度。

步骤 2：根据相关司法解释或法律性文件的规定，明确案件应由哪一级法院管辖。

步骤 3：若基层法院最终受理了案件，但当事人赵 A 认为案件应当由中级人民法院管辖，提交一份级别管辖异议申请。

步骤 4：确定级别管辖的异议申请要在什么时间之内提出。

步骤 5：如法院应当移送管辖而不移送，进一步通过法律途径维护自己的合法权益。

【文书样式】

级别管辖异议申请书

申请人：……（写明申请人基本资料。）

因……一案，提出级别管辖异议，理由如下：

事实与理由：……

法律依据：……

请求将案件移送至……法院进行审理。

此致

×××× 人民法院

申请人：×××

××××年××月××日

任务四：审查上诉申请。

步骤1：中级人民法院审查中煤公司的上诉是否具备上诉条件。

步骤2：判断法院应否受理案件，并制作裁定书。

【文书样式】

×××× 人民法院

民事裁定书

（××××）民终字第××号

上诉人：……（写明姓名或名称等基本情况。）

上诉人某某不服×××× 人民法院民初字第某某号不予受理起诉的民事裁定，向本院提起上诉。

上诉人某某称，……（概述上诉请求与理由。）

本院经审查认为，……（简要写明驳回上诉或者撤销原裁定的理由。）依照……（写明裁定所依据的法律条款项。）的规定，裁定如下：〔写明裁定结果。分两种情况：①维持原裁定的，写："驳回上诉，维持原裁定。"②撤销原裁定的，写："一、撤销×××× 人民法院某民初字第某某号民事裁定；二、本案由×××× 人民法院立案受理。"〕

……（写明诉讼费用的负担。）

本裁定为终审裁定。

审判长：×××

审判员：×××

审判员：×××

××××年××月××日

（院印）

本件与原本核对无异

书记员：×××

学习情境四　管辖权异议的提出

【情境案例】

A 区法院受理一财产纠纷案件。被告利用原告的资金购买 A 区房产一处，原告遂到 A 区法院起诉，要求被告归还该被利用的资金。被告以其户籍所在地位于 B 区，经常居住地位于 C 区为由，向法院提出管辖权异议，申请该案由 C 区人民法院管辖。A 区法院经调查，认定被告所提供的其经常居住地为 C 区的证人证言系其嫂提供，两人之间存在利害关系，故该证言不能作为单独认定事实的依据，裁定驳回异议申请，依职权将案件移送给 B 区人民法院管辖。被告不服管辖权异议的裁定，提出上诉，B 区人民法院的上级人民法院作出裁定。

【训练目的及要求】

结合案例和相关知识，通过训练，使学生能够判断案件的管辖法院是否符合法律规定，会处理在管辖不合法情况下提出管辖权异议的法律事务。

【训练方法】

参训学生 8~12 名为一组，分角色扮演。由 2~3 名学生分别模拟被告，2~3 名学生模拟原告，2~3 名学生模拟 A 区法院的法官。2~3 名学生模拟 B 区法院的上级人民法院的法官。

【工作任务】

任务一：学会制作管辖权异议申请书。

步骤 1：根据案件基本情况，确定应由哪一家法院管辖案件。

步骤 2：当事人认为立案法院不具有管辖权的，制作管辖权异议申请书。

步骤 3：若管辖权异议被驳回，处理管辖权异议被驳回之后上诉的法律事务。

【文书样式】

管辖权异议申请书

申请人：……（写明基本资料。）

请求事项：依法裁定将本案移送××人民法院审理。

事实和理由：……

据上，本案应移送××人民法院审理，请贵院就此依法作出公正裁定。

此致

××××人民法院

申请人：×××

××××年××月××日

民事上诉状

上诉人：……（写明基本资料。）

上诉人因……一案，不服×××人民法院（　　）×民初字第××号民事裁定书，现提出上诉。

上诉请求：

1. 请求依法撤销×××人民法院（　　）×民初字第××号民事裁定书；

2. 将该案移送×××人民法院管辖。

事实与理由：

综上所述，本案应由×××人民法院管辖。×××人民法院（　　）×民初字第××号民事裁定书与事实不符，应予纠正。现特提出上诉，恳请贵院依法裁决。

此致

×××人民法院

上诉人：×××

××××年××月××日

附：1. 本诉状副本一份。

2. 原审裁定书一份。

任务二：掌握管辖权异议答辩状的制作方法。

步骤1：根据案件基本情况，确定应由哪一家法院管辖案件。

步骤2：收集反驳被告管辖权异议的证据材料。

步骤3：制作管辖权异议答辩状。

【文书样式】

管辖权异议答辩状

答　辩　人：……（写明基本资料。）

法定代表人：……（写明基本资料。）

被答辩人：……（写明基本资料。）

因贵院受理的答辩人诉被答辩人……一案，现答辩人对其提出的管辖权异议答辩如下：

答辩事由与法律依据：……

答辩人根据上述法律、司法解释的规定，特向贵院提起诉讼。贵院受理本案符合法律规定。被答辩人提出的管辖权异议没有法律依据，请贵院依法驳回。

此致

×××人民法院

答辩人：×××

××××年××月××日

任务三：学会制作管辖权异议裁定书。

步骤1：审查案件基本情况，调查双方当事人与标的物的基本情况，确定案件是否应由本院管辖。

步骤 2：若当事人提交管辖权异议申请书，法院制作管辖权异议裁定书。

步骤 3：对不属于本院管辖的案件进行移送。

【文书样式】

××××人民法院

民事裁定书

（××××）×民初字第××号

原告：……（写明基本资料。）

被告：……（写明基本资料。）

本院受理……一案后，被告×××在提交答辩状期间对管辖权提出异议，认为……（写明异议的内容及理由。）

经审查，本院认为，……（写明异议成立或异议不成立的根据和理由。）依照《中华人民共和国民事诉讼法》第 127 条的规定，裁定如下：

……（写明裁定结果。分两种情况：

第一，异议成立的，写："被告某某某对管辖权提出的异议成立，本案移送××××人民法院处理。"

第二，异议不成立的，写："驳回被告×××对本案管辖权提出的异议。"）

如不服本裁定，可在裁定书送达之日起 10 日内，向本院递交上诉状，并按对方当事人的人数提出副本，上诉于××××人民法院。

审判员：×××

××××年××月××日

（院印）

本件与原本核对无异

书记员：×××

任务四：学会制作对管辖权异议裁定书不服之上诉的裁定书。

步骤 1：审查案件基本情况，调查双方当事人与标的物的基本情况，确定案件应由哪一家法院管辖。

步骤 2：审查管辖权异议的裁定是否存在程序不公，结论是否正确。

步骤 3：制作对管辖权异议裁定书不服之上诉的裁定书。

【文书样式】

××××人民法院

民事裁定书

（××××）×民终字第××号

上诉人：……（写明基本资料。）

上诉人……一案，××人民法院于××××年××月××日作出（××××）×

民初字第××号民事裁定，驳回……对该案提出的管辖权异议。上诉人某某某对该裁定不服，向本院提起上诉。本院依法组成合议庭对本案进行了审理，现已审理终结。

经审查，……，××××人民法院裁定驳回了×××对本案提出的管辖权异议。

×××对一审裁定不服，向本院提起上诉称，……，请求将本案移送××××人民法院审理。

本院认为，……

综上所述，……（写明裁定结果。分两种情况：

第一，异议成立的，写："×××对管辖权提出的异议成立，撤销××××人民法院（××××）×民初字第××号民事裁定，将案件移送××××人民法院处理。"

第二，异议不成立的，写："×××对管辖权提出的异议不成立，驳回上诉，维持原裁定"）。

本裁定为终审裁定。

审判长：×××

审判员：×××

审判员：×××

××××年××月××日

（院印）

本件与原本核对无异

书记员：×××

思考题

1. 简述人民法院主管民事案件的范围。

2. 简述各级人民法院管辖的第一审民事案件的范围。

3. 简述一般地域管辖的原则和例外。

4. 简述我国民事诉讼法对特殊地域管辖的规定。

5. 简述专属管辖的范围。

6. 什么是管辖权异议？提出管辖权异议的条件有哪些？人民法院对管辖权异议应如何处理？

单元三

诉讼当事人与代理人

本单元知识结构图

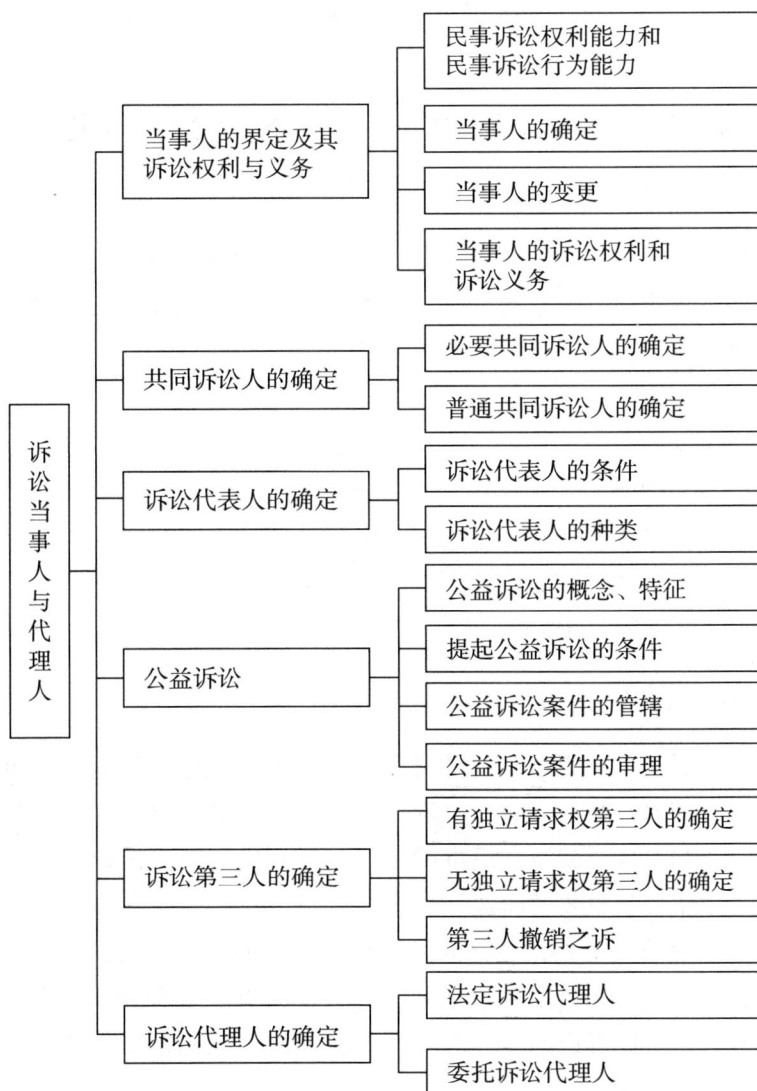

```
                                    ┌─ 民事诉讼权利能力和
                      当事人的界定及其 ┤   民事诉讼行为能力
                      诉讼权利与义务   ├─ 当事人的确定
                                    ├─ 当事人的变更
                                    └─ 当事人的诉讼权利和
                                        诉讼义务

                      共同诉讼人的确定 ┬─ 必要共同诉讼人的确定
                                    └─ 普通共同诉讼人的确定

  诉                  诉讼代表人的确定 ┬─ 诉讼代表人的条件
  讼                                └─ 诉讼代表人的种类
  当
  事                                ┌─ 公益诉讼的概念、特征
  人                  公益诉讼       ├─ 提起公益诉讼的条件
  与                                ├─ 公益诉讼案件的管辖
  代                                └─ 公益诉讼案件的审理
  理
  人                                ┌─ 有独立请求权第三人的确定
                      诉讼第三人的确定 ├─ 无独立请求权第三人的确定
                                    └─ 第三人撤销之诉

                      诉讼代理人的确定 ┬─ 法定诉讼代理人
                                    └─ 委托诉讼代理人
```

知识目标

1. 了解当事人的诉讼权利能力和诉讼行为能力；
2. 了解当事人诉讼权利和诉讼义务的具体内容；
3. 理解共同诉讼的含义，掌握共同诉讼的种类；
4. 理解诉讼代表人的含义，掌握诉讼代表人的条件和种类；
5. 理解诉讼第三人的含义，掌握诉讼第三人的种类；
6. 理解诉讼代理人的含义，掌握诉讼代理人的种类。

能力目标

1. 能够运用当事人的相关知识，准确确定当事人的诉讼地位，辨析其权利和义务；
2. 能够运用诉讼代理人的相关知识，准确确定诉讼代理人的代理权限和诉讼地位。

项目一　当事人的界定及其诉讼权利与义务

引例

周甲（5岁）星期天和祖母李某去公园玩，游戏过程中周甲将林甲（6岁）的双眼划伤致使林甲的右眼失明、左眼视力下降。林甲的父亲林乙要求周家赔偿林甲的医疗费、伤残费共计6万元。周甲的父亲周乙以周甲是未成年人为由拒绝赔偿。林家无奈只好诉至法院。

问题：

1. 本案中周甲和林甲是否具有民事诉讼权利能力和民事诉讼行为能力？他们在诉讼中的地位如何？具有哪些诉讼权利和诉讼义务？
2. 林甲的父亲林乙和周甲的父亲周乙在诉讼中的地位如何？
3. 李某在诉讼中的地位如何？

基本原理认知

当事人是民事诉讼程序得以运行的必备要素，没有当事人参与，民事诉讼程序便无从启动和进行。同时，当事人的诉讼行为，对民事诉讼程序的发生、变更和消灭有着重大影响。没有当事人，就没有民事诉讼。因此，如何正确确定当事人在诉讼中的地位成为司法实务中极为重要的问题。

所谓民事诉讼中的当事人，是指因民事权利、义务发生争议，以自己的名义进行诉讼，并受人民法院裁判拘束的利害关系人。当事人有广义和狭义之分，广义的当事人包括原告、被告、共同诉讼人、诉讼代表人和诉讼第三人；狭义的当事人仅指原告和被告。

当事人在不同的诉讼阶段具有不同的称谓。在第一审普通程序和简易程序中，当事人被称为原告和被告；在第二审程序中，当事人被称为上诉人和被上诉人；在审判监督程序中，当事人被称为原审原告和原审被告，或原上诉人和原被上诉人；在特别程序中，通常没有相互对立的对方当事人，引起诉讼程序发生的人一般称为申请人；在执行程序中，当事人被称为申请执行人和被申请执行人。当事人称谓的不同，反映了其在不同诉讼阶段中的诉讼地位及诉讼权利、义务方面的差异。

一、民事诉讼权利能力和民事诉讼行为能力

（一）民事诉讼权利能力

民事诉讼权利能力，又称为当事人诉讼权利能力或者当事人能力，是指成为民事诉讼当事人，享有民事诉讼权利和承担民事诉讼义务所必需的诉讼法上的资格。享有民事诉讼权利能力，是作为民事诉讼当事人的必要前提。

民事诉讼权利能力与民事权利能力的关系非常密切，通常情况下，二者是一致的。有民事权利能力的人，就有民事诉讼权利能力。但在某些特殊情况下，没有民事权利能力的人，诉讼法上仍赋予其当事人资格，承认其有诉讼权利能力，例如不具有法人资格的其他组织。有民事权利能力的人必然有诉讼权利能力，有诉讼权利能力的人不一定有民事权利能力。

我国《民事诉讼法》第48条规定："公民、法人和其他组织可以作为民事诉讼的当事人。法人由其法定代表人进行诉讼。其他组织由其主要负责人进行诉讼。"据此规定，具备诉讼权利能力可以作为民事诉讼当事人的有自然人、法人和其他组织。

1. 自然人。对于自然人来说，其诉讼权利能力和民事权利能力是一致的，始于出生而终于死亡。任何自然人都具备这两项能力。自然人的人身和财产权利受到损害的，均可以作为当事人提起民事诉讼。

2. 法人。法人的诉讼权利能力与民事权利能力，均始于法人的成立而终于法人的终止。但对于法人而言，其民事权利能力和诉讼权利能力却体现了一定程度的分离，这种分离表现在法人的民事权利能力因其性质的不同而受到不同的限制，但其诉讼权利能力却不受其性质影响，不会受到任何的限制，具有普遍性。只要是与其他民事主体发生了纠纷，法人即可以向人民法院提起民事诉讼或者到法院应诉。即使对于法人超越经营范围的行为而引起的民事纠纷，该法人也具有诉讼权利能力。法人的诉讼权利能力只存在有无的问题，而不存在限制与否的问题。

3. 其他组织（非法人团体）。其他组织，是指不具有法人资格的一些组织或团体。根据《关于适用民诉法的解释》第52条的规定，具备诉讼权利能力的其他组织必须满足三个条件：一是合法成立；二是有一定的组织机构和财产；三是不具备法人资格。具体包括：

（1）依法登记领取营业执照的个人独资企业；

（2）依法登记领取营业执照的合伙企业；

（3）依法登记领取我国营业执照的中外合作经营企业、外资企业；

（4）依法成立的社会团体的分支机构、代表机构；

（5）依法设立并领取营业执照的法人的分支机构；

（6）依法设立并领取营业执照的商业银行、政策性银行和非银行金融机构的分支机构；

（7）经依法登记领取营业执照的乡镇企业、街道企业；

（8）其他符合本条规定条件的组织。

（二）民事诉讼行为能力

民事诉讼行为能力，又称为诉讼能力，是指当事人可以亲自实施诉讼行为，并通过自己的行为，行使诉讼权利和承担诉讼义务的诉讼法上的资格。有了诉讼权利能力，只是具有了成为当事人的资格；同时具有了诉讼行为能力，才能够亲自实施诉讼行为，行使诉讼权利，履行诉讼义务。如果只有诉讼权利能力而无诉讼行为能力，虽然可以成为当事人，但只能由其法定代理人代为实施诉讼活动。

当事人的诉讼行为能力与民事行为能力有着一定的区别。当事人的诉讼行为能力，分为有诉讼行为能力和无诉讼行为能力两种；而民事行为能力则分为完全民事行为能力、限制民事行为能力和无民事行为能力三种。在民事诉讼中只有具有完全民事行为能力的自然人才有诉讼行为能力；无民事行为能力和限制民事行为能力的自然人都没有诉讼行为能力。

对于法人和非法人团体而言，有诉讼权利能力即有诉讼行为能力。法人和非法人团体的诉讼行为能力，自依法成立时产生，至撤销时或者解散时终止。法人由其法定代表人进行诉讼，非法人团体由其主要负责人进行诉讼。《关于适用民诉法的解释》第50条规定："法人的法定代表人以依法登记的为准，但法律另有规定的除外。依法不需要办理登记的法人，以其正职负责人为法定代表人；没有正职负责人的，以其主持工作的副职负责人为法定代表人。法定代表人已经变更，但未完成登记，变更后的法定代表人要求代表法人参加诉讼的，人民法院可以准许。"第52条规定："在诉讼中，法人的法定代表人变更的，由新的法定代表人继续进行诉讼，并应向人民法院提交新的法定代表人身份证明书。原法定代表人进行的诉讼行为有效。"非法人团体更换主要负责人的情况也是如此。

二、当事人的确定

当事人的确定是指在具体案件中如何确定当事人。民事诉讼程序的发生、发展及终结都是因当事人的一系列诉讼行为而展开的，因此，正确确定当事人在民事诉讼中具有十分重要的意义。

根据我国民事诉讼立法精神，确定当事人的标准是当事人须与案件有法律上的利害关系，判断有无法律上的利害关系取决于其是否为争议的实体法律关系的主体。

1. 当事人一般为争议的实体法律关系的主体，如购销合同纠纷中的买卖双方、一般侵权行为法律关系中的致害人与受害人。

2. 虽然不是争议的实体法律关系的主体，没有直接的法律上的利害关系，但基于法律的规定可以以当事人的身份进行诉讼的人。主要包括以下几种人：

（1）死者利益的保护者。如，根据《著作权法》的规定，作者的署名权、修改权、保护作品完整权的保护期不受限制；作者的发表权、使用权和获得报酬权的保护期为作者终生及死后 50 年。在著作权人死后，上述权利的司法保护是通过其继承人作为当事人进行诉讼予以实现的。再如，根据《关于适用民诉法的解释》第 69 条的规定，当死者遗体、遗骨以及姓名、肖像、名誉、荣誉、隐私等民事利益受到侵害的，死者的近亲属可以原告身份提起侵权之诉。

（2）财产管理人。依照法律的规定或者有关部门的指定，管理他人财产的人，是财产管理人。财产管理人虽然不是财产所有人，但当其所管理的财产受到侵害或者被他人主张权利时，为了财产所有人的利益，该管理人可以依法以自己的名义参加诉讼。例如，被宣告失踪人的财产代管人。

（3）遗产执行人。在继承法律关系中，接受被继承人的遗嘱，负责分割遗产或者监督遗产分割和使用的人，是遗产执行人。在执行遗产分割或监督工作中，如因遗产受到他人侵害或发生争议，遗产执行人有权以当事人身份参加诉讼。

（4）财产清算人。在破产程序和其他清算程序中，财产清算人，如破产程序的清算组，全面接管破产或清算企业，行使法人机构的全部职权。财产清算人有权以自己的名义代表该企业参加诉讼。

（5）代位权人。我国《合同法》第 73 条规定，债务人怠于行使其到期债权，对债权人造成损害的，债权人可以向人民法院请求以自己的名义代位行使债务人的债权，但该债权专属于债务人自身的除外，即债权人可以原告身份起诉次债务人（即债务人的债务人）。

一般情况下，确定当事人应依上述标准。但在司法实践中，具体确定当事人地位仍很难把握，为此，最高人民法院对于司法实践中较难认定正当当事人的情况作出了司法解释：

1. 法人非依法设立的分支机构，或者虽依法设立，但没有领取营业执照的分支机构，以设立该分支机构的法人为当事人；

2. 在诉讼中，一方当事人死亡，有继承人的，裁定中止诉讼，人民法院应及时通知继承人作为当事人承担诉讼，被继承人已经进行的诉讼行为对承担诉讼的继承人有效；

3. 法人或者其他组织的工作人员执行工作任务造成他人损害的，该法人或者其他组织为当事人；

4. 提供劳务一方因劳务造成他人损害，受害人提起诉讼的，以接受劳务一方为被告；

5. 在劳务派遣期间，被派遣的工作人员因执行工作任务造成他人损害的，以接受劳务派遣的用工单位为当事人；

6. 在诉讼中，个体工商户以营业执照上登记的经营者为当事人，有字号的以营业执照上登记的字号为当事人，但应同时注明该字号经营者的基本信息；

7. 当事人之间的纠纷经人民调解委员会调解达成协议后，一方当事人不履行调解协议，另一方当事人向人民法院提起诉讼的，应以对方当事人为被告；

8. 下列情形，以行为人为当事人：①法人或者其他组织应登记而未登记，行为人即以该法人或者其他组织名义进行民事活动的；②行为人没有代理权、超越代理权或者代理权终止后以被代理人名义进行民事活动的，但相对人有理由相信行为人有代理权的除外；③法人或者其他组织依法终止后，行为人仍以其名义进行民事活动的；

9. 企业法人合并的，因合并前的民事活动发生的纠纷，以合并后的企业为当事人；

10. 企业法人解散的，依法清算并注销前，以该企业法人为当事人；未依法清算即被注销的，以该企业法人的股东、发起人或者出资人为当事人；

11. 村民委员会或者村民小组与他人发生民事纠纷的，村民委员会或者有独立财产的村民小组为当事人。

三、当事人的变更

当事人的变更，是指在民事诉讼过程中，由于某种情形的出现，一方当事人的诉讼权利义务转移给案外人，由案外人作为当事人继续进行诉讼。根据法律规定，主要包括两种情形：

1. 因当事人死亡引发的当事人变更。《关于适用民诉法的解释》第55条规定："在诉讼中，一方当事人死亡，需要等待继承人表明是否参加诉讼的，裁定中止诉讼。人民法院应当及时通知继承人作为当事人承担诉讼，被继承人已经进行的诉讼行为对承担诉讼的继承人有效。"

2. 因法人或非法人组织合并引发的当事人变更。在民事诉讼过程中，法人或非法人组织作为诉讼当事人，与其他的法人或非法人组织合并成为新的法人或非法人组织的，由新的法人或非法人组织继续参加诉讼，原法人或非法人组织在诉讼中实施的诉讼行为对新的当事人具有法律效力。

四、当事人的诉讼权利和诉讼义务

（一）当事人的诉讼权利

当事人的诉讼权利，是为了维持民事诉讼程序的正常运行以及实现民事诉讼的目的而设定的。根据我国《民事诉讼法》的有关规定，民事诉讼当事人享有广泛的诉讼权利，其中有的属于一方当事人享有的权利，有的属于双方当事人共同享有的权利。

1. 一方当事人享有的诉讼权利：①原告有提起诉讼的权利，起诉后有放弃、变更诉讼请求和撤诉的权利；②被告有进行答辩、承认原告的诉讼请求和提起反诉的权利。

2. 双方当事人共同享有的诉讼权利：①使用本民族语言文字进行诉讼的权利；②委托代理人，提出回避申请，收集、提供证据，进行辩论，请求调解，提起上诉，申请执行的权利；③协议管辖法院的权利和提出管辖权异议的权利；④查阅、复制本案有关材料和法律文书的权利，但行使这项权利应根据最高人民法院的具体规定；⑤自行和解的权利；⑥申请证据保全，申请顺延诉讼期间，申请财产保全和先予执行的权利；⑦要求重新调查、鉴定或者勘验的权利；⑧认为法庭笔录确有错误时，有申请补正的权利；⑨认为发生法律效力的判决、裁定、调解书确有错误时，有申请再审的权利。

（二）当事人的诉讼义务

当事人享有广泛的诉讼权利的同时，也应承担相应的诉讼义务。根据《民事诉讼法》第 49 条第 3 款的规定，当事人应承担的诉讼义务主要有以下三方面：

1. 依法行使诉讼权利。当事人必须依照《民事诉讼法》的规定行使诉讼权利，不得滥用法律赋予的诉讼权利，损害他人的合法权益。

2. 遵守诉讼秩序。当事人必须遵守法庭秩序，服从法庭指挥，不得实施妨害民事诉讼秩序的行为。

3. 履行发生法律效力的判决书、裁定书和调解书。人民法院的判决书、裁定书、调解书生效后，负有义务的一方当事人必须履行。义务人不履行的，人民法院可根据权利人的申请或依职权依法强制执行。

相关法律规范

1. 《中华人民共和国民事诉讼法》第 48～51 条；

2. 《最高人民法院关于适用〈中华人民共和国民事诉讼法〉的解释》第 50～53、55～64、68、69 条。

项目二　共同诉讼人的确定

引例

刘甲有子女5人。大儿子刘乙，二儿子刘丙，三儿子刘丁，大女儿刘戊，小女儿刘己。刘德仁的妻子王甲于3年前因病去世；刘甲一直与大儿子刘乙一家生活在老家安明县。2007年8月11日，刘甲在进城途中不幸发生车祸身亡，留下私房六间，几个子女料理完老人后事后，未与刘乙提及继承遗产之事。2007年12月10日，刘乙将六间私房中的一间留下自己居住，其余五间卖给了同村居民李甲。不久，刘丙得知此事，遂向法院起诉，要求确认他对房屋的继承权。法院受理案件后，通知刘丁、刘戊、刘己参加诉讼。接到法院的通知后，刘丁明确表示放弃继承；刘戊表示希望继承遗产，但不愿意参加诉讼；刘己表示愿意参加诉讼。

问题：

1. 本案中刘甲5子女在诉讼中的地位应如何确定？

2. 该共同诉讼属于哪一类型？各共同诉讼人在诉讼中的关系如何？

3. 如果法院在一审时没有通知刘己参加诉讼，刘己在该案进入二审后才闻讯请求参加诉讼，第二审法院应该怎么做？

基本原理认知

在通常情况下，民事诉讼是由一个原告诉一个被告，理论上称这种民事诉讼为单一诉讼。但在我们的日常生活中也存在原、被告一方或双方人数为2人或2人以上的情况，如某甲诉子女乙、丙、丁，追索赡养费案；又如两人共同致一人损害，引起损害赔偿之诉；等等。为节省诉讼资源，并防止可能出现的矛盾裁判，民事诉讼法规定当事人一方或双方为多个主体的诉讼可以合并审理。当合并审理时，就出现了原、被告一方或双方人数为两人以上的复数诉讼形态——共同诉讼。共同诉讼人即指共同诉讼中的一方复数当事人。原告一方为两人以上的，称为共同原告；被告一方为两人以上的，称为共同被告。

共同诉讼发生的方式有两种：①起诉时发生，如几个原告诉一个被告或一个原告诉几个被告，或几个原告诉几个被告。②诉讼进行中发生。在起诉时本是单一诉讼，诉讼进行中途，出现诉讼权利义务的承担或追加当事人参加诉讼等情形，会使原单一的民事诉讼演变成共同诉讼。

根据共同诉讼中当事人之间争议的诉讼标的是共同的还是同一种类，共同诉讼可分为必要的共同诉讼和普通的共同诉讼。

一、必要共同诉讼人的确定

必要共同诉讼即当事人一方或双方人数为两人或两人以上，诉讼标的是共同的诉讼。这种诉讼不允许分案进行审理，共同诉讼人必须一同起诉或者一同应诉。共同诉讼人没有一同起诉或应诉的，法院应当追加。同时应合并审理并统一作出判决，因此，必要的共同诉讼又称不可分的共同诉讼。

（一）必要共同诉讼的类型

根据诉讼标的的权利义务本身是共同的，还是形成诉讼标的的权利义务的原因是共同的，可以将必要的共同诉讼分为以下两种类型：

1. 权利义务共同型必要共同诉讼。这类必要共同诉讼中，各共同诉讼人之所以对诉讼标的享有共同的权利义务，是因为他们之间本身就存在着实体权利义务的共同关系或连带关系。

在实践中主要包括两种情况：①共同诉讼人之间存在着权利义务的共同关系，如财产共有关系，包括合伙人对合伙财产的共有、共同继承人对继承财产的共有、夫妻对共同财产的共有等。对共有财产的争议引起的诉讼，是典型的必要共同诉讼。如因侵权人侵害夫妻共同财产所生侵权之诉时，夫妻二人是共同诉讼人。②共同诉讼人之间因有连带的债权债务而具有共同的权利义务。涉及债权人对连带债务人的请求所生之诉讼时，就是必要共同诉讼。如在连带保证中，因被保证人未履行合同发生给付之诉时，合同的保证人和被保证人就是共同诉讼人。

2. 原因共同型必要共同诉讼。这类必要共同诉讼是指原本没有共同的权利义务，是因为后来发生了同一事实或法律上的原因才使共同诉讼人具有了共同的权利义务。如甲、乙二人共同致丙损害，丙向甲、乙请求损害赔偿的诉讼。在损害发生前，甲、乙二人并无共同的权利义务，只是因为甲、乙共同实施加害行为这一事实，使他们之间具有了连带关系，也就具有了共同赔偿义务，成为共同诉讼人。

根据《关于适用民诉法的解释》，能够引起必要共同诉讼的具体情形有：

（1）以挂靠形式从事民事活动，当事人请求由挂靠人和被挂靠人依法承担民事责任的，该挂靠人和被挂靠人为共同诉讼人；

（2）在劳务派遣期间，被派遣的工作人员因执行工作任务造成他人损害的，以接受劳务派遣的用工单位为当事人，当事人主张劳务派遣单位承担责任的，该劳务派遣单位为共同被告；

（3）个体工商户在诉讼中，营业执照上登记的经营者与实际经营者不一致的，以登记的经营者和实际经营者为共同诉讼人；

（4）在诉讼中，未依法登记领取营业执照的个人合伙的全体合伙人为共同诉讼人；个人合伙有依法核准登记的字号的，应在法律文书中注明登记的字号；全体合伙人可以推选代表人；被推选的代表人，应由全体合伙人出具推选书；

（5）企业法人分立的，因分立前的民事活动发生的纠纷，以分立后的企业为共同诉讼人；

（6）借用业务介绍信、合同专用章、盖章的空白合同书或者银行账户的，出借单位和借用人为共同诉讼人；

（7）因保证合同纠纷提起的诉讼，债权人向保证人和被保证人一并主张权利的，人民法院应当将保证人和被保证人列为共同被告；保证合同约定为一般保证，债权人仅起诉保证人的，人民法院应当通知被保证人作为共同被告参加诉讼；债权人仅起诉被保证人的，可以只列被保证人为被告；

（8）无民事行为能力人、限制民事行为能力人造成他人损害的，无民事行为能力人、限制民事行为能力人和其监护人为共同被告；

（9）在继承遗产的诉讼中，部分继承人起诉的，人民法院应通知其他继承人作为共同原告参加诉讼；被通知的继承人不愿意参加诉讼又未明确表示放弃实体权利的，人民法院仍应将其列为共同原告；

（10）原告起诉被代理人和代理人，要求承担连带责任的，被代理人和代理人为共同被告；

（11）共有财产权受到他人侵害，部分共有权人起诉的，其他共有权人为共同诉讼人。

根据最高人民法院2001年4月16日颁布的《关于审理劳动争议案件适用法律若干问题的解释》的规定，原用人单位以新的用人单位和劳动者共同侵权为由向人民法院起诉的，应将新的用人单位和劳动者列为共同被告。

（二）必要共同诉讼人的追加

由于在必要共同诉讼中，诉讼标的具有同一性，法院必须合并审理和判决，当事人只能一同起诉或应诉，否则当事人将不适格。因此在起诉或应诉时，如果有部分当事人没有参加诉讼，就需要追加当事人。

当事人的追加，可以由法院依职权进行，也可以由法院根据参加诉讼的当事人的申请追加。根据《关于适用民诉法的解释》第73、74条的规定，必须共同进行诉讼的当事人没有参加诉讼的，人民法院应当通知其参加；当事人也可以向人民法院申请追加。人民法院对当事人提出的申请，应当进行审查，申请理由不成立的，裁定驳回；申请理由成立的，书面通知被追加的当事人参加诉讼。人民法院追加共同诉讼的当事人时，应当通知其他当事人。应当追加的原告，已明确表示放弃实体权利的，可不予追加；既不愿意参加诉讼，又不放弃实体权利的，仍应追加为共同原告，其不参加诉讼，不影响人民法院对案件的审理和依法作出判决。被追加的被告，如果不愿参加诉讼的，法院一般可以对其缺席判决，但对符合拘传条件的被告，则可以通过拘传强制其到庭参加诉讼。由此可见，我国民事诉讼对于必要共同诉讼人确立了强制追加制度，即只要在一审程序中遗漏了必要共同诉讼人，便可直接予以追加。

在二审程序中发现遗漏当事人，根据《关于适用民诉法的解释》第 227 条的规定，人民法院可以根据当事人自愿的原则予以调解，调解不成的，发回重审。发回重审的裁定书中不列应当追加的当事人。

（三）必要共同诉讼人之间的内部关系

由于在必要共同诉讼中，当事人一方或双方为两人以上，因此必要共同诉讼除了原被告之间的外部关系以外，还涉及共同诉讼人之间的内部关系。在诉讼中，各个共同诉讼人是独立的诉讼主体，都可以实施一定的诉讼行为，而他们相互间的诉讼行为又可能会不完全一致，这就产生了如何处理必要共同诉讼人内部关系的问题。

我国《民事诉讼法》是以承认原则来处理必要共同诉讼人的内部关系的。《民事诉讼法》第 52 条第 2 款规定，共同诉讼的一方当事人对诉讼标的有共同权利义务的，其中一人的诉讼行为经其他共同诉讼人承认，对其他共同诉讼人发生效力。这种承认包括明示承认和默示承认。所谓默示承认，是指只要共同诉讼人未对其他共同诉讼人实施的诉讼行为表示异议，即表明该共同诉讼人已经承认。不过承认原则也有例外，共同诉讼人中一人对判决不服提起上诉的，如果上诉后为不可分之诉，不管其他共同诉讼人是否承认该上诉行为，上诉的效力都及于共同诉讼人全体。

二、普通共同诉讼人的确定

普通共同诉讼，是指当事人一方或者双方为两人以上，诉讼标的是同一种类，法院认为可以合并审理并且当事人也同意合并审理的共同诉讼。所谓诉讼标的是同一种类的，是指各个共同诉讼人与对方当事人争议的法律关系的性质或请求权的性质是相同的，即他们各自享有的权利或承担的义务属于同一类型。例如，数个业主欠交物业管理费，物业管理人向欠交物业管理费的数个业主提起的交纳管理费的诉讼。这里数个欠费的业主是共同诉讼人，物业管理人分别向其提起的诉讼法律关系性质相同，请求权的性质也相同。

正因为普通共同诉讼人之间的诉讼标的是同种类的，而不是同一的，所以共同诉讼人之间没有共同的权利义务，对其中一个诉讼标的作出的判决，其效力也不及于其他作为同种类诉讼标的的法律关系。普通共同诉讼的目的在于实现诉讼的经济性。

（一）普通共同诉讼的构成条件

1. 当事人一方或双方为两人或两人以上；

2. 诉讼标的是同一种类；

3. 由同一法院管辖，适用同一诉讼程序；

4. 法院认为可以合并审理，当事人也同意合并审理。在符合以上条件的情况下，是否合并审理，由人民法院决定，但应征求当事人意见。如果当事人不同意的，法院不能硬性合并为共同诉讼。

（二）普通共同诉讼人的内部关系

《民事诉讼法》第52条第2款规定：对诉讼标的没有共同权利义务的，其中一人的诉讼行为对其他共同诉讼人不发生效力。由于普通共同诉讼是可分之诉，因此普通共同诉讼人各自拥有独立的诉讼实施权。其中任何一个共同诉讼人的诉讼行为，对其他共同诉讼人均不发生效力。例如，共同原告中的一人放弃诉讼请求，或共同被告中的一人承认对方的诉讼请求，对其他共同诉讼人不发生效力。由于普通共同诉讼人具有诉讼行为独立性的特点，人民法院审理普通共同诉讼人的案件，如共同诉讼人中一人有诉讼终止或终结的情形时，不影响其他共同诉讼人诉讼的进行。人民法院的裁判也不一定同时做出，可就共同诉讼人分别出具法律文书。但各个普通共同诉讼人的行为之间，仍然具有一定的联系，其中一人在诉讼中的作为或不作为，在法院认定其他共同诉讼人的请求或答辩时，具有证明作用。

📖 相关法律规范⌐

1. 《中华人民共和国民事诉讼法》第52条；
2. 《最高人民法院关于适用〈中华人民共和国民事诉讼法〉的解释》第54、58～60、63～74条。

项目三　诉讼代表人的确定

📖 引例

2007年3月31日，温大法政学院学生24人（以下简称学生）前往缙云仙都旅游，4月1日早上7时许，学生按照地图上的指示前往仙都景区一景点——芙蓉峡。期间学生通过询问当地村民，经过山间小路来到芙蓉峡，并随着进出的村民一道进入峡谷。随后当他们从山上返回时不知道该往哪边走，看到河边有木排便过去询问是否可以漂流。这时，两名自称是景区工作人员的人要求学生出示门票，得知没有门票后要求学生补票。学生认为补票不合理，遂决定按原路返回。但是，当学生一行行至进来的入口时，那两名工作人员已经挡在出口处，不让学生出去，并称这是收费的风景点，村民可以免费，而其他人员要收费。于是，双方发生争议，期间学生向有关部门投诉，但是都没有得到答复。为了能赶上中午12点返校的火车，最后学生不得不买了10张风景区半票，才结束了自己不愉快的旅程。学生认为，景区在没有设置售票点又没有设置警示收费标志的情形下，要求他们承担买票的义务，明显侵犯了消费者的知情权和选择消费权。同时，景区的行为也是没有法律依据的。据此，景区在没有合法根据的情形下，使学生遭受经济损失，而使自己获得了经济利益，构成了不当得利。于是，24 名学生将景区的管理部门浙江省丽水市缙云县旅游管理局起诉至法院，要求判令被告返还 10 张缙云仙都芙蓉峡半价旅游门票的价款 120 元整，并承担本案诉讼费及因诉讼所支付的往返交通费。

问题：本案中 24 名学生提起的是哪一类型的诉讼？该 24 名学生应采用何种方式参加诉讼？

基本原理认知

在市场经济条件下，群体纠纷大量出现，如产品质量、环境污染、医疗事故等引发的纠纷呈现日益增多的趋势，由于群体诉讼人数众多，受诉讼空间的限制，让每一个成员都参加诉讼在实际上不可能，只能由其选出代表进行诉讼。我国《民事诉讼法》从我国实际出发，借鉴国外群体诉讼制度的立法经验，确定了代表人诉讼制度。代表人诉讼制度既为人数众多的共同诉讼人进行诉讼提供了可能，又简化了诉讼程序。

所谓代表人诉讼，又称群体诉讼，是指当事人一方或双方人数众多（10 人以上），由该群体中的一人或数人代表群体起诉或应诉，法院所作的判决对该群体所有成员均有约束力的诉讼。代表群体起诉或应诉的人称为诉讼代表人。

一、诉讼代表人的条件

根据《民事诉讼法》的规定，诉讼代表人应具备以下基本条件：

1. 是本案当事人；
2. 具有诉讼行为能力以及与进行该诉讼相适应的诉讼能力；
3. 能够善意地履行诉讼代表人职责。

诉讼代表人的人数为 2～5 人，具有双重身份，一方面是诉讼当事人，另一方面又是本方其他当事人的代表人。这是诉讼代表人的特点，也是其与诉讼代理人的区别所在。具体来讲，诉讼代表人与诉讼代理人有以下几点区别：①由于诉讼代表人是本案当事人，因此他与本案的诉讼结果有利害关系；诉讼代理人不是本案当事人，与本案的诉讼结果没有利害关系。②诉讼代表人实施诉讼行为，不仅是为被代表的当事人的利益，也是为自己的利益；诉讼代理人实施诉讼行为是为被代理的当事人的利益。③诉讼代表人在人数不确定的情况下，是由部分当事人推选出的，即由部分当事人授权，其实施的诉讼行为对全体利害关系人有效；诉讼代理人接受委托代理多个当事人进行诉讼的，其实施诉讼代理行为必须有全体被代理人的授权。

二、代表人诉讼的种类

根据我国《民事诉讼法》的规定，代表人诉讼可分为人数确定的代表人诉讼和人数不确定的代表人诉讼。

（一）起诉时人数确定的代表人诉讼

人数确定的代表人诉讼，是指当事人一方人数众多且起诉时人数确定，由人数众多的一方当事人推选出代表人，代表自己一方进行诉讼的诉讼制度。

1. 人数确定的代表人诉讼应具备的条件。

（1）当事人一方人数众多，一般指 10 人以上；

（2）起诉时当事人人数已经确定；

（3）多数当事人之间具有同一的诉讼标的或具有同一种类的诉讼标的。因此人数确定的代表人诉讼，既可能是必要共同诉讼，也可能是普通共同诉讼；

（4）当事人推选出代表人。既可以由全体当事人推选共同的代表人，也可以由部分当事人推选自己的代表人；推选不出代表人的当事人，在必要的共同诉讼中可由自己参加诉讼，在普通的共同诉讼中可以另行起诉。

2. 诉讼代表人的权限。代表人在获得诉讼代表权后，就可以代表其他共同诉讼人起诉或应诉，代表人的诉讼行为对其所代表的当事人发生法律效力。但代表人未经所代表的当事人特别授权，不能行使处分权。代表人变更、放弃诉讼请求或者承认对方当事人的诉讼请求，进行和解，必须事前经被代表人授权或者事后追认，才对被代表人发生效力。

（二）起诉时人数不确定的代表人诉讼

人数不确定的代表人诉讼，是指当事人一方人数众多，在起诉时人数尚不能确定，由向人民法院登记的权利人推选或由人民法院与其商定代表人，代表人数众多的一方当事人进行诉讼的诉讼制度。

1. 人数不确定的代表人诉讼应具备的条件。

（1）当事人一方人数众多，并且在起诉时人数没有确定，这是与人数确定的代表人诉讼的根本区别；

（2）争议的诉讼标的是同一种类。在争议发生之前，多数当事人之间并不存在任何联系，仅仅是由于某一事实或法律问题的发生，才使他们与对方当事人就同种类的诉讼标的发生纠纷。如果争议的诉讼标的不是同种类的，即使当事人的人数众多，也不能适用这种代表人诉讼。

2. 人数不确定的代表人诉讼的特殊程序。

（1）案件的管辖法院。人数不确定的代表人诉讼案件，当事人往往分散居住在数个法院辖区，有的还可能遍布全国各地，难以确定案件的管辖法院。这就需要各有关法院根据案件的具体情况，协商确定；如果协商不成，则应由共同的上级人民法院指定管辖。

（2）发布公告。人民法院在受理多数人诉讼时，发现起诉时一方当事人人数尚未确定的，可以发出公告，说明案件情况和诉讼请求，告知权利人在一定期间内向人民法院登记。这里的权利人，是指主观上认为自己享有权利的人。公告的方式，可以根据纠纷涉及的范围具体确定，如在法院公告栏张贴公告，或在报纸、电视等媒体上发布。公告的期限，由法院根据具体案件的情况确定，但最少不得少于 30 日。

（3）权利人登记。登记的目的在于确定当事人的人数，以便为诉讼做准备。在公告期内，权利人应当向发布公告的案件管辖法院登记，并证明其与对方当事人的法律关系和所受到的损害。证明不了的，不予登记，但权利人可以另行起诉。

（4）推选或商定诉讼代表人。根据《民事诉讼法》第 54 条第 2 款及《关于适用民诉法的解释》第 77 条的规定，在这类代表人诉讼中，诉讼代表人的产生方式依次为：①推选，即由向人民法院登记了权利的那部分当事人推选出诉讼代表人；②协商，在推选不出诉讼代表人时，可以由人民法院提出人选与当事人协商；③指定，协商不成的，也可以由人民法院在起诉的当事人中指定代表人。确定的代表人如果出现死亡、丧失行为能力或不尽代表职责，可以由原推选的当事人予以变更，重新推选新的代表人。其代表人权限与人数确定的代表人诉讼的代表人相同。

（5）法院裁判效力。在人数不确定的代表人诉讼中，裁判的效力表现为两个方面：①对于已经登记的全体权利人有拘束力；②对未参加登记的权利人有预决效力，即未参加登记的权利人在诉讼时效期间内提起诉讼，人民法院认为其诉讼请求成立的，裁定适用人民法院已作出的判决、裁定，而无须另行裁判。

📖 相关法律规范

1.《中华人民共和国民事诉讼法》第 53、54 条；
2.《最高人民法院关于适用〈中华人民共和国民事诉讼法〉的解释》第 75 ～ 80 条。

项目四　公益诉讼

📖 引例

2008 年 7 月，被告人谢某、倪某、郑某未经批准，从李某手中购得南平市延平区葫芦山砂基洋恒兴石材厂矿山的采矿权，三被告人在未办理采矿许可延期手续和未取得占用林地许可证情况下，开采矿石并扩大塘口，将弃土和废石向山下倾倒，共造成 19.44 亩林地原有植被严重破坏。2014 年 7 月，南平市延平区人民法院以非法占用农用地罪，分别判处三被告人有期徒刑。2015 年 1 月 1 日，原告北京市朝阳区自然之友环境研究所、福建省绿家园环境友好中心依据当日施行的修订后的环保法，向南平中院提起环境公益诉讼。原告起诉请求判令四被告（谢某、倪某、郑某、李某）承担 3 个月内恢复林地植被的责任，赔偿生态环境服务功能损失 134 万元；如不能在 3 个月内恢复原地植被，赔偿生态环境修复费用 110.19 万元，由第三人南平市国土资源局延平分局、南平市延平区林业局组织恢复原地植被。

问题：

1. 本案中"破坏生态"行为是否属于公益诉讼范围？法律依据是什么？

2. 北京市朝阳区自然之友环境研究所、福建省绿家园环境友好中心是否可以原告身份起诉？法律依据是什么？

基本原理认知

一、公益诉讼的概念、特征

（一）公益诉讼的概念

随着生产与服务的社会化程度不断提高，破坏环境资源、侵吞国有资产、侵犯消费者合法权益等涉及公共利益的损害也大量涌现，但当公共利益受到损害时，由于缺乏传统法意义上的直接受害人，使其难以进入司法程序，导致违法违规行为得不到及时制裁与矫正，公共利益受损难以得到及时司法救济。鉴于此，我国在2012年的《民事诉讼法》修正案中确立了公益诉讼制度。

《民事诉讼法》第55条规定："对污染环境、侵害众多消费者合法权益等损害社会公共利益的行为，法律规定的机关和有关组织可以向人民法院提起诉讼。"因此公益诉讼，就是指特定的国家机关和有关组织，根据法律的授权，对污染环境、侵害众多消费者合法权益等损害社会公共利益的行为，向法院起诉，由法院依法追究法律责任的诉讼活动。

（二）公益诉讼的特征

公益诉讼与普通民事诉讼相比具有以下主要特征：

1. 诉讼目的不完全相同。公益诉讼的主要目的是为了维护公共利益；而普通民事诉讼的直接目的是为了维护个体利益。

2. 对诉讼当事人的要求不同。公益诉讼的原告不要求一定与纠纷有法律上的直接利害关系；在普通的民事诉讼中，起诉人必须与案件有法律上的直接利害关系，否则法院不予受理。

3. 公益诉讼纠纷所涉及的损害往往具有广泛性、严重性和长期性；而普通民事诉讼主要涉及普通个体之间的利益损害，损害的范围一般较易界定。

二、提起公益诉讼的条件

根据《民事诉讼法》第55条和《关于适用民诉法的解释》第284条的规定，提起公益诉讼应具备以下条件：

1. 案件性质是污染环境、侵害众多消费者合法权益等损害社会公共利益。

2. 有权提起诉讼的是环境保护法、消费者权益保护法等法律规定的机关和有关组织。根据《最高人民法院关于审理环境民事公益诉讼案件适用法律若干问题的解释》第 11 条的规定，检察机关、负有环境保护监督管理职责的部门及其他机关、社会组织、企业事业单位可以通过提供法律咨询、提交书面意见、协助调查取证等方式支持社会组织依法提起环境民事公益诉讼。有关社会组织，应当是依照法律、法规的规定，在设区的市级以上人民政府民政部门登记的社会团体、民办非企业单位以及基金会等。

3. 有明确的被告。

4. 有具体的诉讼请求。

5. 有社会公共利益受到损害的初步证据。

6. 属于人民法院受理民事诉讼的范围和受诉人民法院管辖。

三、公益诉讼案件的管辖

根据《关于适用民诉法的解释》第 285 条规定，公益诉讼案件由侵权行为地或者被告住所地中级人民法院管辖，但法律、司法解释另有规定的除外。因污染海洋环境提起的公益诉讼，由污染发生地、损害结果地或者采取预防污染措施地海事法院管辖。对同一侵权行为分别向两个以上人民法院提起公益诉讼的，由最先立案的人民法院管辖，必要时由它们的共同上级人民法院指定管辖。

《最高人民法院关于审理环境民事公益诉讼案件适用法律若干问题的解释》第 6 条规定，第一审环境民事公益诉讼案件由污染环境、破坏生态行为发生地、损害结果地或者被告住所地的中级以上人民法院管辖。中级人民法院认为确有必要的，可以在报请高级人民法院批准后，裁定将本院管辖的第一审环境民事公益诉讼案件交由基层人民法院审理。第 7 条规定，经最高人民法院批准，高级人民法院可以根据本辖区环境和生态保护的实际情况，在辖区内确定部分中级人民法院受理第一审环境民事公益诉讼案件。

四、公益诉讼案件的审理

根据《关于适用民诉法的解释》的规定，人民法院受理公益诉讼案件后，应当在 10 日内书面告知相关行政主管部门。依法可以提起诉讼的其他机关和有关组织，可以在开庭前向人民法院申请参加诉讼。人民法院准许参加诉讼的，列为共同原告。原告在法庭辩论终结后申请撤诉的，人民法院不予准许。

对公益诉讼案件，当事人可以和解，人民法院可以调解。当事人达成和解或者调解协议后，人民法院应当将和解或者调解协议进行公告。公告期间不得少于 30 日。公告期满后，人民法院经审查，和解或者调解协议不违反社会公共利益的，应当出具调解书；和解或者调解协议违反社会公共利益的，不予出具调解书，继续对案件进行审理并依法作出裁判。

人民法院受理公益诉讼案件，不影响同一侵权行为的受害人根据《民事诉讼法》第119条的规定提起诉讼。公益诉讼案件的裁判发生法律效力后，其他依法具有原告资格的机关和有关组织就同一侵权行为另行提起公益诉讼的，人民法院裁定不予受理，但法律、司法解释另有规定的除外。

相关法律规范

1. 《中华人民共和国民事诉讼法》第15、55条；

2. 《最高人民法院关于适用〈中华人民共和国民事诉讼法〉的解释》284～291条；

3. 《最高人民法院关于审理环境民事公益诉讼案件适用法律若干问题的解释》第2、6、11条。

项目五　诉讼第三人的确定

引例

张甲住在广州A区，有两个儿子张乙、张丙和一个女儿张丁。张甲立一遗嘱交给张丁，遗嘱中确定遗产房屋全部由女儿张丁继承。后来，张甲死亡，张乙承担了丧葬费。张乙为其父办完丧事后，便将其父遗留的房屋卖给王甲。张丙回来后，向法院提起诉讼，要求继承遗产。A区法院受理案件后，张丁从外地赶来，在A区法院尚未开庭审理时向法院递交了诉状，并附有其父的遗嘱，请求法院将房屋判给自己。

问题：

1. 张丁在本案中处于什么诉讼地位？

2. 如果张甲没有立上述遗嘱，张丁要求与其兄长一起继承遗产，她的诉讼地位是什么？

基本原理认知

所谓民事诉讼第三人，是指对原告与被告所争议的诉讼标具有独立的请求权，或者虽无独立的请求权但案件的处理结果与其有法律上的利害关系，因而参加到他人已经开始的诉讼中的人。

民事诉讼法设立第三人制度的目的在于简化诉讼程序，维护利害关系人的合法权益，防止法院作出相互矛盾的判决，实现诉讼经济。

民事诉讼的第三人具有以下特征：

1. 参加到他人正在进行的诉讼中。第三人是相对于原被告而言，他是加入到别人的诉讼中。第三人的加入，以原被告的诉讼已经开始，且尚未终结为条件。因此，原被告之间的诉讼称为本诉，第三人的加入被称为参加之诉。

2. 第三人在诉讼中具有独立的诉讼地位。第三人既不同于共同诉讼人，又不同于当事人以外的其他诉讼参与人，而属于广义当事人，有独立的诉讼地位。在诉讼中，他或者作为第三方当事人，针对本诉中的原被告进行诉讼，或者辅助一方当事人，与另一方当事人进行诉讼。

3. 第三人是与案件有利害关系的人。这种利害关系主要包括两种情形：一是原告和被告争议的诉讼标的，使该第三人的利益受到侵害；二是法院对本诉的处理结果可能会对第三人产生有利或不利的影响。这是第三人与代理人、证人、鉴定人和翻译人员的根本区别。

根据第三人参加诉讼的根据、参加诉讼的方式和诉讼地位的不同，我国《民事诉讼法》将第三人分为有独立请求权的第三人和无独立请求权的第三人。

一、有独立请求权第三人的确定

（一）有独立请求权第三人的诉讼地位

有独立请求权第三人是指对原、被告争议的诉讼标的认为有独立的请求权，因而以起诉的方式参加到已开始的诉讼中来的人。

我国《民事诉讼法》第 56 条第 1 款规定："对当事人双方的诉讼标的，第三人认为有独立请求权的，有权提起诉讼。"有独立请求权的第三人在诉讼中的地位相当于原告，是诉讼的当事人，享有原告的诉讼权利，承担原告的诉讼义务。在诉讼中，有独立请求权的人既反对本诉的原告，又反对本诉的被告，认为他们的争议侵害了自己的利益，因此对他们提起独立的请求，将他们同置于被告的地位。如甲、乙二人为一处房产的继承问题产生纠纷而涉诉。诉讼中，丙向法院提出请求，既否认甲对该项房产的继承权，也否认乙对该项房产的继承权，认为该房产的所有权归自己，丙即为有独立请求权的第三人。

（二）有独立请求权第三人参加诉讼的条件

有独立请求权的第三人参加诉讼，必须具备以下三个条件：

1. 第三人参加的诉讼正在进行。所谓"正在进行"，应该是原告、被告的诉讼被人民法院受理后，审理终结前。如他人之间对民事权益、经济权益有争议没有形成诉讼的，属于诉讼外的争议，诉讼外的争议如果侵害了第三人的利益，第三人有权作为原告提起诉讼，但不是要求参加诉讼。因为诉讼尚未开始，谈不到参加诉讼的问题。只有在他人之间的民事权益、经济权益的争议已经形成诉讼，而诉讼程序又在进行中，第三人才能参加诉讼。另外，根据《关于适用民诉法的解释》第 81 条第 2 款的规定，第一审程序中未参加诉讼的第三人，申请参加第二审程序的，人民法院可以准许。

2. 对他人之间争议的诉讼标的全部或部分享有独立的请求权。有独立请求权的第三人，又有两种情况：一种是有全部独立请求权的第三人，即全部否定原告和被告的实体权利，如原告诉请被告返还电脑，第三人则请求确认自己对该电脑的所有权；一种是有部分独立请求权的第三人，即部分否定原告和被告的权利，如原告诉请被告返还被侵占的两间房屋，第三人提出该两间房屋属他与原告共有，被告应将其中一间返还于他。至于第三人对于本诉当事人之间的诉讼标的，是否真正具有全部或者部分的实体权利，则需在审理终结后才能确定。

3. 以起诉的方式参加诉讼。有独立请求权的第三人必须以起诉的方式参加诉讼，要求其起诉行为应符合《民事诉讼法》关于起诉条件的规定。如果第三人的起诉不符合条件的，人民法院应予驳回，对驳回起诉的裁定不服，第三人可以上诉。另外，有独立请求权第三人只能向受诉法院起诉，没有选择管辖法院的权利，同时也不存在由人民法院被动追加其参加诉讼的情形。

二、无独立请求权第三人的确定

无独立请求权第三人，是指虽然对原告和被告之间争议的诉讼标的没有独立的请求权，但案件的处理结果与其有法律上的利害关系而参加诉讼的人，如甲因为乙提供的产品有质量问题起诉要求其承担违约责任。但乙产品的一部分配件是由丙厂提供的，如果乙败诉，丙可能也要承担不利后果，于是丙以无独立请求权的第三人的身份加入到甲、乙已经开始的诉讼中，丙的诉讼地位即为无独立请求权的第三人。

（一）无独立请求权第三人的诉讼地位

无独立请求权第三人不是完全独立的诉讼当事人，不具有与当事人完全相同的诉讼地位。这是因为在诉讼中，无独立请求权第三人并没有向原告和被告提出独立的诉讼请求，而是辅助本诉的一方当事人对抗另一方当事人。无独立请求第三人参加诉讼的目的，是为了维护自己的合法权益，避免法院对他人作出的判决对自己不利。如上述案例中，丙就会极力主张乙提供的产品质量合格以辅助被告乙对抗甲。因为被辅助的一方胜诉，则判决对自己有利，无需承担任何责任；反之，则对自己不利，法院可能会直接判自己承担责任，被告也可能会向自己追偿。正是由于这种特殊的诉讼地位，无独立请求权第三人在一审诉讼中没有处分实体权利的权利，即无权承认、放弃、变更诉讼请求，无权请求和解和申请执行。

但无独立请求权第三人是广义上的当事人，仍然有自己的诉讼地位，主要表现在以下几个方面：

1. 无独立请求权第三人可以自己名义参加诉讼，有权选择辅助的一方；

2. 无独立请求权第三人可以独立地行使诉讼权利，承担诉讼义务，不受他人制约；

3. 在一审判决中，无独立请求权第三人被判令承担民事责任的，享有上诉权；

4. 本诉的原告和被告之间的调解涉及无独立请求权第三人承担实体义务时，应有该无独立请求权第三人参加。

（二）无独立请求权人参加诉讼的条件

1. 第三人参加的诉讼正在进行。这一点与有独立请求权第三人参加诉讼相同。

2. 案件的处理结果与其有法律上的利害关系。所谓法律上的利害关系，是指本诉案件的审理结果直接影响到第三人的权利义务。这种利害关系是由无独立请求权第三人与原告和被告在实体法上的牵连决定的。

3. 自己申请参加诉讼或法院通知其参加诉讼。所谓"申请参加"，是指案外人以书面或口头形式向法院提出参加诉讼的申请，从而以第三人的身份参加诉讼。所谓"通知参加"，是指法院依职权主动发出通知书，要求案外人参加诉讼。

（三）应作为无独立请求权第三人参加诉讼的情形

根据2001年4月16日最高人民法院颁布的《关于审理劳动争议案件适用法律若干问题的解释》，下列人员应作为第三人参加诉讼：

1. 用人单位招用尚未解除劳动合同的劳动者，原用人单位与劳动者发生的劳动争议，可以列新的用人单位为第三人。

2. 原用人单位以新的用人单位侵权为由向人民法院起诉的，可以列劳动者为第三人。

根据《最高人民法院关于适用〈中华人民共和国合同法〉若干问题的解释（一）》的规定，下列人员应作为第三人参加诉讼：

1. 债权人以次债务人为被告向人民法院提起代位权诉讼，未将债务人列为第三人的，人民法院可以追加债务人为第三人。两个或者两个以上债权人以同一次债务人为被告提起代位权诉讼的，人民法院可以合并审理；

2. 债权人依照合同法有关撤销权的规定提起撤销权诉讼时只以债务人为被告，未将受益人或者受让人列为第三人的，人民法院可以追加该受益人或者受让人为第三人；

3. 债权人转让合同权利后，债务人与受让人之间因履行合同发生纠纷诉至人民法院，债务人对债权人的权利提出抗辩的，可以将债权人列为第三人；

4. 经债权人同意，债务人转移合同义务后，受让人与债权人之间因履行合同发生纠纷诉至人民法院，受让人就债务人对债权人的权利提出抗辩的，可以将债务人列为第三人；

5. 合同当事人一方经对方同意将其在合同中的权利义务一并转让给受让人，对方与受让人因履行合同发生纠纷诉至人民法院，对方就合同权利义务提出抗辩的，可以将出让方列为经三人。

三、第三人撤销之诉

为了有效防止虚假诉讼，并从程序上拓宽对案外人合法权益的救济渠道，我国立法中确立了第三人撤销之诉的诉讼制度。所谓第三人撤销之诉，是指第三人因不能归责于自己的事由未参加他人正在进行的诉讼，但在诉讼结束后有证据证明已生效的裁判或调解书内容损害了其民事权益，从而向作出该法律文书的法院提起的请求撤销已生效裁判或调解书的诉讼。

《民事诉讼法》第56条第3款规定："前两款规定的第三人，因不能归责于本人的事由未参加诉讼，但有证据证明发生法律效力的判决、裁定、调解书的部分或者全部内容错误，损害其民事权益的，可以自知道或者应当知道其民事权益受到损害之日起6个月内，向作出该判决、裁定、调解书的人民法院提起诉讼。人民法院经审理，诉讼请求成立的，应当改变或者撤销原判决、裁定、调解书；诉讼请求不成立的，驳回诉讼请求。"

（一）第三人撤销之诉的提起

根据《关于适用民诉法的解释》第292条的规定，第三人对已经发生法律效力的判决、裁定、调解书提起撤销之诉的，应当自知道或者应当知道其民事权益受到损害之日起6个月内，向作出生效判决、裁定、调解书的人民法院提出。提起第三人撤销之诉应具备以下条件：

1. 因不能归责于本人的事由未参加诉讼。即没有被列为生效判决、裁定、调解书当事人，且无过错或者无明显过错的情形。包括：①不知道诉讼而未参加的；②申请参加未获准许的；③知道诉讼，但因客观原因无法参加的；④因其他不能归责于本人的事由未参加诉讼的。

2. 发生法律效力的判决、裁定、调解书的全部或者部分内容错误。这里的判决、裁定、调解书的全部或者部分内容是指判决、裁定的主文，调解书中处理当事人民事权利义务的结果。

3. 发生法律效力的判决、裁定、调解书内容错误损害其民事权益。

（二）第三人撤销之诉的审查

根据《关于适用民诉法的解释》第293条的规定，人民法院应当在收到起诉状和证据材料之日起5日内送交对方当事人，对方当事人可以自收到起诉状之日起10日内提出书面意见。人民法院应当对第三人提交的起诉状、证据材料以及对方当事人的书面意见进行审查。必要时，可以询问双方当事人。经审查，符合起诉条件的，人民法院应当在收到起诉状之日起30日内立案。不符合起诉条件的，应当在收到起诉状之日起30日内裁定不予受理。

《关于适用民诉法的解释》第297条规定，对下列情形提起第三人撤销之诉的，人民法院不予受理：①适用特别程序、督促程序、公示催告程序、破产程序等非讼程序处理的案件；②婚姻无效、撤销或者解除婚姻关系等判决、裁定、调解书中涉及身份关系的内容；③《民事诉讼法》第54条规定的未参加登记的权利人对代表人诉讼案件的生效裁判；④《民事诉讼法》第55条规定的损害社会公共利益行为的受害人对公益诉讼案件的生效裁判。

（三）第三人撤销之诉的审理

1. 当事人的确定。人民法院对第三人撤销之诉案件，应当组成合议庭开庭审理。在诉讼中，应当将该第三人列为原告，生效判决、裁定、调解书的当事人列为被告，但生效判决、裁定、调解书中没有承担责任的无独立请求权的第三人列为第三人。

2. 审理结果。根据《关于适用民诉法的解释》第300条的规定，对第三人撤销或者部分撤销发生法律效力的判决、裁定、调解书内容的请求，人民法院经审理，按下列情形分别处理：①请求成立且确认其民事权利的主张全部或部分成立的，改变原判决、裁定、调解书内容的错误部分；②请求成立，但确认其全部或部分民事权利的主张不成立，或者未提出确认其民事权利请求的，撤销原判决、裁定、调解书内容的错误部分；③请求不成立的，驳回诉讼请求。对前款规定裁判不服的，当事人可以上诉。原判决、裁定、调解书的内容未改变或者未撤销的部分继续有效。

3. 第三人撤销之诉与再审程序。

（1）并入再审程序。根据《关于适用民诉法的解释》第301条的规定，第三人撤销之诉案件审理期间，人民法院对生效判决、裁定、调解书裁定再审的，受理第三人撤销之诉的人民法院应当裁定将第三人的诉讼请求并入再审程序。

《关于适用民诉法的解释》第302条规定，第三人诉讼请求并入再审程序审理的，按照下列情形分别处理：①按照第一审程序审理的，人民法院应当对第三人的诉讼请求一并审理，所作的判决可以上诉；②按照第二审程序审理的，人民法院可以调解，调解达不成协议的，应当裁定撤销原判决、裁定、调解书，发回一审法院重审，重审时应当列明第三人。

（2）中止再审诉讼。如果有证据证明原审当事人之间恶意串通损害第三人合法权益的，人民法院应当先行审理第三人撤销之诉案件，裁定中止再审诉讼。

4. 第三人撤销之诉与执行程序。《关于适用民诉法的解释》第299条规定，受理第三人撤销之诉案件后，原告提供相应担保，请求中止执行的，人民法院可以准许。第303条规定，第三人提起撤销之诉后，未中止生效判决、裁定、调解书执行的，执行法院对第三人依照民事诉讼法第227条规定提出的执行异议，应予审查。第三人不服驳回执行异议裁定，申请对原判决、裁定、调解书再审的，人民法院不予受理。案外人对人民法院驳回其执行异议裁定不服，认为原判决、裁定、调解书内容错误损害其合法权益的，应当根据民事诉讼法第227条规定申请再审，提起第三人撤销之诉的，人民法院不予受理。

相关法律规范

1. 《中华人民共和国民事诉讼法》第54～56条；

2.《最高人民法院关于适用〈中华人民共和国民事诉讼法〉的解释》第 292~303 条；

3.《最高人民法院关于审理劳动争议案件适用法律若干问题的解释》第 11 条；

4.《最高人民法院关于适用〈中华人民共和国合同法〉若干问题的解释（一）》第 16、24、27~29 条。

项目六　诉讼代理人的确定

引例

刘某对其丈夫陈某提起离婚诉讼，要求法院解除与被告的婚姻关系并平分双方共有财产。刘某因生意繁忙，聘请了律师何某代理其诉讼，在授权委托书上写明何某的代理权限为全权代理，并向法院申请不出庭参加诉讼。得到法院的同意后，何某在刘某没有出庭参加诉讼的情况下，与陈某达成调解协议，协议确定，陈某同意离婚，刘某放弃对夫妻共同财产的分割。

问题：

1. 本案中刘某不出庭参加诉讼是否正确？

2. 律师何某是否有权代替刘某放弃对夫妻共同财产的分割？

基本原理认知

在司法实践中，有些当事人由于不具有诉讼行为能力，无法独立实施诉讼行为，或者虽然有诉讼行为能力，但客观上无法亲自进行民事诉讼活动，或者因缺乏法律知识和诉讼经验，难以在诉讼中最大限度地维护自己的合法权益。为此，我国法律在民事诉讼中确立了诉讼代理人制度，使得当事人通过代理人代为民事诉讼行为来实现自己的诉讼权利和履行自己的诉讼义务。

所谓诉讼代理人，是指根据法律规定或当事人的委托，在一定权限范围内，为当事人利益进行诉讼活动的人。诉讼代理人代理当事人进行诉讼活动的权限，称为诉讼代理权。诉讼代理人在权限范围内所实施的诉讼行为，称为诉讼代理行为。由诉讼代理人代理进行诉讼活动的当事人称为被代理人。

诉讼代理人与其他诉讼参与人相比，具有以下特点：

1. 具有诉讼行为能力。设立诉讼代理制度是解决当事人不能或难以亲自诉讼的困难，这就要求诉讼代理人在代理期间必须具有诉讼行为能力。在诉讼持续期间，如果诉讼代理人丧失诉讼行为能力，则其代理资格也就随之丧失。

2. 以被代理人名义进行诉讼活动。诉讼代理人参加诉讼活动的唯一目的是维护被代理人的合法权益，因此，诉讼代理人只能以被代理人名义，不能也不允许其以自己名义实施诉讼行为。

3. 在诉讼代理权限范围内进行活动。诉讼代理人进行诉讼行为的根据在于代理权。代理权来源于法律规定或者委托人授权，诉讼代理人只能在代理权限内进行诉讼活动。如果没有代理权，超越代理权或者滥用代理权而实施的诉讼代理行为，均属无效诉讼代理行为，不具有法律效力。

4. 诉讼代理的法律效果由被代理人承担。因为诉讼代理人是为维护被代理人权益，以被代理人名义实施诉讼行为，因此，其诉讼代理行为的一切法律效果应当归属于被代理人。但应说明的是，诉讼代理人是民事诉讼法律关系主体，在诉讼中也有自身的诉讼权利和诉讼义务。诉讼代理人的违法行为，如妨害民事诉讼顺利进行的行为所产生的法律后果，则直接由诉讼代理人承担，不得转嫁给被代理人。

根据代理权产生的原因不同，诉讼代理人分为法定诉讼代理人和委托诉讼代理人。

一、法定诉讼代理人

法定诉讼代理人，是指根据法律规定，代理无诉讼行为能力的当事人进行诉讼活动的人。法律赋予法定诉讼代理人的代理权限称为法定诉讼代理权。法定代理人最基本的特征在于其代理权的取得，不是基于当事人的委托，而是根据法律的直接规定。

法定诉讼代理人是为无诉讼行为能力的无民事行为能力人和限制民事行为能力人设定的，因为他们不能独立进行诉讼活动，其诉讼活动只能由其法定诉讼代理人代理。我国《民事诉讼法》第 57 条规定："无诉讼行为能力人由他的监护人作为法定代理人代为诉讼……"也就是说，民事诉讼中的法定诉讼代理人，必须是对被代理人享有监护权的人。《关于适用民诉法的解释》第 83 条规定："在诉讼中，无民事行为能力人、限制民事行为能力人的监护人是他的法定代理人。事先没有确定监护人的，可以由有监护资格的人协商确定；协商不成的，由人民法院在他们之中指定诉讼中的法定代理人。当事人没有民法通则第 16 条第 1 款、第 2 款或者第 17 条第 1 款规定的监护人的，可以指定该法第 16 条第 4 款或者第 17 条第 3 款规定的有关组织担任诉讼中的法定代理人。"

（一）法定诉讼代理人的代理权限和诉讼地位

由于法定诉讼代理人所代理的当事人是无诉讼行为能力人，因此，法定诉讼代理人应全权代理当事人进行诉讼活动，即当事人有权实施的诉讼行为，法定诉讼代理人都有权实施，如代为起诉、应诉、放弃或变更诉讼请求、进行调解、提起反诉等。同时，法定诉讼代理人还有权处分当事人的实体权利。

法定诉讼代理人在诉讼中与当事人居于相同的诉讼地位，但法定诉讼代理人毕竟不是被代理人。一方面，为防止被代理人的权益受到损害，人民法院应对法定诉讼代理人的行为进行必要的监督，如果法定诉讼代理人损害了被代理人的合法权益，应承担相应的法律责任。另一方面，在诉讼中，如果法定诉讼代理人死亡或丧失诉讼行为能力，又暂无别的法定诉讼代理人接替其进行诉讼时，只能导致诉讼的中止，而不是诉讼终结。

（二）法定诉讼代理权的取得和消灭

法定诉讼代理权产生的基础是实体法上的监护权，没有实体法上的监护权，也就没有诉讼中的法定诉讼代理权。由于法定诉讼代理权的有无，对诉讼行为是否有效有决定性影响，因此在诉讼中，法院应对法定诉讼代理人的身份进行调查核实，必要时还应要求法定诉讼代理人提交有关其与被代理人之间的身份关系和监护关系的证明。

法定诉讼代理权消灭的原因在于监护权的消灭，具体情况有以下几种：①被代理人取得或恢复了诉讼行为能力；②法定诉讼代理人死亡或丧失诉讼行为能力；③基于收养或婚姻关系而发生的监护权，因收养或婚姻关系被解除，而导致法定诉讼代理权消灭；④被代理人死亡；⑤诉讼结束等。

二、委托诉讼代理人

委托诉讼代理人，是指受当事人、法定代理人的授权委托，在授权范围内以当事人的名义代为进行诉讼活动的人。由于委托诉讼代理人是根据委托人的授权进行诉讼活动的，所以委托诉讼代理也叫"意定代理"或"约定代理"，委托诉讼代理人也被称为授权代理人或意定代理人。与法定诉讼代理人相比，委托诉讼代理人具有以下特点：①诉讼代理权基于委托人的授权而产生，而非法律的直接规定；②诉讼代理事项和诉讼代理权限取决于委托人的授权，代理人只能在授权范围内进行代理活动；③代理人和委托人均有诉讼行为能力。

（一）委托诉讼代理人的范围

我国《民事诉讼法》第 58 条规定，当事人、法定代理人可以委托 1～2 人作为诉讼代理人。下列人员可以被委托为诉讼代理人：

1. 律师、基层法律服务工作者。

2. 当事人的近亲属或者工作人员。《关于适用民诉法的解释》第 85 条规定，与当事人有夫妻、直系血亲、三代以内旁系血亲、近姻亲关系以及其他有抚养、赡养关系的亲属，可以当事人近亲属的名义作为诉讼代理人。第 86 条规定，与当事人有合法劳动人事关系的职工，可以当事人工作人员的名义作为诉讼代理人。

3. 当事人所在社区、单位以及有关社会团体推荐的公民。《关于适用民诉法的解释》第 87 条规定，有关社会团体推荐公民担任诉讼代理人的，应当符合下列条件：①社会团体属于依法登记设立或者依法免予登记设立的非营利性法人组织；②被代理人属于该社会团体的成员，或者当事人一方住所地位于该社会团体的活动地域；③代理事务属于该社会团体章程载明的业务范围；④被推荐的公民是该社会团体的负责人或者与该社会团体有合法劳动人事关系的工作人员。专利代理人经中华全国专利代理人协会推荐，可以在专利纠纷案件中担任诉讼代理人。

《关于适用民诉法的解释》第84条规定，无民事行为能力人、限制民事行为能力人以及其他依法不能作为诉讼代理人的，当事人不得委托其作为诉讼代理人。

（二）委托诉讼代理人的代理权限和诉讼地位

委托诉讼代理人的代理权限取决于委托人的授权。根据委托诉讼代理人授权范围的不同，委托授权分为一般授权和特别授权。

所谓一般授权，是指委托人只授权代为进行一般诉讼活动的权限。如起诉、应诉，提出证据，询问证人，进行辩论，申请回避，申请财产保全和证据保全，对管辖权提出异议等，而无权处分被代理的当事人的实体权利。

所谓特别授权，是指委托人专门授权代理人处分涉及诉讼当事人民事权益事项的权限。我国《民事诉讼法》第59条第2款规定："……诉讼代理人代为承认、放弃、变更诉讼请求，进行和解，提起反诉或者上诉，必须有委托人的特别授权。"在司法实践中，当事人进行特别授权时，应将特别授权的事项和权限在授权委托书中写明。如果当事人为图方便，在授权委托书代理权限一项中只概括写上"全权代理"，根据《关于适用民诉法的解释》第89条的规定，授权委托书仅写"全权代理"而无具体授权的，诉讼代理人无权代为承认、放弃、变更诉讼请求，进行和解，提出反诉或者上诉。

委托诉讼代理人在诉讼中的地位虽与法定诉讼代理人不同，不具有相当于当事人的诉讼地位，而只是具有独立诉讼地位的诉讼参与人，但委托诉讼代理人在为代理行为时，仍应积极主动和独立进行，而不是被动传达被代理人的意思。其应运用自己的知识、经验和才能，充分履行诉讼代理职责，最大限度地维护被代理人的合法权益。当然，对委托人提出的违法的、无理的要求也应当拒绝。

一般情况下，民事案件的当事人委托诉讼代理人代为出庭诉讼的，本人可以不出庭，但离婚案件除外。因为离婚案件的核心问题是确认双方是否已经具备解除婚姻关系的条件，因此双方当事人都必须出庭，以便法院正确判断，也便于法院进行调解。对此，《民事诉讼法》第62条规定，离婚案件有诉讼代理人的，本人除不能表达意志的以外，仍应出庭；确因特殊情况无法出庭的，必须向人民法院提交书面意见。

（三）委托诉讼代理权的取得、变更和消灭

委托诉讼代理权是基于委托人的授权而发生的。而委托人和代理人之间意思表示一致所形成的委托合同是委托人进行委托代理授权的前提和基础。委托合同有效成立后，委托人需向代理人作出授予代理权的单方意思表示，代理权才产生。《民事诉讼法》第59条第1款规定："委托他人代为诉讼，必须向人民法院提交由委托人签名或者盖章的授权委托书。"但适用简易程序审理的案件，双方当事人同时到庭并径行开庭审理的，可以当场口头委托诉讼代理人，由人民法院记入笔录。第59条第3款规定：

"侨居在国外的中华人民共和国公民从国外寄交或者托交的授权委托书，必须经中华人民共和国驻该国的使领馆证明；没有使领馆的，由与中华人民共和国有外交关系的第三国驻该国的使领馆证明，再转由中华人民共和国驻该第三国使领馆证明，或者由当地的爱国华侨团体证明。"《民事诉讼法》第263、264条规定："外国人、无国籍人、外国企业和组织在人民法院起诉、应诉，需要委托律师代理诉讼的，必须委托中华人民共和国的律师。""在中华人民共和国领域内没有住所的外国人、无国籍人、外国企业和组织委托中华人民共和国律师或者其他人代理诉讼，从中华人民共和国领域外寄交或者托交的授权委托书，应当经所在国公证机关证明，并经中华人民共和国驻该国使领馆认证，或者履行中华人民共和国与该所在国订立的有关条约中规定的证明手续后，才具有效力。"

授权委托书是委托诉讼代理人取得诉讼代理权的依据，因此，必须载明委托事项和权限。如果一方当事人同时委托两人代理诉讼时，授权委托书中应分别记明他们各自代理的事项和权限。授权委托书，当事人应在开庭审理前送交人民法院。

《关于适用民诉法的解释》第88条规定，诉讼代理人除根据民事诉讼法第59条规定提交授权委托书外，还应当按照下列规定向人民法院提交相关材料：①律师应当提交律师执业证、律师事务所证明材料；②基层法律服务工作者应当提交法律服务工作者执业证、基层法律服务所出具的介绍信以及当事人一方位于本辖区内的证明材料；③当事人的近亲属应当提交身份证件和与委托人有近亲属关系的证明材料；④当事人的工作人员应当提交身份证件和与当事人有合法劳动人事关系的证明材料；⑤当事人所在社区、单位推荐的公民应当提交身份证件、推荐材料和当事人属于该社区、单位的证明材料；⑥有关社会团体推荐的公民应当提交身份证件和符合本解释第87条规定条件的证明材料。

委托诉讼代理人取得代理权后，可能因一定原因的出现而导致代理权消灭。导致委托诉讼代理权消灭的原因主要有：①诉讼结束，诉讼代理人已经履行完毕诉讼代理职责；②诉讼代理人死亡或者丧失诉讼行为能力；③被代理的公民死亡或者被代理的法人或其他组织解散；④诉讼代理人辞去委托或被代理人解除委托。根据《民事诉讼法》第60条的规定："诉讼代理人的权限如果变更或者解除，当事人应当书面告知人民法院，并由人民法院通知对方当事人。"否则，诉讼代理权限的变更或解除对人民法院或对方当事人不发生法律效力。

📝 相关法律规范

1. 《中华人民共和国民法通则》第16、17条；

2. 《中华人民共和国民事诉讼法》第48～62、263、264条；

3. 《最高人民法院关于适用〈中华人民共和国民事诉讼法〉的解释》第50～89条。

学习情境五　当事人的确定

【情境案例】

百利贸易公司与森达机械厂签订了一份设备买卖合同。合同签订后，森达机械厂按照合同约定向百利贸易公司提供了设备，但百利贸易公司只支付了部分设备款，尚拖欠 52 万设备款未支付。森达机械厂在催要设备款的过程中，发现百利贸易公司虽然没有可用于还债的财产，但对庆丰公司享有 65 万的到期债权。于是森达机械厂以庆丰公司为被告提起了代位权诉讼，法院追加百利贸易公司为无独立请求权第三人参加了诉讼。在该案受理之后，尚未开庭审理之前，利民公司也以庆丰公司为被告提起了代位权诉讼，人民法院将两案合并审理。森达机械厂、庆丰公司、百利贸易公司、利民公司分别委托王律师、何律师、罗律师和丁律师、吴律师为代理人进行了诉讼。

【训练目的和要求】

结合案例和相关知识，通过训练，学生能够分析判断诉讼参加人的诉讼地位，并明确各自的诉讼权利和诉讼义务。

【训练方法】

参训学生 12～14 名为一组，分角色扮演。由 9 名学生分别模拟共同原告、被告、第三人及其代理人，其中第三人委托了 2 名代理人，3 名学生模拟法官。

【工作任务】

任务一：第一原告起诉，被告应诉。

步骤 1：第一原告委托诉讼代理人，代理人根据案情进行判断，以次债务人为被告对债权的实现更为有利。

步骤 2：原告起诉（详细步骤参阅学习情境十一）。

步骤 3：被告应诉（详细步骤参阅学习情境十一）。

任务二：法院追加第三人。

步骤 1：法院根据案情及根据《最高人民法院关于适用〈中华人民共和国合同法〉若干问题的解释（一）》的规定，决定是否追加债务人为第三人。

步骤 2：法院决定追加百利贸易公司为无独立请求权第三人，通知其参加诉讼。

步骤 3：第三人百利贸易公司委托 2 名诉讼代理人，分别对其授权。代理人代理第三人参加诉讼。

任务三：第二原告起诉，法院合并审理。

步骤 1：第二原告委托诉讼代理人，代理人根据案情进行判断，以次债务人为被告对债权的实现更为有利，提起诉讼。

步骤 2：法院根据案情及根据《最高人民法院关于适用〈中华人民共和国合同法〉若干问题的解释（一）》的规定，认为两案可以合并审理。

步骤3：法院征求当事人意见，若当事人同意，法院可以合并审理；若当事人不同意，法院不能合并审理。

思考题

1. 如何界定民事诉讼的当事人？

2. 什么是民事诉讼权利能力，民事诉讼行为能力？如何理解二者之间的关系？

3. 什么是共同诉讼？简述共同诉讼的种类。

4. 什么是代表人诉讼？简述代表人诉讼的种类。

5. 什么是第三人？简述第三人的类型。

6. 什么是第三人撤销之诉？提起第三人撤销之诉应具备哪些条件？

7. 什么是诉讼代理人？诉讼代理人有何法律特征？

8. 什么是法定诉讼代理人？简述法定诉讼代理人的代理权限和诉讼地位。

9. 什么是委托诉讼代理人？简述委托诉讼代理人的代理权限和诉讼地位。

10. 什么是公益诉讼？提起公益诉讼的条件有哪些？

单元四

民事诉讼证据

本单元知识结构图

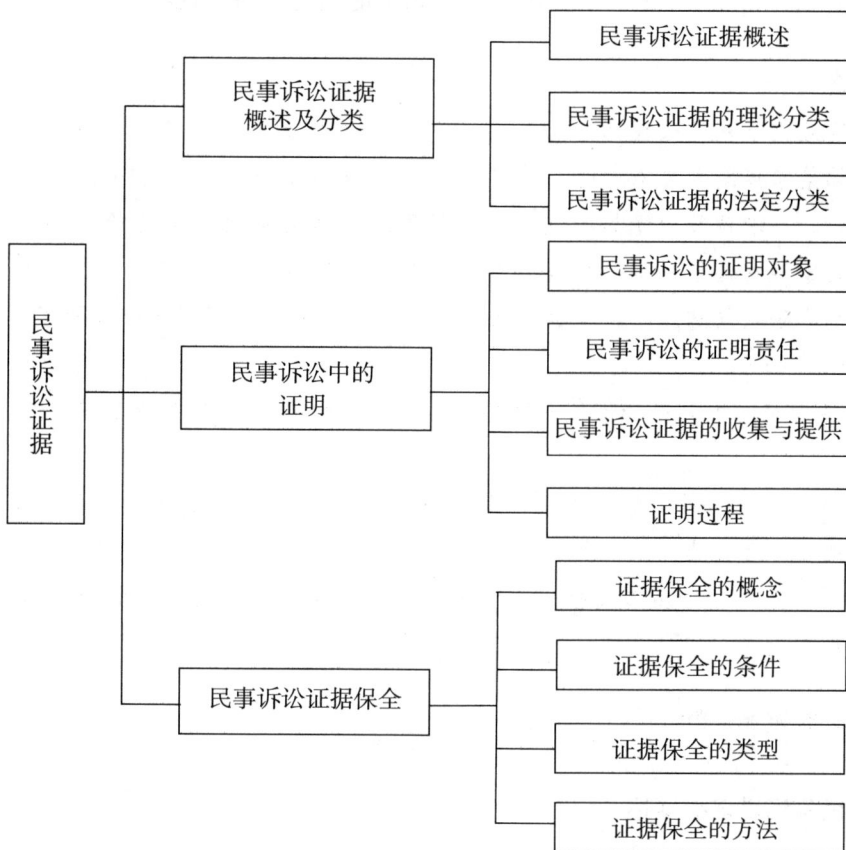

```
                                    ┌─ 民事诉讼证据概述
                     民事诉讼证据      │
                     概述及分类  ─────┼─ 民事诉讼证据的理论分类
                                    │
                                    └─ 民事诉讼证据的法定分类

                                    ┌─ 民事诉讼的证明对象
                                    │
民事        民事诉讼中的             ├─ 民事诉讼的证明责任
诉讼        证明      ─────────────┤
证据                                ├─ 民事诉讼证据的收集与提供
                                    │
                                    └─ 证明过程

                                    ┌─ 证据保全的概念
                                    │
                     民事诉讼证据保全 ├─ 证据保全的条件
                             ─────────┤
                                    ├─ 证据保全的类型
                                    │
                                    └─ 证据保全的方法
```

知识目标

1. 熟悉民事诉讼证据的分类和种类；

2. 掌握证明对象、证明责任的分配原则；

3. 掌握举证期限和证据交换的原则；

4. 熟知民事诉讼证据的收集及审查判断的基本要求；

5. 掌握质证和认证的方法和原则。

能力目标

1. 能运用证据审查判断的方法；

2. 能熟悉运用证明责任的分配原则；

3. 能运用民事证据审查判断的方法；

4. 能熟悉运用证据保全的条件、程序和方法；

5. 能熟悉运用质证和认证的程序。

项目一　民事诉讼证据概述及分类

引例

林某曾经借给黄某人民币 5 万元，因为二人是朋友，所以借款时没有写借条。一年后，当林某向黄某索要借款时，黄某拒不承认曾有借款一事。于是，林某向人民法院提起诉讼，要求黄某归还其借款。开庭审理时，林某拿出黄某写给他的一封信，称在该信中黄某提及借款一事，可以作为借款的证据。而黄某辩称：信不是他写的。法院征得双方当事人同意后，将该信交给某鉴定中心，要求就笔迹作出书面鉴定报告。

问题：

1. 林某提交的黄某提及借款一事的书信，该证据属于《民事诉讼法》规定的哪一类证据？

2. 黄某辩称该信不是他写的，信上的字迹可以为证。信上的字迹属于《民事诉讼法》规定的哪一类证据？

3. 如果鉴定中心作出书面报告，认定信的字迹是黄某的笔迹。该报告属于《民事诉讼法》规定的哪一类证据？

基本原理认知

一、民事诉讼证据概述

（一）民事诉讼证据的概念

通常意义上，民事诉讼证据是指在民事诉讼中，当事人向法院提供的，或者法院依职权收集的用以证明案件事实的各种材料，是法院认定争议案件事实的根据。

在民事诉讼过程中，当事人证明案件事实，人民法院查明案件事实都必须依据证据，民事诉讼从开始至终结，整个过程都离不开证据的运用。因此，证据制度是民事诉讼法中的核心制度。

民事诉讼证据与民事诉讼证据材料是既有联系又有区别的两个概念。证据材料是指民事诉讼中当事人向法院提供的或者法院依职权收集的希望用以证明案件事实的各种材料，而证据材料要成为民事诉讼证据，需要经过质证和认证的过程。因此，民事诉讼证据仅指民事诉讼中能够证明民事案件真实情况的各种客观事实，是法院认定争议案件事实的根据。

证据来源于证据材料，证据材料是证据的初始形态。两个概念之间的区别在于：①性质不同。证据材料只是为了证明目的而提出的各种材料，证据材料只有经过质证并且通过法院的审核和认定才能成为证据。②存在于诉讼的不同阶段。证据材料存在于诉讼的早期阶段，在起诉或者答辩等法庭审理初期环节由当事人向法庭提供，而证据则形成于诉讼的后期阶段。

（二）民事诉讼证据的特征

1. 客观性。民事诉讼证据的客观性，是指证据必须是客观存在的事实，具有客观性是民事诉讼证据的本质属性。法院在民事诉讼中的任务是解决当事人之间的民事争议，这要求当事人在举证时必须向法院提交真实的证据，不得伪造篡改证据；证人必须如实供述，不得做伪证；法院在收集证据时不得先入为主，必须全面客观，在审核证据时必须客观、公正，切实搞清楚民事权利义务关系的真实情况，唯有这样法院才能够作出正确的裁判。

民事诉讼证据除了具有客观性的一面外，也具有主观性的一面。因为无论在收集证据、提供证据，还是在核查证据、运用证据的过程中，都离不开人的主观活动，因此民事诉讼证据难免带有主观的成分，但是主观性必须符合客观性的要求。

2. 关联性。民事诉讼证据的关联性，是指证据与证明对象之间具有某种内在的联系。关联性可以表现为直接的联系，也可以表现为间接的联系；可以表现为肯定的联系，也可表现为否定的联系。只要证据材料与待证事实存在联系，无论是哪一种形式的联系都符合关联性的要求。

民事诉讼证据的关联性体现在使得待证事实的真实或者虚假都变得更加清晰，有助于证明待证事实的真伪，使得当事人、诉讼代理人在收集、提供证据时将注意力集中于那些与案件事实有关联的材料，帮助法院排除无关的材料，缩小调查和审核证据的范围。

3. 合法性。民事诉讼证据的合法性，是指证据必须按照法定程序收集和提供，必须符合法律规定的条件，不为法律所禁止。合法性体现在以下三个方面：

（1）收集证据的程序合法性，指当事人、诉讼代理人和法院在收集证据时应当符合法律的要求，不得违反法律规定。要依照法定的程序和方法调查、收集、提交证据材料，只有这些证据材料才能成为诉讼证据。如以秘密方式在他人家中安装窃听器而获取的音频不能作为证据采信。

（2）证据形式的合法性，指证据的形式必须以法律规定的形式表现出来，当法律规定某些事实或法律行为必须用特定形式的证据来证明时，应当使用特定形式的证据。如《合同法》规定建设工程合同必须采用书面形式，在涉讼时当事人要证明合同的有效存在，就应当使用书面合同来证明。

（3）证据材料转化为诉讼证据的合法性，指证据材料转化为证据必须经过法律规定的质证程序。未经质证，任何证据材料都不得作为法院认定事实的根据。

（三）民事诉讼证据的作用

1. 证据是当事人维护自己民事权益的武器。对进入诉讼的当事人来说，证据是至关重要的，是否掌握着充分的证据，常常直接决定诉讼的胜负。在发生民事纠纷时，当事人要使自己的权利主张得到法院的支持，需要用证据证明权利主张的事实，因此证据的保留以及运用对于当事人来说至关重要。如果当事人没有合理合法地运用证据这项"武器"，那么即使其权利主张是真实正确的，法院也无法从法律上予以确认。

2. 证据是法院查明案件事实真相的手段。法院判案需要"以事实为根据"，说到底是以证据为根据。法院事先并不了解有争议的案件事实，同时，在诉讼中的双方当事人由于利害关系的对立，对案件的陈述往往是各执一词，截然相反。要查明案件事实的真相，法院必须凭借证据，因此证据又是法院确定案件事实真相的手段。

3. 证据是使裁判具有公信力的基础。在法治社会中，公众信赖法院作出的裁判，不仅是由于法院是拥有裁判大权的国家司法机关，也不是仅仅出于对法官所具有的智慧和品格的信赖，而是因为法官认定事实是以证据为依据的，诉讼中认定事实是严格按照证据规则运作的，以此为基础作出的裁判才能使当事人所信服，才具有公信力。

二、民事诉讼证据的理论分类

民事诉讼证据在不同的理论范畴下可以做以下的分类：

（一）本证与反证

按照证据与证明责任的关系，可以把证据分为本证和反证。

本证是指对待证事实负有证明责任的一方当事人，依照证明责任提出的证明自己权利主张、用于证明待证事实的证据。本证对当事人主张的事实有肯定的作用。

反证是指对待证事实不负有证明责任的一方当事人，为证明对方当事人主张的事实不存在或不真实而提供的证据。反证的作用在于削弱、动摇本证的证明力，是为了证明对方当事人主张的事实不存在，通常在本证提出后才相对应的提出。

本证与反证在实践中和举证人在诉讼中所处的诉讼地位无关，原告和被告在诉讼中都可能提出本证和反证。区分本证与反证的关键是证据和举证人证明责任间的关系。例如，在原告要求被告清偿借款的诉讼中，原告主张存在借贷关系而被告予以否认，原告对与被告存在借贷关系负证明责任，故原告提出的借据属于本证。如果被告提出证据证明该借贷关系不成立，该证据就是反证。如果被告主张借款已清偿完毕，并出示原告给他的还款收据，该收据仍然属于本证。因为被告对主张对方的权利已经消灭的事实有证明责任。如果原告否定被告主张的事实，并提出证据，该证据则属于反证。

（二）直接证据和间接证据

根据民事诉讼证据与待证事实之间联系的不同，可以把证据分为直接证据和间接证据。

直接证据是指与待证事实之间具有直接联系，能够单独、直接证明案件事实的证据。如合伙协议书可以直接证明合伙关系的存在。直接证据的证明力一般强于间接证据，运用它来认定待证事实也比较方便快捷。

间接证据是指与待证事实之间具有间接联系，不能够单独、直接证明待证事实，需要与其他证据结合起来才能够证明案件事实的证据。间接证据的证明力虽然无法单独、直接证明待证事实，但是它可以作为直接证据的辅助性补充，或者在缺乏直接证据的情况下结合多个间接证据形成证据链条证明待证事实，所以间接证据也具有重要的证明作用。

在使用多个间接证据证明待证事实的时候，需要注意各个间接证据相互之间不存在矛盾具有一致性，同时各个间接证据必须真实可靠能够构成完整的证据链条。

（三）原始证据和传来证据

根据民事诉讼证据来源的不同，可以把证据分为原始证据和传来证据。

原始证据是指直接来源于案件原始事实，与待证事实有原始的关系的证据，也叫第一手证据。原始证据直接来源于案件事实，具有较强的可靠性和证明力。例如，当事人建立合同关系时制作的合同书，证人亲眼所见的事实等，都属于原始证据。

传来证据是指经过复制、转述等中间环节，由原始证据间接衍生出来的证据，是第二手的证据，也叫派生证据或衍生证据。传来证据与案件事实之间存在着中间环节，因此存在发生信息减弱或者失真的可能性，因而与原始证据相比，其证明力较弱。例如合同的抄本、物证的复制品、证人转述他人所见的案件事实等，都属于传来证据。

区分原始证据和传来证据的实践意义在于确立原始证据的证明力优于传来证据，使用传来证据须极为谨慎的证据规则。《民事诉讼法》第70条第1款规定："书证应当提交原件。物证应当提交原物。提交原件或者原物确有困难的，可以提交复制品、照片、副本、节录本。"《最高人民法院关于民事诉讼证据的若干规定》（以下简称《证据规定》）中也对原始证据与传来证据的使用规则，根据不同的证据种类作出了详细的规定，要求对传来证据的使用要规范、谨慎，避免出现信息衰减或失真的情况，例如第20条规定："调查人员调查收集的书证，可以是原件，也可以是经核对无误的副本或者复制件。是副本或者复制件的，应当在调查笔录中说明来源和取证情况。"第21条规定："调查人员调查收集的物证应当是原物。被调查人提供原物确有困难的，可以提供复制品或者照片。提供复制品或者照片的，应当在调查笔录中说明取证情况。" 第 22 条规定："调查人员调查收集计算机数据或者录音、录像等视听资料的，应当要求被调查人提供有关资料的原始载体。提供原始载体确有困难的，可以提供复制件。提供复制件的，调查人员应当在调查笔录中说明其来源和制作经过。" 上述规定反映的正是这一证据规则。

三、民事诉讼证据的法定分类

《民事诉讼法》第 63 条规定："证据包括：①当事人的陈述；②书证；③物证；④视听资料；⑤电子数据；⑥证人证言；⑦鉴定意见；⑧勘验笔录。" 我国《民事诉讼法》根据证据的表现形式不同，将证据做了如上分类。

（一）当事人的陈述

当事人的陈述是指当事人在诉讼中就与本案有关的事实，向法院所作的陈述。在陈述的内容中，往往包含多方面的内容，而能够成为民事诉讼证据的，只是当事人关于案件事实的陈述。关于当事人的陈述在民事诉讼中的法律效果，《民事诉讼法》第 75 条规定："人民法院对当事人的陈述，应当结合本案的其他证据，审查确定能否作为认定事实的根据。当事人拒绝陈述的，不影响人民法院根据证据认定案件事实。"

由于受利害关系的驱使，当事人有可能作出不真实的、对自己有利的陈述，因此当事人的陈述常常虚实、真伪并存。为了保证当事人的陈述能够作为民事诉讼证据被法院正确地认证、运用，当事人陈述的证据效力可分为以下三种情况：

1. 具有免除对方当事人证明的效力。《证据规定》第 74 条规定："诉讼过程中，当事人在起诉状、答辩状、陈述及其委托代理人的代理词中承认的对己方不利的事实和认可的证据，人民法院应当予以确认。但当事人反悔并有相反证据足以推翻的除外。" 即当事人如在诉讼中以承认对方当事人主张的事实的方式作出了不利于己的陈述，该陈述一般具有免除对方当事人证明的效力。

2. 具有证据效力。当事人作出的对自己有利的陈述，经其他证据证明为真实后，法院可以把当事人的陈述作为认定案件事实的根据之一。

3. 不具有证据效力。当事人所作的有利于己的陈述，如果未得到其他证据证实，法院不得将该陈述作为认定案件事实的根据，该陈述也就不具有任何的证据效力。例如《证据规定》第 76 条明确规定："当事人对自己的主张，只有本人陈述而不能提出其他相关证据的，其主张不予支持。但对方当事人认可的除外。"

在审判实务中，如果当事人对案件事实作了前后矛盾或不一致的陈述，除非当事人有正当理由，否则法官会从陈述中得出对该当事人不利的判断。

（二）书证

书证是指以文字、符号、图形等所记载的内容或表达的思想来证明案件事实的证据。书证的表现形式具有多样性，从表达方式来区分，有手书的、打印的、刻制的等；从载体来区分，有纸张、木质、石质、布制的等；从表现形式来区分，有合同、文书、票据等。书证的主要表现形式是各种书面文件，但有时也表现为各种物品，如刻有文字或图案的石碑、竹林等。

书证有多种表现形式，根据不同的标准，可以对书证进行以下的分类：

1. 公文书证和私文书证。以制作书证的主体为标准进行分类，书证可以分为公文书证和私文书证。公文书证是指国家公务人员和企事业单位、社会团体在其权限范围内制作的文书。例如婚姻登记机关制作的结婚证书，法院制作的判决书、裁决书等，都是公文书证。私文书证是指公民个人制作的文书，如个人信件、商事合同等。

在一般情况下，公文书证的证明力比私文书证的证明力强。根据《证据规定》第77条的规定，国家机关、社会团体依职权制作的公文书证的证明力一般大于其他书证。判断公文书证和私文书证的真实性的方式有所不同。对公文书证，主要看是否为有关单位及其公职人员在其职权范围内制作，如果对其真实性产生疑问，可以直接向制作文书的单位调查核实；对私文书证，主要看是否由制作者本人签字或者盖章，如果对其真实性产生疑问，需要通过核对笔迹、印章或进行文书鉴定等技术性手段解决。

2. 处分性书证和报道性书证。以文书的内容和所产生的法律效果为标准进行分类，书证可以分为处分性书证和报道性书证。处分性书证是指记载一定的民事法律行为的内容，从而能够设立、变更、消除一定民事法律关系的书证，如授权委托书、遗嘱、合同等。报道性书证是指记录一定的事实，不以产生一定的民事权利义务关系为目的的书证，如记载案件事实的日记、信件、会议记录、商业账簿等。

处分性书证能够直接证明有争议的民事权利义务关系，因此具有较强的证明力；报道性书证一般不具备直接的证明作用。

3. 普通书证和特定书证。以制作书证是否必须采取特定形式或履行特定手续为标准进行区分，书证可以分为普通书证和特定书证。普通书证是指内容记载一定的案件事实，但法律不要求具备特定形式和履行特定手续，如书信、日记、借条、收据等都属于普通书证。特定书证是指法律规定必须具备一定形式或履行特定手续否则无效的书证，如土地使用权证、不动产产权证、经公证证明的合同书等。特定书证的制作经过严格的程序，内容也相对完善、真实，因此在诉讼中具有较强的证明力。

4. 原本书证、正本书证、副本书证、影印本书证、节录本书证。以文书制作方式为标准进行分类，书证可以分为原本、正本、副本、影印本、节录本等。原本书证是指文书制作人最初制作的原始文本；正本书证和副本书证都是指依照原本书证全文制作，对外具有与原本同样效力的书证，区别在于正本提供给主收件人保存和使用的，副本是提供给主收件人以外的人了解书证内容的；影印本书证是指通过复印、摄影、扫描等方式复制而成的书证；节录本书证是指摘抄书证部分内容的书证。

（三）物证

物证是指以其存在的形状、质量、规格等来证明案件事实的证据。物证是民事诉讼中的一种重要证据，它通过外部特征和自身所体现的属性来证明案件的真实情况，不受人们主观因素的影响和制约。

民事诉讼中常见的物证有：争议的标的物（房屋、物品等）、侵权所损害的物体（加工的物品、衣物等）、遗留的痕迹（印记、指纹）等。在诉讼中有些物证的原物由于各种原因无法长期保存，如易腐烂的物品、倒塌的建筑物等，需要用照相、复制模型等方法来固定和保存。摄影照片或各种方法复制的物证模型，也属于物证。物证和其他证据相比，具有以下特征：

1. 具有稳定性。物证是客观存在的物品或者痕迹，使用科学的方法提取和固定后在短时间内不会发生变化，因此具有较强的稳定性。

2. 可靠性较强。物证是以自身的客观存在的形状、规格、痕迹等证明案件事实的，不受人为主观因素的影响和制约，只要判明物证是真实的，就能相当可靠地证明案件事实。

物证和书证虽然都属于实物形态表现出来的证据，并且在某些情况下同一证据可能同时具备书证和物证的特征，但是它们之间仍然存在着区别。主要体现在：

1. 物证是以其外部特征和物质属性证明案件事实；书证则是以文书或者物品所记载的内容证明案件事实。

2. 物证在法律上没有形式上的特定要求，只要证明其真实则可以直接根据其存在、外形、特征等作为案件事实的证据；书证则在许多情况下，由法律规定必须具备的特定形式或者履行特定程序才具有证据效力。

3. 物证是一种客观存在、不以人的主观意志为转移的证据；书证则是一定主体制作的，反映了制作人主观意志的证据。

在实务中，也存在某一实物证据既是书证也是物证的情形，当以刻在该物品上的文字所反映的思想内容证明案件事实时，是书证，当以该物品的外部特征证明案件事实时，又是物证。

（四）视听资料

视听资料是指利用录音、录像来证明案件事实的一种证据。视听资料包括录音资料和影像资料。与书证、物证等证据相比，视听资料具有以下特征：

1. 具有较强的生动性。视听资料对案件事实，如形象、动作、声音、表情、环境等方面做了连续性的录制，能够完整地、不受主观因素影响地将案件事实呈现在法庭上，有力地证明了案件事实。

2. 真实性需要进行仔细地审查。视听资料能够通过技术手段篡改、裁剪或者伪造，从而对认定案件事实产生影响。因而在使用视听资料时需要对其进行全面审查、具体分析。《民事诉讼法》第71条规定："人民法院对视听资料,应当辨别真伪,并结合本案的其他证据,审查确定能否作为认定事实的根据。"《证据规定》第69条第3款对视听资料的使用做了进一步规定,存有疑点的视听资料不能单独作为认定案件事实的依据。

视听资料是实物证据的一种,它与书证、物证虽然有一定的关系,但明显不同于这两种证据。视听资料是以其记录的动态的、连续的内容独立地反映了案件的一部或全部的事实,而书证是以静态的文字、符号内容证明案件事实,物证则是以自身客观的外部特征来证明案件事实。

(五)电子数据

电子数据是指以电子形式存在的,作为证据适用的一切材料及其派生物,是通过电子技术和设备而形成的证据。《关于适用民诉法的解释》第116条规定:"电子数据是指通过电子邮件、电子数据交换、网上聊天记录、博客、微博客、手机短信、电子签名、域名等形成或者存储在电子介质中的信息。存储在电子介质中的录音资料和影像资料,适用电子数据的规定。"

(六)证人证言

证人证言是指知晓案件事实并应当事人的要求和法院的传唤到法庭作证的人就案件事实向法院所作的陈述。证人证言是对争议事实的重述,具有不可替代的重要作用。

1. 证人的范围。《民事诉讼法》第72条规定:"凡是知道案件情况的单位和个人,都有义务出庭作证。有关单位的负责人应当支持证人作证。不能正确表达意思的人,不能作证。"由此可见,凡是知道案件事实并且能够正确表达意思的人都拥有证人的资格。但在证人资格的确认时需要注意以下几个问题:

(1)单位因业务关系而了解案件事实的,应由单位的法定代表人、负责人或者单位授权的人代表单位作证。

(2)不能正确表达意志的人不得作为证人。这主要是指在精神上、智力上有缺陷或者年幼的人,由于不能正确辨别是非、不能正确表达意志,所以不能作为证人。但根据《证据规定》第53条第2款的规定:"待证事实与其年龄、智力状况或者精神健康状况相适应的无民事行为能力人和限制民事行为能力人,可以作为证人。"

(3)诉讼代理人不得在同一案件中作为证人。诉讼代理人的身份与证人的身份是相互冲突的,因此如果诉讼代理人了解案件的重要事实,只有在终止与被代理人的委托代理关系后才能够成为证人。

(4)办理本案的法官、书记员、鉴定人、翻译人员和勘验人员不得在同一案件中作为证人。如果上述的相关办案人员同时作为该案的证人,则有可能影响到司法公正。

(5)与当事人有亲属关系和其他密切关系的人作为证人需要谨慎审查其提供的证人证言。虽然与当事人有亲属关系和其他密切关系的人能够作为证人作证,但是它们所提供的证言很大程度上带有倾向性，因而可信度与证明力较其他证人提供的证言低。

2. 证人的权利和义务。证人作为诉讼参与人之一参加诉讼，在法律上享有一定的权利并且承担一定的义务。

（1）证人的权利包括：

第一，有权用本民族语言文字提供证言。如果不通晓当地语言文字的，可以要求人民法院为其指定翻译；对于聋哑证人，他们可以用哑语、书面、手势进行陈述。

第二，有权对自己的证言笔录申请补充或者更正。证人的证言笔录如果出现误记或者漏记的，可以提出要求更正。

第三，有权申请获得保护。证人提供不利于一方当事人的证言后，因作证而被侮辱、诽谤甚至人身安全受到威胁的，有权要求法律给予保护。

第四，有权申请合理的损失补偿。《民事诉讼法》第74条规定："证人因履行出庭作证义务而支出的交通、住宿、就餐等必要费用以及误工损失，由败诉一方当事人负担。当事人申请证人作证的，由该当事人先行垫付；当事人没有申请，人民法院通知证人作证的，由人民法院先行垫付。"

（2）证人的义务包括：

第一，出庭的义务。证人应当出庭作证，接受当事人的质询。《民事诉讼法》第73条规定，经人民法院通知，证人应当出庭作证。不能出庭的，需要经过人民法院的许可，其规定，有下列情形之一的，经人民法院许可，可以通过书面证言、视听传输技术或者视听资料等方式作证：①因健康原因不能出庭的；②因路途遥远，交通不便不能出庭的；③因自然灾害等不可抗力不能出庭的；④其他有正当理由不能出庭的。

第二，如实陈述的义务。证人出庭需要如实回答法官、当事人、诉讼代理人对其提出的有关案件事实的问题，不得作虚假陈述，不得作伪证。

第三，作出陈述并承担相应的法律后果的义务。我国民事诉讼法对拒不出庭的证人未设定制裁措施，刑法中的伪证罪也不适用于在民事诉讼中做伪证的人，这些都是将来立法需要解决的问题。但是毫无疑问，证人需要为自己所作证言承担相应法律后果。

（七）鉴定意见

鉴定意见是指鉴定人运用专业知识、专门技术对案件中的专门性问题进行分析、鉴别、判断后提出的意见。民事诉讼中的鉴定意见通常包括医学、文书、质量、会计、行为能力鉴定等。鉴定意见以鉴定书的形式表现出来，内容包括鉴定对象、鉴定方法、鉴定意见和依据。

《民事诉讼法》第76条规定："当事人可以就查明事实的专门性问题向人民法院申请鉴定。当事人申请鉴定的，由双方当事人协商确定具备资格的鉴定人；协商不成的，由人民法院指定。当事人未申请鉴定，人民法院对专门性问题认为需要鉴定的，应当委托具备资格的鉴定人进行鉴定。"

1. 鉴定人的权利和义务。

（1）鉴定人的权利包括：

第一，知情权。根据《民事诉讼法》第77条的规定，鉴定人有权了解进行鉴定所必须的案件材料，有权通过询问当事人和证人了解相关情况，有权参与现场勘验。

第二，自主鉴定权。鉴定人可以根据自身专业认知自主出具鉴定意见，不受他人的影响。如果同时有几个鉴定人，相互之间可以进行讨论，在意见一致的情况下可以共同出具鉴定意见，在意见相左的情况下则各自出具鉴定意见，甚至可以拒绝鉴定。

第三，报酬请求权。鉴定人的工作一般是有偿的，鉴定人可以要求委托人给付相关的差旅费、鉴定费以及其他相关的费用。

第四，请求保护权。鉴定人因鉴定而被威胁人身安全时，有权请求法院给与保护。

（2）鉴定人的义务包括：

第一，按时公正鉴定义务。鉴定人受委托后，有义务及时、科学、公正地作出鉴定意见，不得弄虚作假。

第二，出庭义务。鉴定人应当按照人民法院的通知出庭，回答与鉴定有关的问题。《民事诉讼法》第78条规定："当事人对鉴定意见有异议或者人民法院认为鉴定人有必要出庭的，鉴定人应当出庭作证。经人民法院通知，鉴定人拒不出庭作证的，鉴定意见不得作为认定事实的根据；支付鉴定费用的当事人可以要求返还鉴定费用。"

2. 鉴定人与专家辅助人的区别。为了对案件中的专门性问题进行说明、澄清，我国还确立了专家辅助人制度。专家辅助人可以帮助当事人向法庭阐明专门性问题、澄清法庭的不当认识，帮助当事人对鉴定人进行询问，也可以帮助当事人审查对方当事人提交的鉴定意见。

《民事诉讼法》第79条规定："当事人可以申请人民法院通知有专门知识的人出庭，就鉴定人作出的鉴定意见或者专业问题提出意见。"《关于适用民诉法的解释》第122条规定："当事人可以依照民事诉讼法第79条的规定，在举证期限届满前申请一至二名具有专门知识的人出庭，代表当事人对鉴定意见进行质证，或者对案件事实所涉及的专业问题提出意见。具有专门知识的人在法庭上就专业问题提出的意见，视为当事人的陈述。……"

我国专家辅助人是当事人向法院申请而引入诉讼的，不是对专门性问题作出结论性意见，而是阐明和澄清专门性问题的，在这点上与鉴定人具有本质的区别。

（八）勘验笔录

勘验笔录是指人民法院在诉讼过程中为了查明事实，对案件争议的现场、物品亲自进行或指定有关人员进行查验、拍照、测量后制作的笔录，是通过勘验、检查等方式形成的证据。民事诉讼中的勘验笔录主要包括现场勘验笔录、物证勘验笔录和人身勘验笔录。勘验笔录既是一种独立的证据，也是一种固定和保全证据的方法。

1. 勘验笔录的制作。勘验笔录可以由当事人申请制作，也可以由人民法院依职权制作。在制作勘验笔录时，应当把勘验对象与案件有关的客观情况，详细、如实地记录下来，如勘验的时间、地点、勘验人、在场人、勘验的经过、结果，由勘验人、在场人签名或盖章。勘验笔录也必须经过质证才能作为证据使用。

2. 勘验笔录与书证的区别。勘验笔录是审判人员以查看、检验等方式亲自认知现场、物品从而记录下来形成的证据，与书证的区别主要包括：①制作时间不同。书证通常形成于诉讼前，勘验笔录一般是进入诉讼后才记录的。②制作主体不同。书证一般由审判人员以外的人制作，勘验笔录则是由审判人员或者在审判人员的参与、指导下完成。③反映的内容不同。书证的内容反映制作人的主观意志，而勘验笔录则是客观记载。

项目二　民事诉讼中的证明

引例

引例一：杨某与张某签订买卖合同。杨某以张某交付的货物不合格，在合同履行地 A 地起诉张某，要求张某承担违约赔偿责任。另杨某因张某所交货物不合格，未付尾款。

问题：对以下哪些事实，当事人无需举证？

（1）杨某申请本案陪审员赵某回避，理由是赵某是张某的同学，关系很好，可能影响案件的公正裁决。

（2）杨某提出张某交付的货物其中一批质量有问题，张某在庭审中表示认可。

（3）杨某主张自己欠张某的货款已经过了诉讼时效，此案已经由 B 地人民法院生效判决确认。

（4）杨某提出张某签订合同时无民事行为能力，张某表示认可，但认定此合同无效将损害他人利益。

引例二：甲向法院起诉，要求乙返还借款 2 万元，并向法院提交了乙出具的借条复印件一份。乙在诉讼中辩称：借款已还，借条原件已收回，且甲还向自己出具了还款收条；但乙又声称这两项证据材料因一时疏忽，不知放在何处。法院责令乙在 7 日内提交上述两项证据。乙在指定的期间内未能提供相关证据，法院遂判决乙败诉。在法院作出判决后的 1 个月内，乙找到了借条原件和还款收条。

问题：

1. 复印件的证明力如何？

2. 乙未在法院指定的期间提供证据会产生何种法律后果?

3. 乙在法院作出判决后的 1 个月内找到了借条原件和还款收条,对此乙可以采取何种救济措施?

引例三:2008 年 5 月 13 日晚,王某与同事到某酒店聚餐,王某喝了半瓶白酒后去洗手间许久未回,同事去洗手间寻找,发现王某已倒在地上,不省人事,送至医院后不治身亡。王某母亲诉至法院,认为造成女儿悲剧的原因是因为当时酒店内没有任何的防范措施或者警示标记,所以酒店应承担赔偿责任。

酒店认为,他们在事发后及时将王某送至医院,表明其已经履行了安全保障义务,王某发生这次事故是因为有高血压等病史,因此酒店不应当承担赔偿责任。

法院认为,按照民事诉讼"谁主张谁举证"的原则,对于被告酒楼的服务行为与王某的死亡之间是否具有因果关系,原告负有举证责任。但原告所提供的证据并不能证明王某是因被告酒楼地砖滑而跌伤致死的,亦未在法定举证期限内向法院申请对被告酒楼地砖防滑性能进行鉴定。根据医院病史记载,王某生前患有高血压,在出事之前,曾喝下过半瓶左右的白酒,故对其当日摔倒的原因,有多种可能性存在。由于原告方的原因,王某遗体已被火化,以致王某死亡的真正原因难以通过法医鉴定予以查明。最终,法院判决驳回了原告的诉讼请求。

问题:本案质证的范围是什么?本案认证的原则是什么?

基本原理认知

民事诉讼中的证明,是法院和当事人运用证据确定案件事实的活动。证明是诉讼活动的重要组成部分。诉讼中的证明包括证明对象的确定、证明责任的分配、证据的收集和提出、证据的调查、确定证明标准、运用证据认定案件事实等环节和步骤。

一、民事诉讼的证明对象

证明对象是指证明主体运用证据予以证明的对审理案件有重要意义的事实,又称证明的客体或者证明标的。明确诉讼中的证明对象对当事人和法院都具有重要意义。对当事人来说,确定了证明对象,就可以围绕着证明对象收集、提供证据,进行质证和辩论;对法院来说,证明对象的确定意味着证据调查范围的划定和审理对象的明晰。

民事诉讼的证明对象应符合以下条件:①该事实是当事人在诉讼中主张的事实;②该事实具有实体法或者程序法的意义;③该事实双方当事人之间存在争议;④该事实处于真伪不明的状态。

(一)证明对象的范围

民事诉讼中的证明对象通常包括以下几个方面:

1. 实体法事实。实体法事实是指由民事实体法规定的引起民事法律关系发生、变更或消灭的法律事实。实体法事实，可以是原告提出诉讼请求的根据，也可能是被告、第三人进行答辩而提出的依据，或是人民法院认为必须查清才能解决争议的事实。

实体法事实具体包括：①产生当事人之间权利义务关系的法律事实，如人的出生、死亡，签订合同，立遗嘱等。②变更当事人之间权利义务关系的法律事实，如债权债务主体的变更，合同的变更，遗嘱的改变等。③消灭当事人之间权利义务关系的法律事实，如民事主体死亡、放弃继承等。④妨碍当事人权利实现、义务履行的法律事实，如无效合同，行为人丧失行为能力，不可抗力事由等。

实体法事实可以分为主要事实、间接事实、辅助事实三个层次。

主要事实指由民事实体法规定的作为形成特定民事权利义务关系基本要素的事实。如原告主张他之所以患上肺癌，是因为被告企业排放的污染物所致，原告主张的这一事实，就是主要事实。

间接事实指用来推断主要事实是否存在的事实。如被告的污染行为是否导致原告患病这一主要事实一般难以直接证明，需要通过与此有关的间接事实来推断因果关系的有无。

辅助事实指与证据能力和证明力有关的事实。证据能力和证明力常常会成为质证和法庭辩论的主要问题，而证据能力的有无和证明力的大小又与一些事实紧密相关。如录音资料在录制时是否采用在他人住所安装窃听器的方式，直接关系到该录音资料能否作为证据使用；证人与当事人间是否存在亲属关系，直接关系到证言证明力的大小。

2. 程序法事实。程序法的事实是指由民事诉讼法律规定引起的民事诉讼法律关系发生、变更、消灭的事实。

程序法事实包括：①当事人向法院主张后才需要予以证明的，如关于存在仲裁协议或协议管辖的事实，关于耽误期限有正当理由的事实，关于回避的事实等。②不需要当事人主张，法院应当主动予以查明的，如提起诉讼的原告是否是本案的正当当事人，受诉法院是否对案件有管辖权等。这些事实虽然不直接涉及实体问题，但是对民事诉讼程序的开始、进行和终止具有重要的意义，保证诉讼活动的顺利进行，影响实体问题的正确解决。

程序法事实也可以分为主要事实、间接事实、辅助事实三个层次。

3. 外国法律和地方性法规。法官应当了解本国的法律，因此本国的法律法规无需进行证明，但是在涉外民事诉讼中，如果当事人要求援引外国法律、法规解决纠纷，该外国法律应作为证明的对象。同时，由于我国地方性法规数量较多、变化快，审判人员不可能全部了解掌握，因此诉讼中如涉及地方性法规、地方风俗习惯时也应将其作为诉讼证明对象。

（二）无需证明的事实

无需证明的事实又称免证事实。这类事实不需证明，就能断定它的真实性。根据《关于适用民诉法的解释》第92、93条及《证据规定》第8、9条的规定，无需证明的事实包括：

1. 自认的事实。诉讼上的自认，一般是一方当事人对另一方当事人主张的案件事实予以承认，通常情况下是对自己不利的案件主要事实的承认。诉讼自认的对象必须是案件事实，间接事实与辅助事实一般不能成为自认的对象。关于适用或者解释法律的陈述，由于是法官的职责范围，所以也不能成为自认的对象。

根据《证据规定》第8条的规定，诉讼上的自认可以大致分为以下四种：①当事人的明确自认。"一方当事人对另一方当事人陈述的案件事实明确表示承认的，另一方当事人无需举证。"需要注意的是，当事人在自认时是否作出附加或者限制的陈述，只承认对方主张中不利于自己的部分事实，对同一主张中没有被承认的、存在争议的事实仍然需要证明；②当事人的默认自认。"对一方当事人陈述的事实，另一方当事人既未表示承认也未否认，经审判人员充分说明并询问后，其仍不明确表示肯定或者否定的，视为对该项事实的承认。"这种情况一般存在于当事人对自己不利的事实不予争执与辩驳；③诉讼代理人的自认。"当事人委托代理人参加诉讼的，代理人的承认视为当事人的承认。但未经特别授权的代理人对事实的承认直接导致承认对方诉讼请求的除外；当事人在场但对其代理人的承认不作否认表示的，视为当事人的承认。"当诉讼代理人超越了代理权限的范围，就有悖于代理人的职责，并且损害了被代理人的利益，因此这一类超出权限的自认是会被排除的。④"当事人在法庭辩论终结前撤回承认并经对方当事人同意，或者有充分证据证明其承认行为是在受胁迫或者重大误解情况下作出且与事实不符的，不能免除对方当事人的举证责任。"以此保证当事人自认事实是根据自己的真实意愿作出的行为。

2. 众所周知的事实。众所周知的事实，是指在一定区域范围内大多数具有普通知识、经验的人都清楚的事实。审理案件的法官作为该区域的社会成员，也清晰了解这一事实，因而虽然众所周知的事实是证明的对象，但是应当免除当事人的举证责任。

众所周知的事实可以免于举证是有条件的，在双方当事人都未提出异议的情况下才能够予以实行，这种处置条件既有利于保护当事人的权益，也有利于准确认定案件事实。因此我国民事诉讼中也允许当事人对人民法院认为是周知的事实用相反的证据提出异议。而自然规律与科学定论由于已经被反复验证过其科学性和正确性，因此不必证明。

3. 推定的事实。推定的事实，是指通过推论，从已知事实和日常生活经验法则推定出的或者根据法律规定中推断出的另一事实。被推定的事实由于法官可以从已知事实中推断出来，因此作为证明对象不必证明。

将推定事实列为不必证明的事实需要注意两个方面：一方面，主张推定事实的当事人需要对推定事实的前提进行证明；另一方面，法律允许当事人提出相反的证据推翻推定事实。

4. 预决的事实。预决的事实，是指被人民法院、仲裁机构等生效判决所确认的事实。生效判决分为刑事判决、民事判决以及行政判决，判定不同类型的判决对其生效之后所涉及的民事主张是否具有预决效力，需要根据实际判决的情况进行分析。

5. 公证证明的事实。公证证明的事实，是指公证机关依照法定程序对有关法律行为、法律事实以及文书加以证明的法律文书，如果作为诉讼中的主张便成为无须证明的事实。《民事诉讼法》第 69 条规定："经过法定程序公证证明的法律事实和文书，人民法院应当作为认定事实的根据，但有相反证据足以推翻公证证明的除外。"

二、民事诉讼的证明责任

（一）证明责任的含义

证明责任，又称举证责任，是指作为裁判基础的法律要件事实，在作出裁判前处于真伪不明状态时，当事人一方因此而承担的裁判上的不利后果。

证明责任包含了主观的证明责任和客观的证明责任两层含义：主观的证明责任是指诉讼当事人在诉讼中，为避免败诉风险而向法院提供证据，证明其主张的事实存在的责任；客观的证明责任是指诉讼程序终结时，案件事实仍处于真伪不明的状态时，主张相关事实的诉讼当事人所应承担的不利的诉讼后果。

证明责任的理解应当注意以下三个问题：①证明责任是指示法官在事实真伪不明的情形下，如何做出裁判的规范；②证明责任是在作为裁判基础的法律要件事实处于真伪不明状态时发挥裁判依据的作用；③对同一事实的证明责任只能由一方当事人负担，而不能由双方当事人同时负担。

（二）证明责任的分配标准

证明责任的分配，是指案件所涉及的、事实真伪不明的败诉风险，按照一定的标准，在双方当事人之间进行分配，裁判由谁来负责提供证据，使原告、被告各自负担一些事实真伪不明的风险。证明责任的分配是民事诉讼中的核心问题，即诉讼中的争议事实处于真伪不明时应当由哪一方当事人承担不利的诉讼后果的问题。

1. 我国证明责任的一般分配原则。我国《民事诉讼法》第 64 条第 1 款规定："当事人对自己提出的主张，有责任提供证据。"这一规定确立了我国民事诉讼证明责任分配"谁主张，谁举证"的一般原则，要求当事人须对法律规范中对其有利的要件事实承担证明责任，否则需要承担不利后果。

《关于适用民诉法的解释》《证据规定》对证明责任的分配进行了详细说明：

（1）行为意义上的举证责任。《关于适用民诉法的解释》第 90 条规定："当事人对自己提出的诉讼请求所依据的事实或者反驳对方诉讼请求所依据的事实，应当提供证据加以证明，但法律另有规定的除外。在作出判决前，当事人未能提供证据或者证据不足以证明其事实主张的，由负有举证证明责任的当事人承担不利的后果。"这一规定要求当事人必须承担提供证据的责任。

(2) 结果意义上的举证责任。《证据规定》第 73 条第 2 款规定："因证据的证明力无法判断导致争议事实难以认定的，人民法院应当依据举证责任分配的规则作出裁判。"这一规定明确了当双方当事人均提供了各自的证据后，案件中的待证事实仍然真伪不明，由承担证明责任的一方当事人承担败诉的风险。

(3) 特殊情况下的举证责任。《证据规定》第 7 条规定："在法律没有具体规定，依本规定及其他司法解释无法确定举证责任承担时，人民法院可以根据公平原则和诚实信用原则，综合当事人举证能力等因素确定举证责任的承担。"

2. 证明责任的倒置。证明责任的倒置，是指法律直接规定主张有利于自己的当事人不负担证明责任，由对方当事人承担证明责任，否则对方当事人将承担不利的风险。证明责任倒置必须是有法律依据的，不得随意适用。

根据《侵权责任法》和《证据规定》第 4 条的规定，下列情形实行证明责任的倒置：

(1) 因新产品制造方法发明专利引起的专利侵权诉讼，由制造同样产品的单位或者个人对其产品制造方法不同于专利方法承担举证责任；

(2) 高度危险作业致人损害的侵权诉讼，由加害人就受害人故意造成损害的事实承担举证责任；

(3) 因环境污染引起的损害赔偿诉讼，由加害人就法律规定的免责事由及其行为与损害结果之间不存在因果关系承担举证责任；

(4) 建筑物或者其他设施以及建筑物上的搁置物、悬挂物发生倒塌、脱落、坠落致人损害的侵权诉讼，由所有人或者管理人对其无过错承担举证责任；

(5) 饲养动物致人损害的侵权诉讼，由动物饲养人或者管理人就受害人故意或重大过失导致的承担举证责任；

(6) 因缺陷产品致人损害的侵权诉讼，由产品的生产者就法律规定的免责事由承担举证责任；

(7) 因共同危险行为致人损害的侵权诉讼，由实施危险行为的人就其行为与损害结果之间不存在因果关系承担举证责任；

(8) 因医疗行为引起的侵权诉讼，由医疗机构就医疗行为与损害结果之间不存在因果关系及不存在医疗过错承担举证责任。

3. 证明妨碍。证明妨碍是指不承担证明责任的当事人以故意或者过失的方式，使得承担证明责任的当事人无法提供证据，使待证事实无法得到证明的行为。

在很多情况下，有些证据由对方当事人或者第三方掌握，承担举证责任的一方当事人无法获得，因而只能在提供证据线索后申请人民法院调取，或请求法院协助自己去获得证据。《证据规定》第75条规定："有证据证明一方当事人持有证据无正当理由拒不提供，如果对方当事人主张该证据的内容不利于证据持有人，可以推定该主张成立。"

三、民事诉讼证据的收集与提供

（一）证据的收集

证据的收集，是指人民法院、当事人以及其诉讼代理人根据法律规定，将可以证明案件事实的证据进行收集、提取或提供的证明活动。

在民事诉讼中，收集证据的主体主要包括两类：一类是当事人及其诉讼代理人，另一类是人民法院。《民事诉讼法》第64条规定："当事人对自己提出的主张，有责任提供证据。当事人及其诉讼代理人因客观原因不能自行收集的证据，或者人民法院认为审查案件需要的证据，人民法院应当调查收集。"由此可见，我国《民事诉讼法》虽然规定了当事人提供证据责任的制度，但同时也规定，在特殊情况下当事人无法收集证据或人民法院认为有必要依职权收集证据时，也赋予了人民法院在一定范围内调查收集证据的权力。

根据《关于适用民诉法的解释》第94条的规定，"因客观原因不能自行收集的证据"包括：①证据由国家有关部门保存，当事人及其诉讼代理人无权查阅调取的；②涉及国家秘密、商业秘密或者个人隐私的；③当事人及其诉讼代理人因客观原因不能自行收集的其他证据。当事人及其诉讼代理人因客观原因不能自行收集的证据，可以在举证期限届满前书面申请人民法院调查收集。

根据《关于适用民诉法的解释》第96条的规定，"人民法院认为审理案件需要的证据"包括：①涉及可能损害国家利益、社会公共利益的；②涉及身份关系的；③涉及《民事诉讼法》第55条规定诉讼的；④当事人有恶意串通损害他人合法权益可能的；⑤涉及依职权追加当事人、中止诉讼、终结诉讼、回避等程序性事项的。除前款规定外，人民法院调查收集证据，应当依照当事人的申请进行。

当事人及其诉讼代理人申请人民法院收集证据，在形式与时间上应符合法律规定，《证据规定》第18条规定："当事人及其诉讼代理人申请人民法院调查收集证据，应当提交书面申请。……"第19条第1款规定："当事人及其诉讼代理人申请人民法院调查收集证据，不得迟于举证期限届满前7日。"人民法院对当事人及其诉讼代理人的申请不予准许的，应当向当事人或其诉讼代理人送达通知书。当事人及其诉讼代理人可以在收到通知书的次日起3日内向受理申请的人民法院书面申请复议一次。人民法院应当在收到复议申请之日起5日内作出答复。

（二）证据的提供

对民事诉讼的当事人来说，提供证据既是一项重要的诉讼权利也是一种责任。当事人向人民法院提供证据，主要可以分为实际提交证据和提供证据来源或线索两种方式。

1. 实际提交证据。当证据为当事人占有或控制，又能将其提交法院时，应采用实际提交的方式。人民法院收到当事人提交的证据材料，应当出具收据，写明证据名称、页数、份数、原件或者复印件以及收到时间等，并由经办人员签名或者盖章。

2. 提供证据来源或线索。有的证据虽然由举证一方当事人占有，但由于体积庞大或固定于某一地点而无法实际提交。对这样的证据，当事人只能向法院说明证据的基本情况后申请进行勘验。有的证据从性质上无法采用实际提交的方式，如当事人欲用证人证言作为证据时，只能向法院表明证人的姓名、单位、住址、证人能够证明的案件事实。

四、证明过程

（一）举证

民事诉讼中的举证，是指当事人在法律规定和法院指定的期限内拿出、出示证明其主张的相应证据，否则将承担对自己不利法律后果的民事制度。

1. 举证期限。《民事诉讼法》第65条第2款规定："人民法院根据当事人的主张和案件审理情况，确定当事人应当提供的证据及其期限。……"《关于适用民诉法的解释》第99条规定："人民法院应当在审理前的准备阶段确定当事人的举证期限。举证期限可以由当事人协商，并经人民法院准许。人民法院确定举证期限，第一审普通程序案件不得少于15日，当事人提供新的证据的第二审案件不得少于10日。举证期限届满后，当事人对已经提供的证据，申请提供反驳证据或者对证据来源、形式等方面的瑕疵进行补正的，人民法院可以酌情再次确定举证期限，该期限不受前款规定的限制。"可见，举证期限可以由当事人协商、人民法院指定两种形式确定，期限的确定对双方当事人都产生法律意义上的约束力，当事人必须遵照期限完成举证。

2. 举证期限的延长。如果当事人在举证期限内因正当理由无法按时完成举证，经向人民法院申请并通过审查后，人民法院将予以延长举证期限。《证据规定》第36条规定："当事人在举证期限内提交证据材料确有困难的，应当在举证期限内向人民法院申请延期举证，经人民法院准许，可以适当延长举证期限。当事人在延长的举证期限内提交证据材料仍有困难的，可以再次提出延期申请，是否准许由人民法院决定。"《关于适用民诉法的解释》第100条规定："当事人申请延长举证期限的，应当在举证期限届满前向人民法院提出书面申请。申请理由成立的，人民法院应当准许，适当延长举证期限，并通知其他当事人。延长的举证期限适用于其他当事人。申请理由不成立的，人民法院不予准许，并通知申请人。"

3. 无正当理由逾期举证的法律后果。《民事诉讼法》第65条第2款阐述了无正当理由逾期举证的法律后果，当事人逾期提供证据的，人民法院应当责令其说明理由；拒不说明理由或者理由不成立的，人民法院根据不同情形可以不予采纳该证据，或者采纳该证据但予以训诫、罚款。《关于适用民诉法的解释》第 102 条第 1 款、第 2 款也规定，当事人因故意或者重大过失逾期提供的证据，人民法院不予采纳。但该证据与案件基本事实有关的，人民法院应当采纳，并依照民事诉讼法第 65 条、第 115 条第 1 款的规定予以训诫、罚款。当事人非因故意或者重大过失逾期提供的证据，人民法院应当采纳，并对当事人予以训诫。

在无正当理由逾期举证的当事人承担相应的不利法律后果的同时，《关于适用民诉法的解释》第 102 条第 3 款还规定了该当事人应当承担对方当事人的经济损失："当事人一方要求另一方赔偿因逾期提供证据致使其增加的交通、住宿、就餐、误工、证人出庭作证等必要费用的，人民法院可予支持。"

（二）证据交换

民事诉讼中的证据交换，是指在庭审前双方当事人在法官的主持下，交流案件的事实和证据方面的信息，相互明示其持有证据的行为或者过程。《证据规定》第 37 条规定："经当事人申请，人民法院可以组织当事人在开庭审理前交换证据。人民法院对于证据较多或者复杂疑难的案件，应当组织当事人在答辩期届满后、开庭审理前交换证据。"由此可见，证据交换适用于以下三类案件：

1. 当事人主动申请要求证据交换，或者法院认为有必要进行证据交换的案件。通过交换证据，确定双方当事人的争议焦点，并且与争议理由一同记录在案。

2. 证据较多的案件。当事人提供的证据数量较多，庭审时才出示证据将耗费大量时间，降低庭审的效率，此类案件人民法院将组织证据交换。

3. 较复杂疑难的案件。通过交换证据，人民法院法官能够及时把握争议焦点，方便法官及早分析双方争议焦点作出正确裁判，有利于审判的顺利进行。

大部分案件经过一次证据交换就能固定争议焦点和证据，但也有部分案件因案情复杂、证据不全等因素需要进行第二次证据交换。再次进行证据交换应当具备以下条件：①首次证据交换过程中，对一方提出的证据进行反驳而提出的新证据。《证据规定》第 40 条第 1 款规定："当事人收到对方交换的证据后提出反驳并提出新证据的，人民法院应当通知当事人在指定的时间进行交换。"②重大疑难和案情特别复杂的案件。《证据规定》第 40 条第 2 款规定："证据交换一般不超过两次。但重大、疑难和案情特别复杂的案件，人民法院认为确有必要再次进行证据交换的除外。"

（三）新证据的认定

新的证据是指当事人于举证时限届满后提出的，不受举证时限限制的证据。《证据规定》第 43 条第 2 款规定："当事人经人民法院准许延期举证，但因客观原因未能在准许的期限内提供，且不审理该证据可能导致裁判明显不公的，其提供的证据可视为新的证据。"新证据包括：

1. 一审中的新证据。具体包括了两种情形：①当事人在一审举证期限届满后新发现的证据；②当事人因客观原因无法在举证期限内提供，申请延期并经人民法院批准后，在延长的举证期限内仍然无法提供的证据。

2. 二审中的新证据。具体包括了两种情形：①一审庭审结束后新发现的证据；②当事人在一审举证时限届满前申请人民法院调查取证未获批准，二审法院经审查认为应当准许并依照当事人申请调取的证据。

3. 再审中的新证据。再审中的新证据，是指原庭审结束后新发现的证据，再审属于对已生效的裁判的特殊程序，因而新证据的范围也有所限制。

新的证据应该注意时限的规定。当事人在一审程序中提出新的证据，应当在一审开庭前或开庭审理时提出；当事人在二审程序中提出新的证据，应当在二审开庭前或开庭审理时提出。

（四）质证

质证是指诉讼中的双方当事人和代理人，在人民法院的主持下，对双方所提供的证据采用宣读、询问、展示、辨认、质疑、说明、辩驳等核实方式的活动。《民事诉讼法》第68条规定，证据应当在法庭上出示，并由当事人互相质证。

质证是民事诉讼程序中的重要一环，其目的在于审查诉讼材料是否具备客观性、关联性、真实性以及合法性，帮助法官判定诉讼材料的证据能力与证明力。《关于适用民诉法的解释》第103条第1款规定："证据应当在法庭上出示，由当事人互相质证。未经当事人质证的证据，不得作为认定案件事实的根据。"

1. 质证的程序。质证的程序一般采取"一证一质、逐个进行"的方式，或者其他更为灵活的方式进行。主要包括以下三个步骤：

（1）出示证据。质证开始于一方当事人向法庭和对方当事人出示证据。出示证据的方式包括了宣读、展示、播放等。为了质证程序顺利、有序地进行，出示证据需要按照一定的顺序进行。首先，原告出示证据，由被告以及第三人进行质证；其次，被告出示证据，由原告及第三人进行质证；再次，第三人出示证据，由原告和被告进行质证；最后，由人民法院出示依职权调查收集的证据，由原告、被告和第三人进行质证。

（2）辨认证据。一方当事人出示证据后，由另一方进行辨认。辨认的目的在于了解另一方当事人对所出示的证据的态度，以便决定是否需要进行质证。辨认的结果只存在两种：其一，认可，一般以明示或者不予反驳的默示方式进行，对此人民法院可以直接认定其证明力，无须作进一步的质证；其二，不予认可，法庭将当事人不予认可的情况记入笔录，开展进一步的质证工作。

（3）质询和辩驳证据。一方当事人出示的证据被对方否认后，否认一方的当事人向法庭说明否认理由，质证方陈述完否认理由后，出示方还可以对否认的理由进行反驳，如此交替知道法庭认为该证据已经审查核实清楚。在质证过程中，质证方经过法庭许可后可以向出示方提出问题，出示方应当作出应答，除非问题与质证目的无关。必要的时候审判人员也可以向当事人发问。

2. 质证的范围。质证的范围应当包括法庭上出示的所有证据，包括书证、物证、视听资料、电子数据、证人证言、勘验笔录、鉴定意见。关于质证的范围应当注意三个方面：

（1）质证的范围是需要在法庭上出示的证据。《证据规定》第39条第2款规定："在证据交换的过程中，审判人员对当事人无异议的事实、证据应当记录在卷；对有异议的证据，按照需要证明的事实分类记录在卷，并记载异议的理由。通过证据交换，确定双方当事人争议的主要问题。"

（2）质证的证据并不一定要在公开开庭时出示。《民事诉讼法》第68条规定："……对涉及国家秘密、商业秘密和个人隐私的证据应当保密，需要在法庭出示的，不得在公开开庭时出示。"《关于适用民诉法的解释》第103条第2款规定："当事人在审理前的准备阶段认可的证据，经审判人员在庭审中说明后，视为质证过的证据。"

（五）认证

认证是指法官对经过质证的各种证据进行审查和判断，确定其能作为认定案件事实根据的一种诉讼活动。认证是法官就当事人举证的证据经过当庭质证后，按照一定的规则确定各个证据证明力大小，从而对案件事实作出理性认识的过程，因此认证是对单个证据的认定，不能等同于对案件事实的认定。

1. 认证的原则。《证据规定》第64条规定："审判人员应当依照法定程序，全面、客观地审核证据，依据法律的规定，遵循法官职业道德，运用逻辑推理和日常生活经验，对证据有无证明力和证明力大小独立进行判断，并公开判断的理由和结果。"认证的原则可以归纳为：①公开原则；②诚实信用和公平原则；③独立综合判断证据的原则。

2. 认证的方法。《证据规定》第65条规定："审判人员对单一证据可以从下列方面进行审核认定：①证据是否原件、原物，复印件、复制品与原件、原物是否相符；②证据与本案事实是否相关；③证据的形式、来源是否符合法律规定；④证据的内容是否真实；⑤证人或者提供证据的人与当事人有无利害关系。"

逐个审核判断证据，可认识某个证据与案件事实之间是否存在联系，由此判断其是否具有证明力及证明力的大小。审核多个证据之间是否相互印证或者相互矛盾，能够对所有证据之间存在的客观联系，以及各个证据证明力的大小进行判断，从而就案件事实作出符合客观实际的结论。《证据规定》第66条规定："审判人员对案件的全部证据，应当从各证据与案件事实的关联程度、各证据之间的联系等方面进行综合审查判断。"

3. 认证的标准。人民法院应当组织当事人围绕证据的真实性、合法性以及与待证事实的关联性进行质证，并针对证据有无证明力和证明力大小进行说明和辩论。能够反映案件真实情况、与待证事实相关联、来源和形式符合法律规定的证据，应当作为认定案件事实的根据。可见证据须具备的客观性、关联性和合法性，是认证的标准。

人民法院应当按照法定程序，全面、客观地审核证据，依照法律规定，运用逻辑推理和日常生活经验法则，对证据有无证明力和证明力大小进行判断，并公开判断的理由和结果。对以严重侵害他人合法权益、违反法律禁止性规定或者严重违背公序良俗的方法形成或者获取的证据，不得作为认定案件事实的根据。

对负有举证证明责任的当事人提供的证据，人民法院经审查并结合相关事实，确信待证事实的存在具有高度可能性的，应当认定该事实存在。对一方当事人为反驳负有举证证明责任的当事人所主张事实而提供的证据，人民法院经审查并结合相关事实，认为待证事实真伪不明的，应当认定该事实不存在。负有举证证明责任的当事人拒绝到庭、拒绝接受询问或者拒绝签署保证书，待证事实又欠缺其他证据证明的，人民法院对其主张的事实不予认定。法律对于待证事实所应达到的证明标准另有规定的，从其规定。

当事人对欺诈、胁迫、恶意串通事实的证明，以及对口头遗嘱或者赠与事实的证明，人民法院确信该待证事实存在的可能性能够排除合理怀疑的，应当认定该事实存在。

学习情境六　举证与质证

【情境案例】

原告黄某诉称，2014 年 7 月 4 日，被告张某因购房资金不足向其借款 14 万元，现起诉要求被告向原告返还借款 14 万元及利息。原告向法院提供了以下证据：①2015 年 2 月 28 日《借款证明》；②取款凭条；③存款凭条；④房地产权证及房地产他项权证；⑤《购房贷款抵押合同》。

被告张某辩称，原被告曾经是情侣关系，不存在借贷关系。2014 年 7 月 4 日，原告确实在被告张某的存折存入了 14 万元，但该款属于赠予的性质。被告还称，原告是在骗取被告的信任后取得了一张有原告签名的空白纸，后来在该空白纸上打印借款证明的内容，伪造了证据，故不同意原告的诉讼请求。庭审中，被告为证明《借款证明》不属实，向法院申请要求对《借款证明》签名及打印内容的先后顺序进行司法鉴定。经法院委托，广东某司法鉴定中心出具了《司法鉴定书》，鉴定意见为：检材《借款证明》落款处"张某"的签名是在其下方的下划线打印之前书写形成。

法院认为，本案的争议焦点是原被告是否存在借款事实。根据鉴定中心出具的

《司法鉴定书》的结论以及原告的陈述,证明了被告提出在《借款证明》中其签名在先,打印内容在后的事实。鉴于原告提供的《借款证明》是被告的签名在先,借款内容等字迹在后,不符合书写习惯,因此,对原告提供的《借款证明》,法院不予确认。原告主张的借款事实依据不足,最终法院驳回原告全部的诉讼请求。

【训练目的及要求】

通过本项目的实训,使学生学会运用证据证明案件事实;会办理证据调查收集、和申请鉴定等事务;熟悉证据的各种举证和质证方法,并能抓住对方所提供的事实与证据进行质疑、说明与反驳,以实现己方主张。

【训练方法】

参训学生 5~11 名为一组,分角色扮演。由 2~4 名学生分别模拟原告及其诉讼代理人,2~4 名学生模拟被告及其诉讼代理人,1~3 名学生模拟法官。进行演练。

【工作任务】

任务一:依据"谁主张,谁举证"的原则,提出证据,并对该事实加以证明。原被告分别根据案件基本情况,梳理己方证据及其证明目的,提交证据。

步骤1:审查案件基本情况,筛选和确定证据材料。熟悉己方的所提供的证据及其证明目的、证据效力、证据来源等情况,理清证据与所证明事实、诉讼请求之间的关系。

步骤2:制作证据清单,向法院提交。

【文本样式】

民事诉讼证据清单

编号	证据名称	证据来源	份数	是否原件	证明对象	备注
1						
2						

案由:……　　　　　　　　原告:×××　　　　被告:×××

提交人:×××　　　　　　　　　　　　　　接收人:×××

提交日期:××××年××月××日

步骤3:把握法庭调查顺序,并制作好发问提纲。

任务二:依照《最高人民法院证据规定》,证据应当在法庭上出示由当事人质证。未经质证的证据,不能作为认定案件事实的依据。能够针对对方的证据提出反驳意见,以实现己方主张。

步骤1:熟知法庭调查中质证的目的与质证顺序,注意对证据的展示、辨认。围绕证据的真实性、关联性、合法性,针对证据证明力有无以及证明力大小进行质疑、说明与辩驳;

步骤2：梳理质证的要点，在法庭的主持下，一证一质。

任务三：认证。

步骤1：根据证据是否具备客观性、关联性、合法性进行认证；

步骤2：审判人员结合本案全部证据的证明力，对争议的事实存在与否作出判断。

项目三 民事诉讼证据保全

引例

甲服装厂认为乙服装厂侵犯其注册商标使用权，以乙服装厂为被告提起民事诉讼。在起诉后，因证人王某要出国，被告乙服装厂欲申请证据保全。

问题：

1. 证据保全的条件和程序时什么？

2. 人民法院该采取什么措施对该进行证据保全？

基本原理认知

一、证据保全的概念

证据保全，是指人民法院依据利害关系人、当事人的请求，或依职权对可能灭失或今后难以取得的证据，予以调查收集和固定保存的保护制度。《民事诉讼法》第81条第1款规定："在证据可能灭失或者以后难以取得的情况下，当事人可以在诉讼过程中向人民法院申请保全证据，人民法院也可以主动采取保全措施。"

二、证据保全的条件

根据我国法律规定，证据保全需要具备以下条件：

1. 时间条件。在证据可能灭失或者以后难以取得的情况下，当事人可以在诉讼过程中向人民法院申请保全证据，人民法院也可以主动采取保全措施。《民事诉讼法》第81条第2款进一步规定："因情况紧急，在证据可能灭失或者以后难以取得的情况下，利害关系人可以在提起诉讼或者申请仲裁前向证据所在地、被申请人住所地或者对案件有管辖权的人民法院申请保全证据。"可见证据保全，也可以在起诉之前进行。

2. 申请保全的事实材料与待证事实的关联性。申请保全的事实材料必须对案件事实具有证明作用才有保全的必要，当事人向人民法院申请保全时应当充分说明关联性的问题。

3. 申请保全的事实材料有灭失的可能。证据的灭失是指如不及时收集，证据就会丧失，不可能再次收集得到。如证人因疾病、死亡、衰老等原因无法再作证，以及证物的损毁、变质等原因无法再以原有的物质属性、状态存在。

4. 申请保全的事实材料将来难以取得。证据将来难以取得是指如不及时收集，证据虽然不至于灭失，但是要再次收集难度将会极大的提高，如证人将出国，物证将被他人带出国等。

三、证据保全的类型

（一）诉前证据保全和诉讼证据保全

以证据保全发生的时间为标准，可以将证据保全分为诉前证据保全和诉讼证据保全。

诉前证据保全，是指利害关系人在提起诉讼前向人民法院或者公证机关申请证据保全的行为。申请诉前证据保全需要满足情况紧急的条件，并且利害关系人应当在法院采取保全措施后的 30 日内提起诉讼或申请仲裁，否则法院将依法解除保全。

诉讼证据保全，是指在民事诉讼中人民法院对证据采取的固定和保存行为。诉讼证据保全可以由当事人申请，在法院认为有必要时也可以由法院依职权主动进行。

（二）由公证机关保全和由法院保全

以采取保全的主体为标准可以将证据保全分为由公证机关保全和由法院保全。

保全证据是公证机关的公证事项之一，公证机构可以根据自然人、法人或其他组织的申请，进行证据保全。由于公证机关不是司法机关，所以在保全中无权采取强制性手段，一般只能用拍照、录音、录像、现场记录等方式进行。

对证据进行保全，是法院职权之一，是法院为了查明案件事实实施的收集证据的行为。以保全是由法院被动进行还是主动进行，可将证据保全分为依申请保全和依职权保全两种形式。

四、证据保全的方法

《证据规定》第 24 条第 1 款规定："人民法院进行证据保全，可以根据具体情况，采取查封、扣押、拍照、录音、录像、复制、鉴定、勘验、制作笔录等方法。"实践中，对证人证言，可以录音或制作询问笔录；对于物证，可以进行勘验或封存原物；对书证、视听资料，可采取复制的方法。同时，人民法院在进行证据保全时，可以要求当事人或者诉讼代理人到场。保全证据的材料，由人民法院存卷保管，以备将来使用。

相关法律规范

1. 《中华人民共和国民事诉讼法》第 63～81 条；

2. 《最高人民法院关于适用〈中华人民共和国民事诉讼法〉的解释》第 90～124 条；

3. 《最高人民法院关于民事诉讼证据的若干规定》第 2、4、7、9、10、15～19、33～48、53、56、63、66～76 条。

思考题

1. 简述民事诉讼证据的特征。
2. 试述民事诉讼证据的分类。
3. 民事诉讼中哪些事实不需要举证？
4. 当事人承担举证责任的原则是什么？
5. 简述我国举证时限一般规定。
6. 再次启动证据交换的条件是什么？
7. 如何识别新的证据？
8. 简述质证的程序。
9. 人民法院在审查证据时，应当遵循哪些原则？
10. 证据保全的条件是什么？

———— 单元五 ————

诉讼保障制度

✍ **本单元知识结构图**

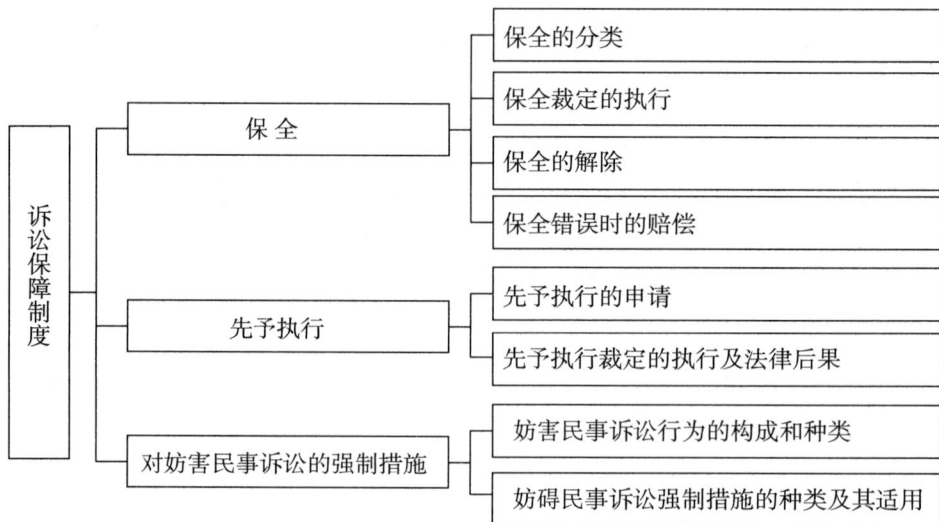

知识目标

1. 掌握保全的类型、适用条件以及执行和解除的相关法律规定;

2. 掌握先予执行适用的范围、条件与程序;

3. 熟悉民事诉讼强制措施的类型、适用条件。

能力目标

1. 能够处理申请保全和先予执行的法律事务;

2. 能够识别妨害民事诉讼行为并做出相应处理。

项目一　保　全

引例

引例一： 甲公司与乙公司签订了一份电视机买卖合同。合同约定甲公司购买乙公司韩国产三星牌电视机1000台，单价为人民币5500元，总价款550万元人民币。甲公司应当在收到电视机后10日内向乙公司付清全部货款。2008年3月23日，乙公司按照合同约定的时间、地点向甲公司交付了1000台彩电。3月28日甲公司支付了200万货款，剩余货款未在合同约定时间内交付。乙公司多次催讨，甲公司以彩电有质量问题为由拒绝付款。在拒绝付款的同时，甲公司还分别与丙公司、丁公司协商彩电买卖事宜，准备将1000台彩电转手卖给丙公司和丁公司。为防止遭受不应有的损失，乙公司向人民法院提出了财产保全申请，要求人民法院对该1000台彩电先予以查封，然后再向人民法院提起诉讼。

问题：

1. 乙公司能否据此申请财产保全？

2. 人民法院在什么情况下应当解除财产保全措施？

引例二： 钱甲、杨甲及钱乙与李某系朋友关系，三人曾先后致李某私人书信百余封，该信件本由李某收存，但是2013年5月间，中贸圣佳公司发布公告表示其将于2013年6月21日举行"也是集——钱甲书信手稿"公开拍卖活动，公开拍卖上述私人信件。为进行该拍卖活动，中贸圣佳公司还将于2013年6月8日举行相关研讨会，2013年6月18日至20日举行预展活动。杨甲认为，钱甲、杨甲、钱乙分别对各自创作的书信作品享有著作权。钱乙、钱甲先后于1997年3月4日、1998年12月19日病故。钱甲去世后，其著作权中的财产权由杨甲继承，其著作权中的署名权、修改权和保护作品完整权由杨甲保护，发表权由杨甲行使。钱乙去世后，其著作权中的财产权由杨甲与其配偶杨乙共同继承，其著作权中的署名权、修改权和保护作品完整权由杨甲与杨乙保护，发表权由杨甲与杨乙共同行使；鉴于杨乙明确表示在本案中不主张权利，故杨甲依法有权主张相关权利。杨甲主张，中贸圣佳公司及李某即将实施的私人信件公开拍卖活动，以及其正在实施的公开展览、宣传等活动，将侵害杨甲所享有和继承的著作权，如不及时制止上述行为，将会使杨甲的合法权益受到难以弥补的损害，故向法院提出申请，请求法院责令中贸圣佳公司及李某立即停止公开拍卖、公开展览、公开宣传杨甲享有著作权的私人信件。

问题：

1. 杨甲所提出的是何种保全申请？该申请应否得到法院的支持？法律依据是什么？

2. 如果该申请得到法院支持，法院应采取何种保全措施？

基本原理认知

一些民事纠纷发生后，权利人来不及起诉，如果不立即采取一定的保护措施，权利人的合法权益将会遭受难以弥补的损害，即使来得及起诉，但由于诉讼需要的时间较长，在诉讼进行的过程中，可能会出现一方当事人恶意挥霍、变卖、转移其财产的情况，争议标的物也可能因其自然或物理属性而丧失其价值，导致生效判决难以执行或无法执行，从而使判决书成为一纸空文。为避免这种情况发生，我国《民事诉讼法》规定了保全制度。

保全，是指人民法院在诉讼开始前或诉讼过程中，为避免一方当事人合法权益遭受难以弥补的损害或保证将来生效判决能够得以实现，根据利害关系人或当事人的申请，或依职权对一方财产或争议标的物采取查封、扣押、冻结等强制性措施，或责令一方作出一定行为或者禁止其作出一定行为的诉讼保障制度。

一、保全的分类

（一）诉前保全和诉讼保全

根据保全是在起诉前作出的还是在起诉后作出的，保全可分为诉前保全和诉讼保全。

1. 诉前保全。诉前保全，是指在起诉或者仲裁前，对于因情况紧急不立即申请保全，将会使利害关系人的合法权益受到难以弥补的损害，依照利害关系人的申请而采取的保全措施。

由于诉前保全是在起诉前作出的，采取保全措施后申请人是否一定会提起诉讼，提起的诉讼法院是否会受理都还未知，因此，《民事诉讼法》第 101 条规定，诉前保全应具备以下条件：

（1）具有采取保全措施的紧迫性。如被申请人即将或正在实施处分或转移财产的行为，若不立即采取保全措施，将会使申请人的合法权益受到难以弥补的损失。

（2）由利害关系人提出保全申请。诉前保全发生在起诉前，尚未进入到诉讼程序，因此法院不能依职权主动采取保全措施，必须由利害关系人提出申请后才能采取。

（3）申请人必须提供担保。诉前保全是法院在申请人起诉前作出的，采取保全措施后申请人是否一定会起诉，是否会因申请不当给被申请人造成损失，法院无法确定，因此，为防止保全错误后申请人不承担责任，利害关系人申请诉前财产保全必须提供担保。申请人如不能或不愿提供担保的，法院应驳回其申请。

诉前保全应当由利害关系人在提起诉讼或者申请仲裁前向被保全财产所在地、被申请人住所地或者对案件有管辖权的人民法院提出申请。同时申请人应当在人民法院采取保全措施后 30 内依法提起诉讼或者申请仲裁，否则人民法院解除保全。

2. 诉讼保全。诉讼保全，是指在诉讼过程中，为了保证人民法院的判决能顺利执行，人民法院根据当事人的申请，或在必要时依职权决定对有关财产或行为采取的保全措施。

与诉前财产保全一样，诉讼保全也不是民事诉讼的必经程序。根据《民事诉讼法》第 100 条规定，诉讼保全应具备以下条件：

（1）存在采取保全措施的必要性。即可能因当事人一方的行为或者其他原因使判决难以执行或者造成当事人其他损害。如当事人一方转移、变卖、隐匿、毁损、挥霍财产，或者标的物因腐烂变质而减少、丧失其价值等。

（2）由当事人提出申请或由法院依职权采取。诉讼保全原则上应由当事人提出申请，因为一般情况下，权利人比法院更了解债务人的财产状况，但法院在必要时也可依职权主动采取保全措施。

诉讼保全申请应向受诉法院提出，或由受诉法院依职权采取。对于二审、再审和执行案件的保全，《关于适用民诉法的解释》第 161 条规定："对当事人不服一审判决提起上诉的案件，在第二审人民法院接到报送的案件之前，当事人有转移、隐匿、出卖或者毁损财产等行为，必须采取保全措施的，由第一审人民法院依当事人申请或者依职权采取。第一审人民法院的保全裁定，应当及时报送第二审人民法院。"第 162 条规定："第二审人民法院裁定对第一审人民法院采取的保全措施予以续保或者采取新的保全措施的，可以自行实施，也可以委托第一审人民法院实施。再审人民法院裁定对原保全措施予以续保或者采取新的保全措施的，可以自行实施，也可以委托原审人民法院或者执行法院实施。"第 163 条规定："法律文书生效后，进入执行程序前，债权人因对方当事人转移财产等紧急情况，不申请保全将可能导致生效法律文书不能执行或者难以执行的，可以向执行法院申请采取保全措施。债权人在法律文书指定的履行期间届满后 5 日内不申请执行的，人民法院应当解除保全。"

3. 诉前保全与诉讼保全的区别。

（1）申请的主体不同。诉前保全由利害关系人提出申请，法院不得依职权采取保全措施；诉讼保全一般由当事人提出申请，必要时人民法院可以依职权主动采取保全措施。

（2）申请保全的时间不同。诉前保全是在起诉前向有管辖权的人民法院提出申请；诉讼保全是在案件受理后、判决生效前提出申请。

（3）对申请人是否提供担保的要求不同。诉前保全，申请人必须提供担保，不提供担保的，驳回申请。申请诉前财产保全的，应当提供相当于请求保全数额的担保；情况特殊的，人民法院可以酌情处理。申请诉前行为保全的，担保的数额由人民法院根据案件的具体情况决定。诉讼保全，人民法院责令提供担保的，申请人必须提供担保，不提供担保的，驳回申请。没有责令申请人提供担保的，申请人可以不提供担保，人民法院依职权采取保全措施的，当事人也可以不提供担保。

（二）财产保全和行为保全

根据保全的对象是财产还是行为，保全可分为财产保全和行为保全。

1. 财产保全。财产保全，是指为保证将来生效判决能够得以实现，人民法院对一方财产或争议标的物采取查封、扣押、冻结等强制性措施的诉讼保障制度。

2. 行为保全。行为保全，是指为防止一方正在实施或将要实施的行为给申请人合法权益造成难以弥补的损害，人民法院责令一方作出一定行为或者禁止其作出一定行为的诉讼保障制度。根据相关法律的规定，知识产权与竞争纠纷的当事人在判决或者仲裁裁决生效前，可以向人民法院申请采取行为保全措施，即责令被申请人作出一定行为或者禁止被申请人作出一定行为。

二、保全裁定的执行

法院对申请人的保全申请进行审查后，认为不符合财产保全条件的，应裁定驳回申请；认为符合财产保全条件的，对诉前保全的申请应在 48 小时内作出裁定，对诉讼保全，情况紧急的，也须在 48 小时内作出裁定。法院裁定采取保全措施的，应当立即开始执行，有关单位有义务协助法院执行。

财产保全裁定一经作出即发生法律效力，当事人对保全裁定不服的，可以自收到裁定书之日起 5 日内向作出裁定的人民法院申请复议。复议期间不停止裁定的执行。人民法院应当在收到复议申请后 10 日内审查。裁定正确的，驳回当事人的申请；裁定不当的，变更或者撤销原裁定。

根据《民事诉讼法》第 102 条的规定，财产保全的范围仅限于请求的范围，或者与本案有关的财物。所谓请求的范围是指保全的财产价值与诉讼请求或利害关系人的请求相当。与本案有关的财物是指争议法律关系所涉及的财产、被告的财产或者是与本案标的物有牵连的物品。对案外人财产不得采取保全措施。

人民法院采取的保全措施主要是查封、扣押、冻结或者法律规定的其他方法。人民法院保全财产后，应当立即通知被保全财产的人。财产已被查封、冻结的，不得重复查封、冻结。

根据《关于适用民诉法的解释》的规定，人民法院在采取财产保全措施时，应注意以下事项：

1. 人民法院对季节性商品、鲜活、易腐烂变质以及其他不宜长期保存的物品采取保全措施时，可以责令当事人及时处理，由人民法院保存价款；必要时，人民法院可予以变卖，保存价款。

2. 人民法院在财产保全中采取查封、扣押、冻结财产措施时，应当妥善保管被查封、扣押、冻结的财产。不宜由人民法院保管的，人民法院可以指定被保全人负责保管；不宜由被保全人保管的，可以委托他人或者申请保全人保管。

查封、扣押、冻结担保物权人占有的担保财产，一般由担保物权人保管；由人民法院保管的，质权、留置权不因采取保全措施而消灭。

3. 由人民法院指定被保全人保管的财产，如果继续使用对该财产的价值无重大影响，可以允许被保全人继续使用；由人民法院保管或者委托他人、申请保全人保管的财产，人民法院和其他保管人不得使用。

4. 人民法院对抵押物、质押物、留置物可以采取财产保全措施，但不影响抵押权人、质权人、留置权人的优先受偿权。

5. 人民法院对债务人到期应得的收益，可以采取财产保全措施，限制其支取，通知有关单位协助执行。

6. 债务人的财产不能满足保全请求，但对第三人有到期债权的，人民法院可以依债权人的申请裁定该第三人不得对本案债务人清偿。该第三人要求偿付的，由人民法院提存财物或价款。

三、保全的解除

诉讼中的保全裁定的效力一般应维持到生效的法律文书执行时止，除作出保全裁定的人民法院自行解除或其上级人民法院决定解除外，在保全期限内，任何单位都不得解除保全措施。但如果出现以下法定情形时，人民法院应及时作出裁定，解除保全措施：①保全错误的；②申请人撤回保全申请的；③申请人的起诉或者诉讼请求被生效裁判驳回的；④人民法院认为应当解除保全的其他情形。解除以登记方式实施的保全措施的，应当向登记机关发出协助执行通知书。

对于财产保全，如果被保全人提供其他等值担保财产且有利于执行的，人民法院可以裁定变更保全标的物为被保全人提供的担保财产。

保全裁定未经人民法院依法撤销或者解除，进入执行程序后，自动转为执行中的查封、扣押、冻结措施，期限连续计算，执行法院无需重新制作裁定书，但查封、扣押、冻结期限届满的除外。

四、保全错误时的赔偿

保全是在案件的事实尚未查清的情况下采取的，一旦出现错误就会给被申请人造成损失，因此《民事诉讼法》第 105 条规定："申请有错误的，申请人应当赔偿被申请人因保全所遭受的损失。"

对于法院依职权采取保全措施有错误造成损失的赔偿问题，《民事诉讼法》未作规定，但根据《国家赔偿法》第 38 条的规定："人民法院在民事诉讼、行政诉讼过程中，违法采取对妨害诉讼的强制措施、保全措施或者对判决、裁定及其他生效法律文书执行错误，造成损害的，赔偿请求人要求赔偿的程序，适用本法刑事赔偿程序的规定。"

法院依职权财产保全措施有错误时，受损害人可请求国家赔偿。

📝 相关法律规范 ⌐

1. 《中华人民共和国民事诉讼法》第 100~105 条；

2. 《最高人民法院关于适用〈中华人民共和国民事诉讼法〉的解释》第 152~168 条。

学习情境七　诉前财产保全的申请、审查与解除

【情境案例】

赵甲因做生意向吴某借款 10 万元，借款期满后，吴某几次催要，赵甲都以生意亏本没钱为由拒绝。一日吴某在向赵甲要钱时听到赵甲妻子正在与他人商量卖掉自己家的客货两用车之事。于是，吴某便向赵甲所在地的某市 A 区法院报告这一情况，申请财产保全，并找到李某做担保人。人民法院经审查，裁定采取财产保全措施。但由于吴某在人民法院采取保全措施后 15 日内没有起诉，于是，A 区人民法院依法解除了保全措施。

【训练目的和要求】

结合案例和相关知识，通过训练，学生能够判断是否采取诉前财产保全措施；会以申请人、被申请人和法官身份办理诉前财产保全的相关法律事务。

【训练方法】

参训学生 4~8 名为一组，分角色扮演。由 2~4 名学生分别模拟申请人、申请人的担保人，1~2 名学生模拟被申请人，1~2 名学生模拟法官。

【工作任务】

任务一：申请诉前财产保全。

步骤 1：根据案情，确定是否提出财产保全申请。

案件的利害关系人可从申请诉前财产保全应具备的 3 个条件进行分析。

步骤 2：提出财产保全申请，提供担保和被申请人财产状况。

（1）申请人在向法院提出财产保全申请的同时，还应向法院提供被申请人的财产状况，包括动产（存款要写明账号、开户行、地址，汽车要写明车牌号）、不动产（房屋要写明地址）、有价证券、知识产权、到期债权等财产情况。

（2）财产保全申请书。

【文书样式】

申请书

申请人：……（申请人为自然人的，写明姓名、性别、民族、出生年月日、籍贯、

现住址、联系电话；申请人为法人、其他组织的，写明名称、地址、联系电话及法定代表人或主要负责人的姓名、职务、现住址、联系电话。）

被申请人：……（被申请人为自然人的，写明姓名、性别、民族、出生年月日、籍贯、现住址、联系电话；被申请人为法人、其他组织的，写明名称、地址、联系电话及法定代表人或主要负责人的姓名、职务、现住址、联系电话。）

请求事项：写明请求人民法院对被申请人的哪些财产采取何种保全措施。

事实与理由：写明申请人与被申请人存在何种纠纷，为什么要采取保全措施。

此致
_____人民法院

申请人：名称（加盖公章）

法定代表人（或主要负责人）：（签名或盖章）

××××年××月××日

附：有关证据及材料。

3. 财产保全担保书。

【文书样式】

担保书

担保人：……（写明基本资料。）

法定代表人（或主要负责人）：……（写明基本资料。）

被担保人：……（写明基本资料。）

法定代表人（或主要负责人）：……（写明基本资料。）

根据《中华人民共和国民事诉讼法》第 101 条之有关规定，原告（申请人）×××已提起诉前保全申请，请求贵院对被告采取×××保全措施。本单位愿意为原告（申请人）提供诉讼财产保全经济担保，担保总额为×××元人民币，如因保全不当，愿承担连带经济责任。

此　致
_____人民法院

担保人：名称（加盖公章）

法定代表人（或主要负责人）：（签名或盖章）

××××年××月××日

附：1. 本单位营业执照复印件一份。

2. 本单位法定代表人证明书一份。

任务二：审查诉前财产保全申请。

步骤1：法院对财产保全申请进行审查。

1. 审查申请人与被申请人是否存在利害关系。

2. 审查是否具备诉前财产保全的3个条件。

步骤2：裁定是否采取保全措施。

对符合条件的申请，在48小时内作出保全裁定，并立即执行；对不符合条件的申请，作出驳回申请的裁定。

任务三：解除诉前财产保全。

步骤1：法院对解除保全措施的情形进行审查。法院应审查案件是否出现了应当解除保全措施的法定情形。

步骤2：解除保全措施。

项目二　先予执行

引例

甲区王某和孙某系邻居，平日关系融洽。2008年王某自己动工修建新瓦房，孙某便主动帮忙。一日孙某不慎从脚手架上跌落，腿骨被摔断，因抢救及时未造成瘫痪，但需做一次大手术方能康复。医院让孙某交7000元医药费，孙某家境贫寒无力交付，王某虽有支付能力但支付了2000元后就拒绝支付。医药费没有着落，致使手术迟迟不能进行。孙某无奈只好向甲区人民法院起诉，并申请让王某先行支付5000元医药费。王某私下对孙某讲："你申请先予执行，法院会让你提供担保。你没钱提供担保，法院不会支持你的请求的。"人民法院经审查认为孙某请求不符合法定条件，裁定驳回先予执行申请，孙某因此未得到及时治疗。人民法院经过审理判决王某负担孙某医疗费等共计11 000元。

问题：

1. 本案中，人民法院裁定驳回孙某先予执行的申请是否合法？

2. 孙某申请先予执行是否必须提供担保？

3. 若孙某对驳回申请不服能否申请复议？.

基本原理认知

先予执行是指人民法院在诉讼过程中，为保证当事人一方生产和生活的正常进行，应一方当事人的申请，裁定另一方当事人实施或停止某种行为或给付申请人一定的财产，并立即执行的制度。

在民事诉讼中，执行一般以生效的法院判决为依据，但法院审理民事案件需要相当长的一段时间，对某些原告来说，长时间的等待可能会严重影响正常的生产和生活。有的原告起诉的目的是请求法院禁止被告实施一定的行为，若等法院作出判决后再禁止，往往被告的行为已实施，原告的损失也将难以挽回。先予执行制度就是为防止这种情况的发生而设置的，它可以使未来判决确定的实体权利义务部分预先实现，及时保护当事人的合法权益。

一、先予执行的申请

根据《民事诉讼法》的规定，先予执行须以当事人提出申请为前提，人民法院不能依职权主动裁定先予执行。申请应当是书面的，申请书应当载明先予执行的请求、理由和根据。

先予执行对及时保护当事人的合法权益具有积极的作用，但若适用不当也会给另一方当事人造成损害，不利于将来生效判决的执行。因此，先予执行的适用必须严格遵循法律的规定。根据《民事诉讼法》的相关规定，先予执行应当具备以下条件：

（一）案件属于《民事诉讼法》第 106 条规定的可以先予执行的案件

这些案例具体包括：

1. 追索赡养费、扶养费、抚育费、抚恤金、医疗费用的案件；

2. 追索劳动报酬的案件；

3. 因情况紧急需要先予执行的案件。根据《关于适用民诉法的解释》第 170 条的规定，紧急情况是指：①需要立即停止侵害、排除妨碍的；②需要立即制止某项行为的；③追索恢复生产、经营急需的保险理赔费的；④需要立即返还社会保险金、社会救助资金的；⑤不立即返还款项，将严重影响权利人生活和生产经营的。

（二）当事人之间的权利义务关系明确

如果当事人之间的民事权利义务关系存在严重争议或双方负有对待给付义务，不能适用先予执行。

（三）不先予执行将严重影响申请人的正常生活和生产经营

这是指先予执行对申请人来说具有紧迫性，若不立即执行，申请人已经难以甚至无法维持基本的生产生活。如果不立即执行对申请人不会产生此种影响则不能先予执行。

（四）被申请人有履约能力

如果被申请人没有履约能力，裁定先予执行可能会使被申请人的生活和生产陷入困境，这不符合当事人平等原则。此外，如果被申请人没有履约能力，法院先予执行的裁定也无法实现，这样会损害法院生效法律文书的严肃性和权威性。

二、先予执行裁定的执行及法律后果

法院在接到当事人先予执行的申请后，应当根据先予执行的 4 个条件对当事人的申请进行审查，对符合条件的申请，法院还可以责令当事人提供担保，以防止因错误适用先予执行而给被申请人造成损失情况的出现。

经审查，人民法院对不符合先予执行条件的，或法院责令申请人提供担保申请人拒不提供的，应裁定驳回申请人的申请。当事人对先予执行裁定不服的，可以自收到裁定书之日起 5 日内向作出裁定的人民法院申请复议。复议期间不停止裁定的执行。人民法院应当在收到复议申请后 10 日内审查。裁定正确的，驳回当事人的申请；裁定不当的，变更或者撤销原裁定。

对符合先予执行条件的申请，法院应以书面形式作出先予执行的裁定。裁定先予执行的，人民法院应当在受理案件后、终审判决作出前执行。先予执行应当限于当事人诉讼请求的范围，并以当事人的生活、生产经营的急需为限。

法院裁定先予执行后，若申请人胜诉，则先予执行的内容与判决结果相一致，在执行生效判决时，将先予执行部分抵消即可；若申请人败诉，则说明先予执行是错误的，根据《关于适用民诉法的解释》第 173 条和《民事诉讼法》第 107、233 条的规定，人民法院应当作出裁定，责令申请人将因先予执行取得的利益返还给被申请人，拒不返还的，强制执行；如先予执行给被申请人造成损失，申请人还应进行赔偿。

相关法律规范

1. 《中华人民共和国民事诉讼法》第 106～108 条；
2. 《最高人民法院关于适用〈中华人民共和国民事诉讼法〉的解释》第 169～173 条。

学习情境八 先予执行的申请

【情境案例】

张老汉现年 70 岁，家住某市 A 县农村，因早年丧妻，一人抚养三个儿子张大、张二和张三长大成人。三个儿子结婚后并分别居住在该市 B 区、C 区、D 区。2007 年 8 月以来，张老汉因患某种老年慢性病，需要长期治疗，然而三个儿子唯恐花费过高，竟拒绝为其进行治疗，把张老汉一人独自扔在农村家中且不给其生活费。张老汉感到健康状况每况愈下，且自己又无劳动能力及生活来源，于是，于 2008 年 5 月向 A 县人民法院起诉，要求三个儿子给付赡养费及医疗费。法院受理后、开庭审理前，张老汉病情突然加重，急需入院治疗，经张老汉申请，法院裁定对三被告先予执行，每人先向原告支付赡养费 2000 元。

任务一：申请先予执行。

步骤1：根据案情，确定是否提出先予执行申请。

申请人可从申请先予执行应具备的4个条件进行分析。

步骤2：提出先予执行申请。

【文书样式】

先予执行申请书

申请人：×××（写明姓名、性别、年龄、民族、籍贯、职业或者工作单位和职务、住址。）

被申请人：×××（写明姓名、性别、年龄、民族、籍贯、职业或者工作单位和职务、住址。）

请求事项：（请求人民法院责令被申请人先行给付的内容。）

1.……

2.……（写明给付数量、金额等。）

特此申请。

此致

×××人民法院

申请人：×××（签字或者盖章）

××××年××月××日

任务二：审查先予执行申请。

步骤1：法院对先予执行的申请进行审查。

1. 审查本案是否符合先予执行的4个条件。

2. 审查是否需要申请人提供担保。

步骤2：裁定是否先予执行。对符合条件的申请，作出先予执行的裁定，并应在终审判决作出前执行；对不符合条件的申请，或经法院责令提供担保而拒不提供担保的申请，作出驳回申请的裁定。

任务三：补救先予执行错误。

步骤1：返还财产。申请人将因先予执行取得的利益返还给被申请人，拒不返还的，强制执行。

步骤2：赔偿损失。如先予执行给被申请人造成损失，申请人还应进行赔偿。

项目三　对妨害民事诉讼的强制措施

引例

2008 年春节，10 岁的周甲独自一人在马路上放鞭炮，并将一个已点燃的俗称"二踢脚"的鞭炮扔向路上的行人，该鞭炮在行人杨某耳旁发生爆炸，造成杨某耳聋。杨某就赔偿费用问题未能与周甲父亲周乙达成协议，将周甲起诉至法院，周乙以法定代理人的身份进行了答辩。法院开庭审理时，对周乙两次合法传唤，周乙均无正当理由不到庭参加诉讼，于是法院将周乙拘传到庭。在法院开庭审理的过程中，周甲的母亲钱某在法庭上大声喧哗，审判长对其进行了训诫，但钱某不知悔改，继续在法庭上大声喧哗吵闹，于是审判长责令其退出法庭。另外，审判长当庭宣判时，周甲的叔叔周丙突然冲上审判席，用手机猛打审判长的头部，造成法庭秩序严重混乱，宣判中断。情急之中，审判长宣布对周丙拘留。

问题：

1. 本案中各行为人实施了哪些妨害民事诉讼的行为？人民法院对此采取了哪些强制措施？

2. 该审判长当场采取拘留措施的做法是否得当？

基本原理认知

对妨害民事诉讼的强制措施，是指法院在民事诉讼中，为排除干扰，维护正常的诉讼秩序，保障诉讼活动的正常进行，对有妨害民事诉讼行为的人采取的强制手段。

一、妨害民事诉讼行为的构成和种类

（一）妨害民事诉讼行为的构成

妨害民事诉讼的行为，是指当事人、其他诉讼参与人或者案外人在民事诉讼过程中，故意干扰、破坏诉讼秩序，阻碍诉讼活动正常进行的行为。正确认定妨害民事诉讼行为是准确适用强制措施的前提条件。构成妨害民事诉讼的行为必须具备以下条件：

1. 行为主体既可以是当事人，也可以是其他诉讼参与人，还可以是其他案外人。

2. 行为人实施了妨害民事诉讼的行为。该行为可以表现为作为，如伪造证据或毁灭证据、指使他人做伪证等，也可以表现为不作为，如被告经传票传唤无正当理由拒绝到庭、有义务协助人民法院采取保全措施的人员拒绝协助人民法院开展工作等。

3. 行为人实施妨害民事诉讼的行为主观上是故意的。如果行为人主观上不是故意的，即便是在客观上造成了妨害民事诉讼的后果，也不是妨害民事诉讼的行为。如债务人因暂无履行能力而未履行人民法院生效判决的行为。

4. 行为人实施妨害民事诉讼秩序的行为一般发生在诉讼过程中。对妨害民事诉讼的行为采取强制措施，是因为这些行为妨碍了民事诉讼程序的进行，只有排除这种障碍，才能保证诉讼的顺利进行。在民事诉讼开始前或诉讼程序结束后所实施的行为，由于不存在对诉讼程序的阻碍，因此，不属于妨碍民事诉讼的行为。

（二）妨害民事诉讼行为的种类

根据《民事诉讼法》的规定，妨害民事诉讼的行为有以下几种：

1. 必须到庭的被告，经人民法院两次传票传唤，无正当理由拒不到庭的行为。

2. 违反法庭规则，扰乱法庭秩序的行为。根据《民事诉讼法》第110条第2、3款的规定，这类行为是指违反法庭规则，哄闹、冲击法庭，侮辱、诽谤、威胁、殴打审判人员，严重扰乱法庭秩序，但尚不构成犯罪的行为。根据《关于适用民诉法的解释》第176条的规定，还包括以下行为：①未经准许进行录音、录像、摄影的；②未经准许以移动通信等方式现场传播审判活动的；③其他扰乱法庭秩序，妨害审判活动进行的。有以上规定情形的，人民法院可以暂扣诉讼参与人或者其他人进行录音、录像、摄影、传播审判活动的器材，并责令其删除有关内容；拒不删除的，人民法院可以采取必要手段强制删除。

3. 妨害诉讼证据的收集、调查以及其他阻拦、干扰诉讼进行的行为。根据《民事诉讼法》第111条的规定，包括以下行为：

（1）伪造、毁灭重要证据，妨碍人民法院审理案件的行为。伪造证据，是指行为人故意以弄虚作假的方式制造根本就不存在的证据。毁灭重要证据，是指行为人将现有能够证明重要案件事实的证据销毁、灭失。如果行为人实施了伪造、毁灭证据行为，就有可能造成法院对案件作出错误判断，影响案件的公正审判，当然属于妨害民事诉讼的行为。

（2）以暴力、威胁、贿买方法阻止证人作证，或者指使、贿买、胁迫他人作伪证的行为。

（3）隐藏、转移、变卖、毁损已被查封、扣押的财产，或者已被清点并责令保管的财产，转移已被冻结的财产的行为。查封、扣押是人民法院根据案件需要对本案财产所采取的措施，限制了当事人的处分权，任何人未经法院允许擅自隐藏、转移、变卖、毁损已被法院采取措施的财产，均属妨害民事诉讼的行为。

（4）对司法工作人员、诉讼参加人、证人、翻译人员、鉴定人、勘验人、协助执行的人进行侮辱、诽谤、诬陷、殴打或打击报复的行为。

（5）以暴力、威胁或者其他方法阻碍司法工作人员执行职务的行为。根据《关于适用民诉法的解释》第187条的规定，这些行为包括：①在人民法院哄闹、滞留，不听从司法工作人员劝阻的；②故意毁损、抢夺人民法院法律文书、查封标志的；③哄闹、冲击执行公务现场，围困、扣押执行或者协助执行公务人员的；④毁损、抢夺、扣留案件材料、执行公务车辆、其他执行公务器械、执行公务人员服装和执行公务证件的；⑤以暴力、威胁或者其他方法阻碍司法工作人员查询、查封、扣押、冻结、划拨、拍卖、变卖财产的；⑥以暴力、威胁或者其他方法阻碍司法工作人员执行职务的其他行为。

（6）拒不履行人民法院已经发生法律效力的判决、裁定的行为。根据《关于适用民诉法的解释》第188条的规定，以下行为属于拒不履行人民法院已经发生法律效力的判决、裁定的行为：①在法律文书发生法律效力后隐藏、转移、变卖、毁损财产或者无偿转让财产、以明显不合理的价格交易财产、放弃到期债权、无偿为他人提供担保等，致使人民法院无法执行的；②隐藏、转移、毁损或者未经人民法院允许处分已向人民法院提供担保的财产的；③违反人民法院限制高消费令进行消费的；④有履行能力而拒不按照人民法院执行通知履行生效法律文书确定的义务的；⑤有义务协助执行的个人接到人民法院协助执行通知书后，拒不协助执行的。

（7）根据《关于适用民诉法的解释》第189条的规定，还包括以下行为：①冒充他人提起诉讼或者参加诉讼的；②证人签署保证书后作虚假证言，妨碍人民法院审理案件的；③伪造、隐藏、毁灭或者拒绝交出有关被执行人履行能力的重要证据，妨碍人民法院查明被执行人财产状况的；④擅自解冻已被人民法院冻结的财产的；⑤接到人民法院协助执行通知书后，给当事人通风报信，协助其转移、隐匿财产的。

4. 当事人之间恶意串通，企图通过诉讼、调解等方式侵害他人合法权益的。他人合法权益，包括案外人的合法权益、国家利益以及社会公共利益。

5. 被执行人与他人恶意串通，通过诉讼、仲裁、调解等方式逃避履行法律文书确定的义务的。

6. 有义务协助调查、执行的单位有下列行为之一的实施了妨害民事诉讼的行为：①有关单位拒绝或者妨碍人民法院调查取证的；②有关单位接到人民法院协助执行通知书后，拒不协助查询、扣押、冻结、划拨、变价财产的；③有关单位接到人民法院协助执行通知书后，拒不协助扣留被执行人的收入、办理有关财产权证照转移手续、转交有关票证、证照或者其他财产的；④其他拒绝协助执行的。

根据《关于适用民诉法的解释》第192条的规定，还包括有关单位接到人民法院协助执行通知书后的下列行为：①允许被执行人高消费的；②允许被执行人出境的；③拒不停止办理有关财产权证照转移手续、权属变更登记、规划审批等手续的；④以需要内部请示、内部审批，有内部规定等为由拖延办理的。

二、妨碍民事诉讼强制措施的种类及其适用

根据《民事诉讼法》规定，对妨害民事诉讼的强制措施有拘传、训诫、责令退出法庭、罚款、拘留五种。

（一）拘传

拘传，是指人民法院派出司法警察依法强制有关诉讼参加人到庭诉讼的措施。根据《民事诉讼法》第109条的规定，适用拘传必须具备以下三个条件：

1. 拘传的对象是法律规定或法院认为必须到庭的被告。所谓必须到庭的被告，一般是指负有赡养、抚育、扶养义务和不到庭就无法查清事实的被告。因为诉讼标的为赡养、抚养、抚育的案件，直接涉及权利人的基本生活问题，并且原、被告之间有一定的亲属关系，适宜用调解方式解决，如被告不到庭，则不利于原告合法权益的保护和调解的进行。另外，根据《关于适用民诉法的解释》第174条第2款的规定，人民法院对必须到庭才能查清案件基本事实的被告，经两次传票传唤，无正当理由拒不到庭的，也可以拘传。

2. 经过两次传票传唤。拘传必须用拘传票，并直接送达被拘传人；在拘传前，应当向被拘传人说明拒不到庭的后果，经批评教育仍拒不到庭的，可以拘传其到庭。

3. 无正当理由拒不到庭。正当理由，是指当事人无法预见和难以自行克服的困难，如生病住院，因公紧急外出，或遇到不可抗拒的自然灾害等情况。如果被告有正当理由，则不能采用拘传措施。

以上三个条件必须同时具备，人民法院才能适用拘传措施。

适用拘传措施，由独任审判员或合议庭提出具体意见，报经本院院长批准，并填写拘传票，交司法警察直接送达给被拘传人，令其随票到庭。

（二）训诫

训诫是人民法院对妨害民事诉讼秩序行为较轻的人，以口头方式予以严肃地批评教育，并指出其行为的违法性和危害性，令其以后不得再犯的一种强制措施。其适用对象一般是违反法庭规则的人。

（三）责令退出法庭

责令退出法庭是指人民法院对于违反法庭规则的人，强制其离开法庭的措施。责令退出法庭措施的强制力度重于训诫而轻于罚款、拘留。审判人员可以根据情况，直接适用责令退出法庭，也可以先训诫，然后看行为人的表现再决定是否责令其退出法庭。

训诫、责令退出法庭由合议庭或者独任审判员决定。训诫的内容、被责令退出法庭者的违法事实应当记入庭审笔录。

（四）罚款

罚款是人民法院对实施妨害民事诉讼行为情节比较严重的人，责令其在规定的时间内，交纳一定数额金钱的强制措施。

罚款的适用范围非常广，人民法院除对必须到庭的被告无正当理由拒不到庭适用拘传以外，对其他妨害民事诉讼的行为，均可适用罚款。对个人的罚款金额，为人民币 10 万元以下。对单位的罚款金额，为人民币 5 万元以上 100 万元以下。

（五）拘留

拘留是人民法院对实施妨害民事诉讼行为情节严重的人，将其留置在特定的场所，在一定期限内限制其人身自由的强制措施。在所有对妨害民事诉讼的强制措施中，拘留是最严厉的一种强制措施，仅适用少数严重妨害诉讼的行为。

适用拘留时，由合议庭或独任审判员提出处理意见，应经院长批准，作出拘留决定书，由司法警察将被拘留人送交当地公安机关看管。人民法院对被拘留人采取拘留措施后，应当在 24 小时内通知其家属；确实无法按时通知或者通知不到的，应当记录在案。拘留的期限，为 15 日以下。在拘留期间，被拘留人承认并改正错误的，人民法院可以决定提前解除拘留。拘留措施也可以对妨碍民事诉讼单位的主要负责人或者直接责任人适用。

《民事诉讼法》第 116 条第 3 款规定，罚款、拘留应当用决定书。对罚款、拘留决定不服的，可以向上一级人民法院申请复议一次。复议期间不停止执行。《关于适用民诉法的解释》第 185、186 条进一步规定，被罚款、拘留的人不服罚款、拘留决定申请复议的，应当自收到决定书之日起 3 日内提出。上级人民法院应当在收到复议申请后 5 日内作出决定，并将复议结果通知下级人民法院和当事人。上级人民法院复议时认为强制措施不当的，应当制作决定书，撤销或者变更下级人民法院作出的拘留、罚款决定。情况紧急的，可以在口头通知后 3 日内发出决定书。

📖 相关法律规范

1. 《中华人民共和国民事诉讼法》第 109 ~ 117 条；

2. 《最高人民法院关于适用〈中华人民共和国民事诉讼法〉的解释》第 174 ~ 193 条。

📝 思考题

1. 什么是诉前保全、诉讼保全？二者有何区别？简述保全的范围和措施。

2. 什么是先予执行？简述先予执行的范围和条件。

3. 简述妨害民事诉讼行为的构成和种类。对妨害民事诉讼的行为可采取哪些强制措施？如何适用？

单元六

期间、送达与诉讼费用

本单元知识结构图

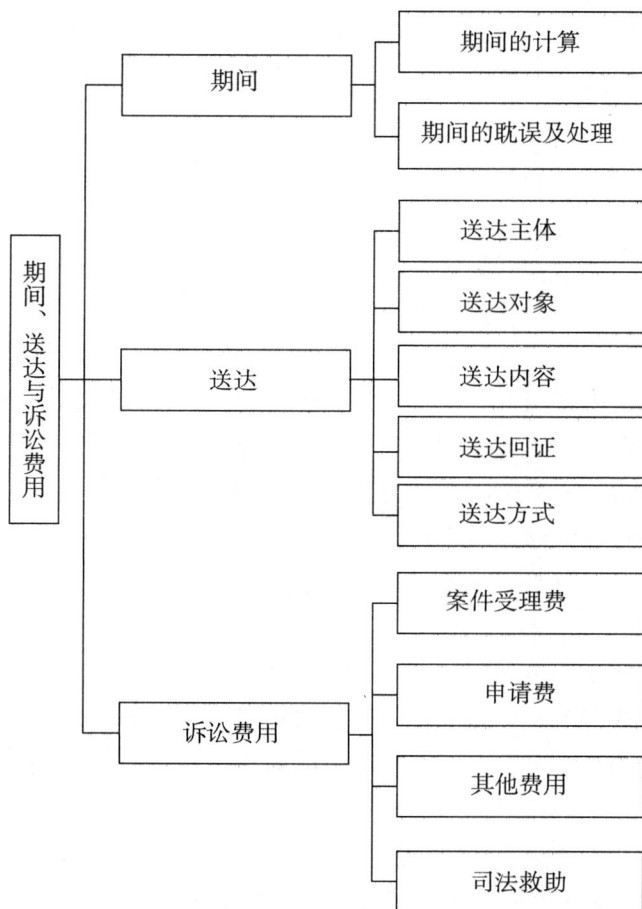

		期间		期间的计算
				期间的耽误及处理

期间、送达与诉讼费用

	送达		送达主体
			送达对象
			送达内容
			送达回证
			送达方式

	诉讼费用		案件受理费
			申请费
			其他费用
			司法救助

知识目标

1. 掌握期间的种类及计算；

2. 掌握送达的种类及程序；

3. 了解诉讼费用的种类，并能进行计算。

能力目标

···

能处理申请司法救助的相关事宜。

项目一　期　间

引例

甲公司因合同纠纷将乙公司诉至法院，法院于 2014 年 7 月 2 日判决结案。甲公司与乙公司分别于 2014 年 7 月 4 日和 7 月 5 日签收了法院的判决书。接到判决后，乙公司于 7 月 20 日向法院挂号邮寄了起诉状，这一天正好是星期日。法院于 26 日收到了乙公司的上诉状。接到乙公司的上诉状后，法院工作人员 A 认为乙公司的上诉已过上诉期，一审判决已经生效，而 B 则认为未过上诉期。

问题：

1. 乙公司的上诉是否已过上诉期？

2. 上诉期如何计算？

3. 当事人不遵守期间的规定，会产生什么样的法律后果？

基本原理认知

期间，是指人民法院、当事人和其他诉讼参与人完成某项诉讼行为必须遵守的时间。例如：人民法院审查立案期间，当事人上诉期间，被告提交答辩状的期间等。行为主体在法定期间内依法实施的诉讼行为具有法律效力。而不遵守法定期间，行为主体则丧失了实施某种诉讼行为的权利。例如，法律规定，不服一审裁定的上诉期为 10 天，这意味着当事人应当在一审裁定书送达之次日起 10 日内提起上诉，才产生上诉的法律效果。

期间有广义和狭义之分。狭义的期间指的是期限，广义的期间包括期限和期日。期限，通常指法院或诉讼参与人单独完成或进行某种诉讼行为的一段时间。比如人民法院受理案件的期限是 7 天，这表明人民法院应当在接受当事人的起诉状后的 7 天内就是否受理当事人的起诉作出回应。期日，是指人民法院与当事人、其他诉讼参与人会合在一起进行一定诉讼活动的日期，如法院开庭日、案件宣判日。

期间分为法定期间与指定期间。所谓法定期间，是指法律明确规定的诉讼期间。法定期间通常因某种法定事实的出现而开始，以法律规定的时间而结束，法院不得依当事人的申请或者依职权予以变更，但法律明文规定允许变动的除外。法定期间大都属于不变期间，如上诉期间、申请再审期间、申请执行期间等都属不变期间。可变期间，是指该期间由法律确定后，在通常情况下不可改变，但遇有法定事由法院可对其依法予以变更。法定期间也有一部分属可变期间，如一审的案件审理期间、涉外案件中境外当事人的答辩期间。《民事诉讼法》第268条规定：被告在中华人民共和国领域内没有住所的，人民法院应当将起诉状副本送达被告，并通知被告在收到起诉状副本后30日内提出答辩状。被告申请延期的，是否准许，由人民法院决定。这是法律明确规定的，仍是法定期间，但又不同于一般法定期间，即当事人可申请延期。所谓指定期间，是指人民法院根据案件审理时遇到的具体情况和案件审理的需要，依职权决定当事人及其他诉讼参与人进行或完成某种诉讼行为期间。如法院指定当事人补正起诉状的期间、限定当事人提供证据的期间等。指定期间因为是根据情况和需要的不同，法院依职权临时确定的，而且确定后如有特殊情况还可以重新指定，所以指定期间是一种可变期间。但应注意，"可变"并不意味着任意改变，应当维护指定期间的确定性、严肃性。

一、期间的计算

根据《民事诉讼法》第82条第2～4款的规定，期间按下列方法进行计算：

1. 期间以时、日、月、年作为表示单位。

2. 期间开始的时和日，不计算在期间内，即从下一个小时或从第二日起算。例如根据《民事诉讼法》第101条第2款规定，人民法院接受诉讼当事人保全的申请后，对情况紧急的，必须在48小时内作出裁定。如果当事人是在上午10点申请的，人民法院作出裁定的期间就应该从11点起算满48小时。

3. 期间以月计算的，不分大月、小月；以年计算的，不分平年闰年。期间届满的日期应当是最后一个月的相当于开始月份的那一天，没有相当于开始月份的那一天的，应当是最后一个月的最后一天。如法院于11月30日受理某申请宣告失踪案件后，发出公告，公告期为3个月，那么次年2月28日（平年）就是期间届满之日。

4. 法定期间或指定期间的最后一日是节假日的，以节假日期满后的第一日为期间届满的日期。节假日是指国家规定的公共休息日，如元旦、春节、劳动节、国庆节及星期六、日等。

5. 诉讼文书的在途期间不包括在期间内。诉讼文书在期满前交邮的，无论人民法院收到诉讼文书是在原定的期间内还是超过了原定的期间届满日，均不算过期。该诉讼文书的交付日期，以该文书交邮时邮局在该文书邮件所盖的邮戳上的日期为准。应当注意，法律规定的在途期间不计算在期间之内，只是指诉讼文书的在途期间，不包括当事人为进行诉讼行为的在途期间。

二、期间的耽误及处理

期间耽误是指当事人在法定期间或指定期间内，没有进行或完成应进行或应完成的行为。

1. 期间耽误的法律后果：通常情况，当事人耽误了期间，意味着其丧失了进行有关行为的资格。即使其进行了有关的行为，也不产生相应的法律效果。期间耽误的原因应是由当事人的主观因素或客观因素。如果是不可抗力或非当事人主观方面的过错等原因导致期间的耽误，应当允许当事人进行补救。

2. 期间耽误的弥补：当事人可以申请期间顺延。根据《民事诉讼法》第 83 条的规定，当事人因不可抗拒的事由或者其他正当理由耽误期限的，在障碍消除后的 10 日内，可以申请顺延期限，是否准许，由人民法院决定。这 10 日期间为不变期间，逾期则丧失申请顺延的权利。顺延期限是指把耽误了的诉讼期间如实补续上，而不是重新开始计算。

相关法律规范

1. 《中华人民共和国民事诉讼法》第 82～83 条；
2. 《最高人民法院关于适用〈中华人民共和国民事诉讼法〉的解释》第 125～129 条。

项目二　送　达

引例

上诉人甲与被上诉人乙房屋搬迁纠纷一案，甲不服一审判决于 2013 年 12 月 1 日向二审法院提出上诉。二审法院受理上诉后，决定于 2008 年 12 月 19 日上午 9 时 15 分开庭，遂于同年同月 5 日将开庭传票以特快专递形式邮寄给上诉人甲，邮件号为 EI067853321CN。该特快专递邮件由于送达地址欠详，于 2013 年 12 月 10 日被邮局退回二审法院。二审法院当天签收该特快专递退件。之后，二审法院没有通过其他法定送达方式向甲送达开庭传票。二审法院经审理认为：本院在审理本案过程中，因上诉人甲经传票传唤，无正当理由拒不到庭，依照《中华人民共和国民事诉讼法》第 129、157 条的规定，裁定按甲撤回上诉处理，双方当事人按原审判决执行。

问题：

1. 二审法院的做法是否正确？
2. 如果法官不按照诉讼法的规定送达诉讼文书，会产生什么样的法律后果？

基本原理认知

送达，是指人民法院依法定的程序和方式将诉讼文书和法律文书送交当事人及其他诉讼参与人的行为。送达效力主要表现在两个方面：①程序效力。程序效力是指诉讼文书送达后对诉讼程序产生的法律后果，对当事人及其他诉讼参与人行使诉讼权利，履行诉讼义务的影响作用。具体表现为：有关的诉讼期限开始计算。如一审判决书送达后，其上诉期限从送达的次日起开始计算；当事人及其他诉讼参与人知晓应在何时参加某一诉讼活动，若不参加，将承担相应的法律后果。如原告接到传票传唤，无正当理由不到庭，法院可按撤诉处理，有关诉讼法律关系消灭。②实体效力。实体效力是指诉讼文书送达后在实体上产生的法律后果，即对当事人民事权利和民事义务的影响作用。具体表现为：有关法律文书的效力开始发生，双方当事人的权利义务关系依据判决书或调解书确定。如判决离婚的终审判决生效，当事人之间的婚姻关系消灭等。

一、送达主体

送达主体是人民法院。送达是法院的职权行为，必须是法院的书记员、司法警察或者其他工作人员送达诉讼文书。当事人向法院递交诉讼文书、当事人及其他诉讼参与人相互之间递交诉讼文书不能称送达。送达是法院在诉讼过程中实施的行为。

二、送达对象

送达的对象只能是当事人或其他诉讼参与人。法院之间传送诉讼文书的行为不属于送达。

三、送达内容

送达的内容是有关的诉讼文书和法律文书。比如起诉状副本、传票、出庭通知书、判决书、调解书等。

四、送达回证

送达回证，是指人民法院用以证明完成了送达行为的格式化的诉讼文书。送达回证的内容包括：送达法院的名称，受送达人，送达的诉讼文书的名称，送达的处所和时间，送达的基本情况，受送达人或有关见证人的签名或盖章。法院工作人员进行送达时必须附有送达回证，送达行为完成后，送达回证返回法院附卷备查。

送达回证的作用主要表现为：①法院送达情况的证明。是人民法院与受送达人之间发生诉讼法律关系凭证，也是受送达人是否接受所送文书、送达人是否完成送达任务的凭证。②有关诉讼期间计算的根据。任何送达方式的送达回证上作记载的签收时间或送达时间是送达产生相应法律效果的时间。如送达回证记载一审判决书的送达日期为 2001 年 5 月 21 日，当事人的上诉期则从次日，即 2001 年 5 月 22 日开始计算。

五、送达的方式

送达应按法定程序和方式进行，未按法定程序和方式进行送达不产生送达的法律效力。送达的方式不同其程序也不相同。根据民事诉讼法的规定，法院送达诉讼文书的方式有以下七种：

1. 直接送达。直接送达是指由人民法院的送达人员将需要送达的诉讼文书直接交给受送达人或其成年家属或者其他代收人的送达方式。直接送达是最基本的一种送达方式，法院在实施送达行为时，应以直接送达为原则，凡能够直接送达的，都应当尽可能采用直接送达的方式。以下几种情况下的送达都属于直接送达：

（1）将诉讼文书直接送交受送达人本人；

（2）受送达人是公民的，本人不在时，将诉讼文书交其同住成年家属签收；

（3）受送达人是法人或者其他组织的，将诉讼文书交由法人的法定代表人、其他组织的主要负责人或办公室、收发室、值班室等负责收件的人签收；

（4）受送达人有诉讼代理人的，可以将诉讼文书送交其诉讼代理人签收；

（5）受送达人已向法院指定代收人的，送交代收人签收。

采用直接送达方式时应注意以下几点：

（1）直接送达应由法院指派本院的工作人员（司法警察或书记员）进行，而不得委托他人代为送达；

（2）直接送达时应将诉讼文书直接交给受送达人本人为原则；

（3）在某些家庭纠纷案件如离婚案件中，向一方当事人送达时，在受送达人不在的情况下，不可以交给在身份上既是该方当事人的成年家属又作为另一方当事人的人代收；

（4）送达调解书时，如果当事人拒收的，视为调解协议不成立。因此，调解书不宜由别人签收，而应送交当事人本人，以便准确判断当事人的真实意思。但当事人本人因故不能签收的，可由其指定的代收人签收；

（5）人民法院直接送达诉讼文书的，可以通知当事人到人民法院领取。当事人到达人民法院，拒绝签署送达回证的，视为送达。审判人员、书记员应当在送达回证上注明送达情况并签名；

（6）人民法院可以在当事人住所地以外向当事人直接送达诉讼文书。当事人拒绝签署送达回证的，采用拍照、录像等方式记录送达过程即视为送达。审判人员、书记员应当在送达回证上注明送达情况并签名。

2. 留置送达。留置送达是指在向受送达人或有资格接受送达的人送交需送达的诉讼文书时，受送达人或有资格接受送达的人拒绝签收，送达人依法将诉讼文书留在受送达人住所即视为送达的一种方式。

理解留置送达方式，要注意以下几点：

（1）受送达人或有资格接受送达的人拒绝签收需要送达的诉讼文书或法律文书才能适用留置送达。

（2）在进行留置送达时，送达人可以邀请有关基层组织或者所在单位的代表到场，说明情况，在送达回证上记明拒收事由和日期，由送达人、见证人签名或者盖章，把诉讼文书留在受送达人的住所；也可以把诉讼文书留在受送达人的住所，并采用拍照、录像等方式记录送达过程，即视为送达。

（3）如果需送达的法律文书是调解书而当事人拒绝签收的，则不可适用留置送达。因为对于调解书是当事人签收生效的，当事人拒绝签收调解书，调解书就不能发生法律效力。而送达的法律效果之一就是送达的有关法律文书生效，所以如果调解书适用留置送达方式，其法律后果与民事诉讼法对于调解书效力的相关规定相矛盾，故调解书不适用留置送达。

3. 委托送达。委托送达是指受诉法院直接送达确有困难，而委托其他法院将需送达的文书送交受送达人的送达方式。理解委托送达时应注意以下三点：

（1）是受诉法院直接送达确有困难。

（2）只能委托其他法院，而不可以委托其他机构或组织。

（3）在程序上，委托法院应当出具委托函，并附带需要送达的诉讼文书和送达回证。

委托送达的，受委托人民法院应当自收到委托函及相关诉讼文书之日起10日内代为送达。

4. 邮寄送达。邮寄送达是指受诉人民法院在直接送达有困难的情况下，通过邮局以挂号信的方式将需送达的诉讼文书邮寄给受送达人的送达方式。邮寄送达应当附有送达回证。挂号信回执上注明的收件日期与送达回证上注明的收件日期不相符的，或者送达回证没有寄回的，以挂号信回执上注明的收件日期为送达日期。

最高人民法院根据诉讼中出现的"送达难"，对邮寄送达作了以下几方面的规定：

（1）有下列情形之一的，法院不能邮寄送达：①受送达人或者其诉讼代理人、受送达人指定的代收人同意在指定的期间内到法院接受送达的；②受送达人下落不明的；③法律规定或者我国缔结或参加的国际条约中约定有特别送达方式的。

（2）当事人起诉或者答辩时应当向法院提供或者确认自己的准确的送达地址，并填写送达地址确认书。送达地址确认书涵盖的内容应当包括送达地址的邮政编码、详细地址以及受送达人的联系电话等内容。但当事人要求对送达地址确认书中的内容保密的，法院应当为其保密。当事人在诉讼和执行终结前变更送达地址的，应当及时以书面方式告知法院。当事人拒绝提供送达地址的，法院应当告知其不利的后果，并记入笔录。

（3）当事人拒绝提供送达地址的，经法院告知后仍不提供的，自然人以其户籍登记中的住所地或者经常居住地为送达地址；法人或者其他组织以其工商登记或者其他依法登记、备案中的住所地为送达地址。

（4）邮政机构按照当事人提供或者确认的送达地址送达的，应当在规定的日期内将回执退回法院。邮政机构按照当事人提供或者确认的送达地址在5日内投送3次以上未能送达，通过电话或者其他联系方式又无法告知受送达人的，应当将邮件在规定的日期内退回法院，并说明退回的理由。

（5）受送达人指定代收人的，指定代收人的签收视为受送达人本人签收。邮政机构在受送达人提供或者确认的送达地址未能见到受送达人的，可以将邮件交给与受送达人同住的成年家属代收，但代收人是同一案件中另一方当事人的除外。受送达人及其代收人应当在邮件回执上签名、盖章或者捺印。受送达人及其代收人在签收时应当出示其有效身份证件并在回执上填写该证件的号码；受送达人及其代收人拒绝签收的，由邮政机构的投递员记明情况后将邮件退回法院。

（6）邮寄送达有下列情形之一的，即为送达：①受送达人在邮件回执上签名、盖章或者捺印的；②受送达人是无民事行为能力或者限制民事行为能力的自然人，其法定代理人签收的；③受送达人是法人或者其他组织，该法人的法定代表人、该组织的主要负责人或者办公室、收发室、值班室的工作人员签收的；④受送达人的诉讼代理人签收的；⑤受送达人指定的代收人签收的；⑥受送达人的同住成年家属签收的。

（7）签收人是受送达人本人或者是受送达人的法定代表人、主要负责人、法定代理人、诉讼代理人的，签收人应当当场核对邮件内容。签收人发现邮件内容与回执上的文书名称不一致的，应当当场向邮政机构的投递员提出，投递员在回执上记明情况后将邮件退回法院。签收人是受送达人办公室、收发室和值班室的工作人员或者是与受送达人同住的成年家属，受送达人发现邮件内容与回执上的文书名称不一致的，应当在收到邮件后的 3 日内将邮件退回法院，并以书面方式说明退回的理由。

邮寄送达与委托送达都是以受诉法院直接送达有困难为前提，那么同样情况下选择哪一种方式送达，人民法院根据具体情况选择适用。

5. 转交送达。转交送达是指受诉人民法院基于受送达人的特殊情况而将需送达的诉讼文书交有关机关单位转交受送达人的送达方式。这种送达方式适用以下三种情况：

（1）受送达人是军人，通过其所在部队团以上单位的政治机关转交；

（2）受送达人是被监禁的，通过其所在监所转交；

（3）受送达人被采取强制性教育措施的，通过其所在强制性教育机构转交。

负责转交的机关、单位在收到诉讼文书后，必须立即交受送达人签收。受送达人在送达回证上注明的签收日期为送达日期。

6. 公告送达。公告送达是指受诉法院在受送达人下落不明或采取上述方法均无法送达时，而将需送达的诉讼文书的主要内容予以公告，公告经过一定期限即产生送达后果的送达方式。

公告送达实际上是一种推定送达，因此在适用时应特别注意以下几个问题：

（1）必须是在受送达人下落不明，或者用其他方式均无法送达时，才能采用公告送达；

（2）公告送达，可以在法院的公告栏、受送达人原住所地张贴公告，也可以在报纸上刊登公告、信息网络等媒体上刊登公告，发出公告日期以最后张贴或者刊登的日期为准。对公告送达方式有特殊要求的，应当按要求的方式进行。人民法院在受送达人住所地张贴公告的，应当采取拍照、录像等方式记录张贴过程；

（3）公告期为 60 日。自发出公告之日起，经过 60 日，即视为送达；

（4）法院采用公告送达，应当在案卷中记明公告送达的原因和经过；

（5）公告送达起诉状或者上诉状副本的，应当说明起诉或者上诉要点，受送达人答辩期限及逾期不答辩的法律后果；公告送达传票，应当说明出庭的时间、地点及逾期不出庭的法律后果；公告送达判决书、裁定书的，应当说明裁判主要内容，当事人有权上诉的，还应当说明上诉权利、上诉期限和上诉的人民法院。需注意的是，并不是所有的法律文书和诉讼文书都适用公告送达，比如支付令不适用公告送达方式。此外适用简易程序的案件，也不适用公告送达。

7. 电子送达。电子送达也称无纸化送达，其有广义和狭义之分：广义的电子送达是指通过电话、短信、传真、电子邮件等形式所进行的送达；狭义的电子送达，仅指电子邮件送达。《民事诉讼法》第 87 条第 1 款规定："经受送达人同意，人民法院可以采用传真、电子邮件等能够确认其收悉的方式送达诉讼文书，但判决书、裁定书、调解书除外。"受送达人同意采用电子方式送达的，应当在送达地址确认书中予以确认。该条第 2 款又规定："采用前款方式送达的，以传真、电子邮件等到达受送达人特定系统的日期为送达日期。""到达受送达人特定系统的日期"，是指人民法院对应系统显示发送成功的日期，但受送达人证明到达其特定系统的日期与人民法院对应系统显示发送成功的日期不一致的，以受送达人证明到达其特定系统的日期为准。电子送达作为民事诉讼的程序性内容，其送达状态和结果必须打印存卷。

相关法律规范

1. 《中华人民共和国民事诉讼法》第 84 ~ 92 条；

2. 《最高人民法院关于适用〈中华人民共和国民事诉讼法〉的解释》第 130 ~ 141 条。

项目三　诉讼费用

引例

2015 年 7 月，某建筑有限公司将某商场告上法庭，要求其支付拖欠的工程款 35 万元。收到法院送来的起诉状副本及开庭传票后，这家商场以该建筑公司完成的工程存在质量问题为由依法提起了反诉。看到对方提起反诉，建筑公司又提出了增加诉讼请求的申请，要求该商场赔偿违约损失 20 万元，但经法院通知一直未交纳其所增加诉讼请求的诉讼费。法院遂裁定对该公司的该项诉讼请求按撤诉处理。

问题：法院的做法是否正确？当事人不按规定交纳诉讼费用会产生什么样的法律后果？

基本原理认知

诉讼费用，是指当事人进行民事诉讼，依照法律规定的项目和标准应当向人民法院交纳和支付的费用。根据《民事诉讼法》和《诉讼费用交纳办法》（以下简称《交纳办法》）的规定，诉讼费用包括三类：案件受理费；申请费；证人、鉴定人、翻译人员、理算人员在人民法院指定日期出庭发生的交通费、住宿费、生活费和误工补贴。根据《交纳办法》的规定，诉讼过程中因鉴定、公告、勘验、翻译、评估、拍卖、变卖、仓储、保管、运输、船舶监管等发生的依法应当由当事人负担的费用，人民法院根据谁主张、谁负担的原则，决定由当事人直接支付给有关机构或者单位，人民法院不得代收代付。因此，上述费用不包括在诉讼费用范围之内。此外，人民法院依照《民事诉讼法》第 11 条第 3 款规定提供当地民族通用语言、文字翻译的，不收取费用。

一、案件受理费

（一）案件受理费的交纳范围

1. 根据《交纳办法》第 7 条的规定，案件受理费包括：

（1）第一审案件受理费；

（2）第二审案件受理费；

（3）再审案件，当事人是不缴纳案件受理费的，但以下两种情形除外：①当事人有新的证据，足以推翻原判决、裁定，向人民法院申请再审，人民法院经审查决定再审的案件；②当事人对人民法院第一审判决或者裁定未提出上诉，第一审判决、裁定或者调解书发生法律效力后又申请再审，人民法院经审查决定再审的案件。

案件受理费又可以分为三大类：非财产案件的受理费、财产案件的受理费和其他案件的受理费。如果案件的诉讼标的既涉及非财产性质，又涉及财产性质时，则要按规定分别交纳案件受理费。

2. 根据《交纳办法》第 8 条的规定，下列案件不需缴纳受理费：

（1）依照民事诉讼法规定的特别程序审理的案件；

（2）裁定不予受理、驳回起诉、驳回上诉的案件；

（3）对不予受理、驳回起诉和管辖权异议裁定不服，提起上诉的案件；

（4）行政赔偿案件。

（二）案件受理费的交纳标准

1. 财产案件根据诉讼请求的金额或者价额，按照下列比例分段累计交纳：

（1）不超过 1 万元的，每件交纳 50 元；

（2）超过 1 万元至 10 万元的部分，按照 2.5% 交纳；

（3）超过 10 万元至 20 万元的部分，按照 2% 交纳；

（4）超过 20 万元至 50 万元的部分，按照 1.5% 交纳；

（5）超过 50 万元至 100 万元的部分，按照 1% 交纳；

（6）超过 100 万元至 200 万元的部分，按照 0.9% 交纳；

（7）超过 200 万元至 500 万元的部分，按照 0.8% 交纳；

（8）超过 500 万元至 1000 万元的部分，按照 0.7% 交纳；

（9）超过 1000 万元至 2000 万元的部分，按照 0.6% 交纳；

（10）超过 2000 万元的部分，按照 0.5% 交纳。

财产案件受理费的计算方法是：以超额递减率对诉讼标的额分段计算，然后将各段结果相加，其总数即为应收取案件受理费的数额。

此外应注意，根据《关于适用民诉法的解释》的规定，诉讼标的物是证券的，按照证券交易规则并根据当事人起诉之日前最后一个交易日的收盘价、当日的市场价或者其载明的金额计算诉讼标的金额。诉讼标的物是房屋、土地、林木、车辆、船舶、文物等特定物或者知识产权，起诉时价值难以确定的，人民法院应当向原告释明主张过高或者过低的诉讼风险，以原告主张的价值确定诉讼标的金额。

2. 非财产案件受理费适用按件计征原则，涉及财产的部分依不同情况分别收取：

（1）离婚案件每件交纳 50 元至 300 元。涉及财产分割，财产总额不超过 20 万元的，不另行交纳；超过 20 万元的部分，按照 0.5% 交纳；

（2）侵害姓名权、名称权、肖像权、名誉权、荣誉权以及其他人格权的案件，每件交纳 100 元至 500 元。涉及损害赔偿，赔偿金额不超过 5 万元的，不另行交纳；超过 5 万元至 10 万元的部分，按照 1% 交纳；超过 10 万元的部分，按照 0.5% 交纳；

（3）其他非财产案件每件交纳 50 元至 100 元。

3. 知识产权民事案件，没有争议金额或者价额的，每件交纳 500 元至 1000 元；有争议金额或者价额的，按照财产案件的标准交纳。

4. 劳动争议案件每件交纳 10 元。

5. 行政案件按照下列标准交纳：

（1）商标、专利、海事行政案件每件交纳 100 元；

（2）其他行政案件每件交纳 50 元。

6. 当事人提出案件管辖权异议，异议不成立的，每件交纳 50 元至 100 元。

7. 此外《交纳办法》还规定了在特殊情况下案件受理费的缴纳标准：

（1）以调解方式结案或者当事人申请撤诉的，减半交纳案件受理费；

（2）适用简易程序审理的案件减半交纳案件受理费；

（3）对财产案件提起上诉的，按照不服一审判决部分的上诉请求数额交纳案件受理费；

（4）被告提起反诉、有独立请求权的第三人提出与本案有关的诉讼请求，人民法院决定合并审理的，分别减半交纳案件受理费；

（5）依照本《交纳办法》第9条规定需要交纳案件受理费的再审案件，按照不服原判决部分的再审请求数额交纳案件受理费；

（6）当事人在诉讼中变更诉讼请求数额，案件受理费依照下列规定处理：①当事人增加诉讼请求数额的，按照增加后的诉讼请求数额计算补交；②当事人在法庭调查终结前提出减少诉讼请求数额的，按照减少后的诉讼请求数额计算退还。

（三）案件受理费的预交

预交，是指由当事人一方预先垫付诉讼费用。包含三层意思：诉讼费用于诉讼开始前缴纳；原告不一定是诉讼费用的承担者；所交的受理费是预计的，最后可能改变。

1. 预交的主体：案件受理费由原告、有独立请求权的第三人、上诉人预交。双方当事人都提起上诉的，分别预交；被告提起反诉，依照《交纳办法》规定需要交纳案件受理费的，由被告预交；需要交纳案件受理费的再审案件，由申请再审的当事人预交。双方当事人都申请再审的，分别预交。

2. 预交的时间：原告自接到人民法院交纳诉讼费用通知次日起7日内交纳案件受理费；反诉案件由提起反诉的当事人自提起反诉次日起7日内交纳案件受理费。上诉案件的案件受理费由上诉人向人民法院提交上诉状时预交。上诉人在上诉期内未预交诉讼费用的，人民法院应当通知其在7日内预交。适用简易程序审理的案件转为普通程序的，原告自接到人民法院交纳诉讼费用通知之日起7日内补交案件受理费。原告无正当理由未按期足额补交的，按撤诉处理，已经收取的诉讼费用退还一半。

3. 逾期未预交的法律后果：原告、提起反诉的被告在预交案件受理费的期限内未预交，又不提出缓交申请的，或虽提出缓交申请，但未经人民法院批准的，按自动撤诉处理；上诉人逾期未预交案件受理费，又不提出缓交申请的，按自动撤回上诉处理。

4. 无需预交的案件：追索劳动报酬的案件、人数不确定的代表人诉讼可以不预交案件受理费。

在理解预交案件受理费时，我们应当注意以下三个问题：

（1）预交案件的受理费时，是以当事人提出的请求数额计算收取；最终负担案件受理费时，是以人民法院核定的实际争议数额计算收取。

（2）原告提出两个以上诉讼请求，被告提出反诉，第三人提出与本案有关的诉讼请求，人民法院需要合并审理的，案件受理费根据不同的诉讼请求，分别计算收费（收费的标准如前述）。原告、被告、第三人分别上诉的，按照上诉请求分别预交二审案件受理费。同一方多人共同上诉的，只预交一份二审案件受理费；分别上诉的，按照上诉请求分别预交二审案件受理费。

（3）既有财产性诉讼请求，又有非财产性诉讼请求的，按照财产性诉讼请求的标准交纳诉讼费。有多个财产性诉讼请求的，合并计算交纳诉讼费；诉讼请求中有多个非财产性诉讼请求的，按一件交纳诉讼费。

（四）案件受理费用的负担

1. 一审案件受理费用的负担。

（1）败诉人负担。一方当事人败诉的，应负担案件受理费。承担连带责任的当事人败诉的，应当共同负担诉讼费用。

（2）法院决定负担。部分胜诉、部分败诉的，人民法院根据案件的具体情况决定当事人各自负担的诉讼费用数额。共同诉讼当事人败诉，由人民法院按照他们的人数和他们各自对诉讼标的的利害关系，决定他们各自负担诉讼费用的金额；共同诉讼人因连带或不可分之债败诉的，应连带负担诉讼费用。

（3）协商负担。这一原则适用于调解结案的案件。经人民法院调解达成协议的案件，诉讼费用的负担由双方当事人协商解决；协商不成的，再由人民法院决定。离婚案件诉讼费用的负担由双方当事人协商解决；协商不成的，由人民法院决定。

（4）原告或起诉人负担。撤诉的案件，案件受理费由原告负担，减半收取。驳回起诉的案件，案件受理费由起诉人承担。

2. 二审案件受理费用的负担。第二审人民法院审理上诉案件，应当按第一审案件收取诉讼费用的范围和标准，要求当事人负担上诉案件的诉讼费用。根据第二审人民法院审理上诉案件的不同结果，上诉案件诉讼费用的负担有下列几种情况：

（1）当事人一方不服原判，提起上诉后，第二审人民法院判决驳回上诉，维持原判的，说明上诉人在第二审程序中败诉。因此，第二审的诉讼费用由上诉人负担。

（2）双方当事人均不服原判提起上诉的，第二审人民法院审理后，判决驳回上诉、维持原判的，诉讼费用由双方当事人分担。

（3）第二审人民法院对上诉案件审理之后，对第一审人民法院的判决作了改判的，除应确定当事人对第二审诉讼费用的负担外，还应当相应的变更第一审人民法院对诉讼费用负担的决定。

（4）第二审人民法院审理上诉案件，经过调解达成协议的，在调解书送达后，原审人民法院的判决即视为撤销，其中关于诉讼费用的负担部分当然也应视为撤销。因此，对第一审和第二审的全部诉讼费用，由双方当事人一并协商解决负担问题；协商不成的，由第二审人民法院一并作出决定。

（五）案件受理费的退还

根据《交纳办法》的规定，以下情况案件受理费退还当事人：

1. 人民法院审理民事案件过程中发现涉嫌刑事犯罪并将案件移送有关部门处理的，当事人交纳的案件受理费予以退还；移送后民事案件需要继续审理的，当事人已交纳的案件受理费不予退还。

2. 第二审人民法院决定将案件发回重审的，应当退还上诉人已交纳的第二审案件受理费。

3. 第一审人民法院裁定不予受理或者驳回起诉的，应当退还当事人已交纳的案件受理费；当事人对第一审人民法院不予受理、驳回起诉的裁定提起上诉，第二审人民法院维持第一审人民法院作出的裁定的，第一审人民法院应当退还当事人已交纳的案件受理费。

在司法实践中应注意：中止诉讼、中止执行的案件，已交纳的案件受理费、申请费不予退还。中止诉讼、中止执行的原因消除，恢复诉讼、执行的，不再交纳案件受理费、申请费。

二、申请费

（一）申请费的范围

当事人依法向人民法院申请下列事项，应当交纳申请费：

1. 申请执行人民法院发生法律效力的判决、裁定、调解书，仲裁机构依法作出的裁决和调解书，公证机构依法赋予强制执行效力的债权文书；
2. 申请保全措施；
3. 申请支付令；
4. 申请公示催告；
5. 申请撤销仲裁裁决或者认定仲裁协议效力；
6. 申请破产；
7. 申请海事强制令、共同海损理算、设立海事赔偿责任限制基金、海事债权登记、船舶优先权催告；
8. 申请承认和执行外国法院判决、裁定和国外仲裁机构裁决。

（二）申请费交纳标准

申请费分别按照下列标准交纳：

1. 依法向人民法院申请执行人民法院发生法律效力的判决、裁定、调解书，仲裁机构依法作出的裁决和调解书，公证机关依法赋予强制执行效力的债权文书，申请承认和执行外国法院判决、裁定以及国外仲裁机构裁决的，按照下列标准交纳：

（1）没有执行金额或者价额的，每件交纳50元至500元。

（2）执行金额或者价额不超过1万元的，每件交纳50元；超过1万元至50万元的部分，按照1.5%交纳；超过50万元至500万元的部分，按照1%交纳；超过500万元至1000万元的部分，按照0.5%交纳；超过1000万元的部分，按照0.1%交纳。

（3）符合《民事诉讼法》第55条第4款规定，未参加登记的权利人向人民法院提起诉讼的，按照上述标准交纳申请费，不再交纳案件受理费。

2. 申请保全措施的，根据实际保全的财产数额按照下列标准交纳：财产数额不超过1000元或者不涉及财产数额的，每件交纳30元；超过1000元至10万元的部分，按照 1% 交纳；超过 10 万元的部分，按照 0.5% 交纳。但是，当事人申请保全措施交纳的费用最多不超过 5000 元。

3. 依法申请支付令的，比照财产案件受理费标准的 1/3 交纳。

4. 依法申请公示催告的，每件交纳 100 元。

5. 申请撤销仲裁裁决或者认定仲裁协议效力的，每件交纳 400 元。

6. 破产案件依据破产财产总额计算，按照财产案件受理费标准减半交纳，但是，最高不超过 30 万元。

7. 海事案件的申请费按照下列标准交纳：

（1）申请设立海事赔偿责任限制基金的，每件交纳 1000 元至 1 万元；

（2）申请海事强制令的，每件交纳 1000 元至 5000 元；

（3）申请船舶优先权催告的，每件交纳 1000 元至 5000 元；

（4）申请海事债权登记的，每件交纳 1000 元；

（5）申请共同海损理算的，每件交纳 1000 元。

程序申请费按照计件方式收取。

（三）申请费的预交

1. 预交的主体。申请费由申请人预交。

2. 预交的时间。申请费由申请人在提出申请时或者在人民法院指定的期限内预交。但是，执行申请费和破产申请费无需预交。执行申请费执行后交纳，破产申请费清算后交纳。申请先予执行的，可不预交申请费，先予执行中实际支出的费用，结案时由承担给付义务的一方负担。

（四）申请费的负担

1. 债务人对督促程序未提出异议的，申请费由债务人负担。债务人对督促程序提出异议致使督促程序终结的，申请费由申请人负担；申请人另行起诉的，可以将申请费列入诉讼请求。

2. 公示催告的申请费由申请人负担。

3. 申请执行人民法院发生法律效力的判决、裁定、调解书，仲裁机构依法作出的裁决和调解书，公证机构依法赋予强制执行效力的债权文书的费用和申请承认和执行外国法院判决、裁定和国外仲裁机构裁决的申请费由被执行人负担。

4. 执行中当事人达成和解协议的，申请费的负担由双方当事人协商解决；协商不成的，由人民法院决定。

5. 申请保全措施的申请费由申请人负担，申请人提起诉讼的，可以将该申请费列入诉讼请求。申请撤销仲裁裁决或者认定仲裁协议效力的申请费，由败诉方负担，胜诉方自愿承担的除外。部分胜诉、部分败诉的，人民法院根据案件的具体情况决定当事人各自负担的数额。共同诉讼当事人败诉的，人民法院根据其对诉讼标的的利害关系，决定当事人各自负担的诉讼费用数额。

6. 依法向人民法院申请破产的，诉讼费用依照有关法律规定从破产财产中拨付。

7. 依照特别程序审理案件的公告费，由起诉人或者申请人负担。

8. 实现担保物权案件，人民法院裁定拍卖、变卖担保财产的，申请费由债务人、担保人负担；人民法院裁定驳回申请的，申请费由申请人负担。申请人另行起诉的，其已经交纳的申请费可以从案件受理费中扣除。

9. 海事案件中的有关诉讼费用依照下列规定负担：

（1）诉前申请海事请求保全、海事强制令的，申请费由申请人负担；申请人就有关海事请求提起诉讼的，可将上述费用列入诉讼请求；

（2）诉前申请海事证据保全的，申请费由申请人负担；

（3）诉讼中拍卖、变卖被扣押船舶、船载货物、船用燃油、船用物料发生的合理费用，由申请人预付，从拍卖、变卖价款中先行扣除，退还申请人；

（4）申请设立海事赔偿责任限制基金、申请债权登记与受偿、申请船舶优先权催告案件的申请费，由申请人负担；

（5）设立海事赔偿责任限制基金、船舶优先权催告程序中的公告费用由申请人负担。

三、其他费用

其他费用，是指证人、鉴定人、翻译人员、理算人员在人民法院指定日期出庭发生的交通费、住宿费、生活费和误工补贴。

（一）其他费用交纳标准

证人、鉴定人、翻译人员、理算人员在人民法院指定日期出庭发生的交通费、住宿费、生活费和误工补贴，由人民法院根据国家有关规定和实际情况决定。当事人复制案件卷宗材料和法律文书应当按实际成本向人民法院交纳工本费。

（二）其他费用的负担

证人、鉴定人、翻译人员、理算人员在人民法院指定日期出庭发生的交通费、住宿费、生活费和误工补贴，以及当事人复制案件卷宗材料和法律文书的工本费，待实际发生后交纳。

1. 败诉方负担。其他诉讼费用，原则上也由败诉人承担。

2. 按比例负担。当事人各有胜负的，人民法院根据具体情况决定当事人的分担数额。共同诉讼人败诉的，其中有专为自己利益的所属哪个行为所支出的费用，由该当事人负担。

3. 为不正当行为的当事人负担。如串通他人作伪证，该作伪证的人的误工补贴和差旅费等，这些费用均应由实施不正当行为的当事人负担。

4. 当事人因自身原因未能在举证期限内举证，在二审或者再审期间提出新的证据致使诉讼费用增加的，增加的诉讼费用由该当事人负担。

应当注意，根据《交纳办法》的规定，当事人不得单独对人民法院关于诉讼费用的决定提起上诉。当事人对人民法院诉讼费用的计算有异议的，可以向作出决定的人民法院请求复核。计算确有错误的，作出决定的人民法院应当予以更正。复核决定应当自收到当事人申请之日起 15 日内作出。

四、司法救助

司法救助，是指当事人交纳诉讼费用确有困难的，可以依照本办法向人民法院申请缓交、减交或者免交诉讼费用的司法救助。

（一）免交诉讼费用的情形

根据《交纳办法》的规定：当事人申请司法救助，符合下列情形之一的，人民法院应当准予免交诉讼费用：

1. 残疾人无固定生活来源的；

2. 追索赡养费、扶养费、抚育费、抚恤金的；

3. 最低生活保障对象、农村特困定期救济对象、农村五保供养对象或者领取失业保险金人员，无其他收入的；

4. 因见义勇为或者为保护社会公共利益致使自身合法权益受到损害，本人或者其近亲属请求赔偿或者补偿的；

5. 确实需要免交的其他情形。应当注意：诉讼费用的免交只适用于自然人。

（二）减交诉讼费的情形

当事人申请司法救助，符合下列情形之一的，人民法院应当准予减交诉讼费用：

1. 因自然灾害等不可抗力造成生活困难，正在接受社会救济，或者家庭生产经营难以为继的；

2. 属于国家规定的优抚、安置对象的；

3. 社会福利机构和救助管理站；

4. 确实需要减交的其他情形。

人民法院准予减交诉讼费用的，减交比例不得低于30%。

（三）缓交诉讼费的情形

1. 追索社会保险金、经济补偿金的；

2. 海上事故、交通事故、医疗事故、工伤事故、产品质量事故或者其他人身伤害事故的受害人请求赔偿的；

3. 正在接受有关部门法律援助的；

4. 确实需要缓交的其他情形。

（四）申请的程序

1. 申请的时间。当事人申请司法救助，应当在收到预交案件诉讼费用、执行费用的通知后 7 日内，向受理该案的人民法院提出缓交、减交、免交诉讼费、执行费的申请。

2. 应当提交的材料。当事人申请司法救助，应当提交本人身份证明、书面申请和其他证据材料，包括经济确有困难、"五保户"、残疾人、国家规定的优抚对象、正在领取失业救济金等证明或有关部门正在给予法律援助的证明材料。

人民法院对当事人的司法救助申请不予批准的，应当向当事人书面说明理由。

人民法院对一方当事人提供司法救助，对方当事人败诉的，诉讼费用由对方当事人负担；对方当事人胜诉的，可以视申请司法救助的当事人的经济状况决定其减交、免交诉讼费用。

相关法律规范

1. 《中华人民共和国民事诉讼法》第 118 条；

2. 《最高人民法院关于适用〈中华人民共和国民事诉讼法〉的解释》第 194 ~ 207 条；

3. 《诉讼费用交纳办法》。

学习情境九　诉讼费用的计算与负担

【情境案例】

2000 年 11 月 24 日，张某因病由母亲胡某带至某市某医院就诊，医生认为张某需住院治疗，在胡某交纳了 2500 元住院押金后，张某随即被收住入院。2000 年 11 月 28 日凌晨两点钟左右，由于医护人员擅自离岗，致张某被同一病房的精神病患者用手将双眼挖伤，虽经天津市总医院手术治疗，仍造成左眼球摘除、右眼完全失明的严重后果，伤情经某医科大学司法医学鉴定中心鉴定为一级伤残。事情发生后，张某及其法定代理人以张某的伤残完全是由医院的过错造成为由，于 2001 年 5 月 10 日将天津市某医院起诉到天津市中级人民法院，要求被告赔偿张某医疗费、护理费、营养费、交通费、伤残者生活补助费、残疾用具费、受教育费、精神损失费共计 3 228 859.50 元；赔偿张某的父母张某某、胡某精神损失费 50 万元。庭审中，天津市某医院承认其应负完全的过错责任，但提出原告张某主张的护理费、伤残者生活补助费过高，其补助年限不应按 62 年计算，依天津市高级人民法院有关规定的标准计算应是 27 年。

天津市中院根据天津市高级人民法院 1998 年制定的《关于对人身、精神损害赔偿数额标准进行调整的几点意见》规定："受害人在住院期间可考虑护理费，其治疗出院后的护理费应按照我市平均生活费计算，自出院之月起，确定给付 20 年，但年龄在 20

周岁以下的，其年龄每减少 1 岁应增加给付 1 年。"认定，被告某医院赔偿原告张某的护理费及残疾者生活补助费的计算年限应为 27 年。另据天津市高级人民法院津高法（2001）74 号《天津市高级人民法院关于印发损害赔偿数额标准的通知》第 1 项的规定，天津市年平均生活费按 6121 元计算，判决天津市某医院赔偿张某医疗费、营养费、护理费、残疾者生活补助费、交通费、残疾用具费、受教育费共计 543 709.59 元；精神损害抚慰金 270 000 元。驳回原告张鹏的其他诉讼请求。

【训练目的及要求】

结合案例和相关知识，通过训练，使学生进一步把握我国有关诉讼费用的种类、计算与负担等规定；能根据案情，分析当事人是否符合司法救助情形，并熟练掌握提出申请减、免、缓交诉讼费用的相关事宜。

【训练方法】

参训学生分为若干组，每组学生根据案例，首先模拟法院计算诉讼费用及判决诉讼费用的负担；其次模拟张某提出减（免、缓）交诉讼费用申请。

【工作任务】

任务一：根据案件基本情况，计算诉讼费用。

步骤1：根据案件基本情况，分析本案的诉讼费用的种类包括哪些。

步骤2：根据本案情况：原告张某请求的数额与法院核定的实际争议数额不一致。分析预交的诉讼费用与法院判决的诉讼费用是否有不同。

步骤3：根据诉讼费用的计算标准，计算诉讼费用。

任务二：分析本案诉讼费用的负担情况。

根据本案情况，确定诉讼费用的分担。

任务三：申请减（免、缓）交诉讼费用。

步骤1：分析本案原告张某是否符合申请减（免、缓）交诉讼费用的法定情形。

步骤2：符合减（免、缓）交诉讼费用条件的，填写申请书以及准备相关证明资料。

【文书样式】

缓交诉讼费申请书

×××人民法院：

申请人×××（写明姓名、性别、出生日期、住址）。我于××××年××月××日收到限期交费通知书，应当预交诉讼费×××元。由于……（不能缴纳的原因），无力按时交纳诉讼费，特申请缓交诉讼费×××元××天，请予批准。上述情况如有不实，本人愿承担全部法律责任。

附：……（证明文件）

申请人：（签名或者盖章）

××××年××月××日

减交诉讼费申请书

×××人民法院：

申请人×××（姓名、性别、出生日期、住址）。我于××××年××月××日收到限期交费通知书，应当预交纳诉讼费×××元。由于……（不能缴纳的原因），无力支付全部诉讼费，特申请减交诉讼费×××元，请予批准。上述情况如有不实，本人愿承担全部法律责任。

附：……（证明文件）

申请人：（签名或者盖章）

××××年××月××日

免交诉讼费申请书

×××人民法院：

申请人×××（姓名、性别、出生日期、住址）。我于××××年××月××日收到限期交费通知书，应当预交纳诉讼费×××元。由于……（不能缴纳的原因），无力支付诉讼费，特申请免交诉讼费×××元，请予批准。上述情况如有不实，本人愿承担全部法律责任。

附：……（证明文件）

申请人：（签名或者盖章）

××××年××月××日

步骤3：确定向法院提交申请书的时间。

思考题

1. 甲和乙是邻居，素来不和。8 月 14 日，两人因发生口角，随即扭打起来。乙的母亲在劝架时被甲的儿子推倒。事后，甲以"脑震荡"为由，起诉要求乙赔偿全部经济损失 450 元。人民法院受理了该案，并于 8 月 21 日向乙发送了起诉状副本，并告知乙 10 日内提交答辩状。乙因出差向法院申请顺延，经法院同意延长 10 日，法院决定 9 月 11 日开庭审理此案，书记员委托法院勤杂工将出庭通知书交给乙。恰逢乙家无人，该工人将通知书交其邻人之子 15 岁的王某签收。在审理中，乙以自己的母亲骨折为由提起反诉，要求赔偿经济损失 500 元。本案经审理后，法院决定不当庭宣判，通知双方当事人 9 月 14 日到庭宣判，9 月 16 日将判决书送达双方当事人，并告知双方当事人务必于 9 月 29 日前提起上诉。

（1）有关本案的送达，正确的有（　　）。

A. 书记员委托勤杂工送达出庭通知书

B. 开庭通知书送达给不满 18 周岁的邻家小孩

C. 开庭通知书应直接送达本人，本人不在，应由其同住的成年家属签收

D. 送达人必须是法院的专职工作人员，勤杂工不能作为送达人

（2）有关本案诉讼期间错误的有（　　）。

A. 要求乙 10 日内提交答辩状

B. 法院同意乙的顺延要求，同意延长 10 日

C. 法院在宣判后 2 日内将判决书送达双方当事人

D. 法院告知双方当事人务必在 9 月 29 日前上诉

2. 何为期间的耽误？期间耽误的法律后果是什么？应如何弥补？

3. 简述送达的方式及法律效果。

———— 单元七 ————

第一审诉讼程序

✍ **本单元知识结构图**

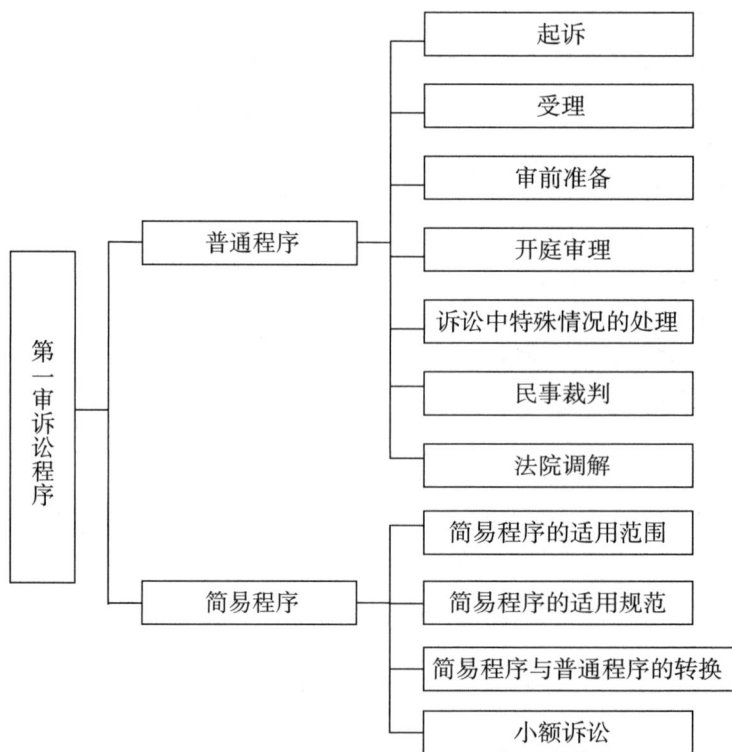

知识目标

1. 掌握第一审普通程序各个诉讼阶段及其诉讼要求；
2. 掌握简易程序的特点及适用要求；
3. 识别裁判文书的性质、适用范围及效力。

能力目标

1. 能够独立进行起诉、反诉等诉讼活动；

2. 能开展审理前的准备工作、组织开庭审理；

3. 能处理诉讼中的特殊情况；

4. 能组织诉讼中调解。

项目一 普通程序

引例

引例一： 王某去电影院看电影，散场时因出口拥挤被人挤倒摔伤，随后至医院治疗，花去医疗费 3000 元。王某向人民法院起诉，要求法院为其寻找被告并责令被告赔偿损失。

问题：起诉的条件是什么？法院是否会受理王某的起诉？

引例二： 2014 年 3 月 6 日，瑞海贸易有限公司（以下简称"贸易公司"）与华宇文化发展有限公司（以下简称"发展公司"）签订线材工程承揽合同，约定由贸易公司向发展公司供应音箱及线材，价款共计人民币 38 万元，并明确约定了付款方式、交货地点、交货时间及违约责任。合同签订后，贸易公司按照合同约定履行了供货义务，发展公司却未按时支付货款。贸易公司多次催要，直到 2015 年 3 月底，发展公司仍拖欠贸易公司货款 18 万元。

问题：

1. 贸易公司能否向人民法院起诉，请求法院判令发展公司支付货款？

2. 如果贸易公司向人民法院起诉，谁是本案的原告和被告？

3. 本案具体的诉讼请求和事实、理由是什么？

4. 如果适用普通程序审理本案，法院应当如何进行审前准备？

引例三： 2012 年 9 月 19 日，赵某与耿某因宅基地发生口角进而相互厮打。赵某头部受伤，支付了医疗费 2000 元，耿某胸部受伤，支付了医疗费 1600 元。2013 年 8 月 14 日，赵某向人民法院提起诉讼，要求耿某赔偿其医疗费等损失 4000 元。在举证期限内，耿某提出反诉，要求赵某赔偿各种损失 3800 元，并请求法院解决他们之间的宅基地纠纷，要求判令赵某拆除盖在其宅基地上的房屋。

问题：耿某提出的反诉是否成立？人民法院应当如何处理？

📖 **基本原理认知**

民事争议案件的审判程序，有一审程序和二审程序之分。此外，为了纠正已经发生法律效力的裁判中的错误，在审级制度之外又设立了特殊的再审程序。根据第一审程序所审理的案件类型的不同，审判程序分为普通程序和简易程序。

普通程序是我国民事诉讼法规定的人民法院审理第一审民事案件通常所适用的程序，也是民事案件的当事人进行第一审民事诉讼通常所遵循的程序。在一审中，除了简单的民事案件外，其他案件都要依照普通程序进行审理。因此，普通程序是整个民事审判程序的基础，是民事诉讼程序中体系最完整、具有广泛适用性的一种独立程序。该程序与简易程序、二审程序相比，具有程序的基础性、完整性、独立性和广泛适用性等特点。

普通程序由五个基本阶段构成：①起诉；②受理；③审理前的准备；④开庭审理；⑤作出判决或者裁定。各个阶段必须按照诉讼法律规范依次进行，我国民事诉讼法对普通程序各阶段的适用条件及诉讼要求均有规定。

一、起诉

民事诉讼中的起诉，是指自然人、法人、其他组织认为自己的或依法由自己管理、支配的民事权益受到侵害或者与他人发生民事争议，以自己的名义向人民法院提出诉讼请求，请求人民法院通过审判方式予以司法保护的诉讼行为。民事诉讼遵循"不告不理"的原则，因此，普通程序的启动以民事主体提起诉讼为前提。

（一）起诉的条件

只有符合法定条件的起诉，才会启动民事审判程序。根据《民事诉讼法》第119条的规定，起诉必须具备以下条件：

1. 原告是与本案有直接利害关系的公民、法人或其他组织。所谓直接利害关系，是指原告必须是发生争议民事法律关系的双方主体之一[1]，比如离婚案件，原告必须是被告的配偶[2]。

2. 有明确的被告。民事诉讼要解决的是相互对立的当事人之间的权利义务争议，因此起诉的对象必须特定、具体，原告应当提供被告的姓名或者名称、住所等足以使被告与他人相区别的信息。如果被告不明确，诉讼无法进行。

3. 有具体的诉讼请求和事实、理由。具体的诉讼请求是指原告在起诉时必须明确请求法院予以司法保护的具体内容和方式。例如，是请求法院判令对方履行一定的义务，还是请求法院确认某种民事法律关系的存在。事实是指原告向法院提出诉讼请求

---

〔1〕 江伟主编：《民事诉讼法》，高等教育出版社2007年版，第279页。

〔2〕 当然也有例外的情形，参见第三单元《诉讼当事人与代理人》相关内容——"当事人的确定"。

所依据的案件事实和证据事实，理由是指证明该诉讼请求是合理、合法的，应得到法院支持的原因。

4. 属于人民法院受理民事诉讼的范围和受诉人民法院管辖。根据《民事诉讼法》第3条的规定，人民法院受理民事诉讼的范围是公民之间、法人之间、其他组织之间以及他们相互之间因财产关系和人身关系提起的民事诉讼。不属于这个范围的，不得提起民事诉讼。不同级别、不同地域的人民法院在受理案件的权限上有分工，原告应当根据管辖的有关规定，向有管辖权的法院起诉。

以上四个条件是起诉时必须同时具备的，缺一不可。

（二）起诉的方式

起诉以书面起诉为原则，口头起诉为例外。《民事诉讼法》第120条第1款规定："起诉应当向人民法院递交起诉状，并按照被告人数提出副本。"起诉状是原告向人民法院提起诉讼的意思表示的载体。同时，《民事诉讼法》第120条第2款还规定："书写起诉状确有困难的，可以口头起诉，由人民法院记入笔录，并告知对方当事人。"

（三）起诉状的内容

《民事诉讼法》第121条规定，起诉状应当记明下列事项：①原告的姓名、性别、年龄、民族、职业、工作单位、住所、联系方式，法人或者其他组织的名称、住所和法定代表人或者主要负责人的姓名、职务、联系方式；②被告的姓名、性别、工作单位、住所等信息，法人或者其他组织的名称、住所等信息；③诉讼请求和所根据的事实与理由；④证据和证据来源，证人姓名和住所。

口头起诉的，法院工作人员记入笔录时，也应当记明上述事项。

二、受理

民事诉讼中的受理，是指人民法院经过审查，认为原告的起诉符合《民事诉讼法》规定的条件，决定予以立案审理的诉讼行为。

受理民事受诉的人民法院依法取得对该案件的专有审判权，原告不得就同一诉讼标的、同一案件事实及理由再向其他人民法院提起诉讼，其他人民法院也不得受理；案件的利害关系人取得了本案诉讼当事人的地位；相关民事争议的诉讼时效也因起诉被受理而告中断。因此，人民法院对原告的起诉应当依法进行审查，以确定其是否符合法定条件，对不符合起诉条件的依法不予受理。

（一）审查起诉的范围

1. 审查起诉的实质要件。即审查起诉是否符合《民事诉讼法》第119条规定的四个条件。

2. 审查起诉的形式要件。即审查起诉书是否符合《民事诉讼法》第121条的规定。起诉的手续是否完备，起诉人是否提交了有关身份证明资料或主体资格证明资料及其负责人的身份注明资料等。

3. 审查是否属于重复起诉。对于其他人民法院正在审理的同一案件，起诉人又以同一诉讼标的、同一事实和理由另行起诉的，或者就已经作出生效裁判的案件再行起诉的，都属于重复起诉，应当不予受理。

（二）审查起诉的期限

《民事诉讼法》第123条规定，对符合法定条件的起诉，人民法院应当在7日内立案，并通知当事人；不符合起诉条件的，应当在7日内作出裁定书，不予受理；原告对裁定不服的，可以提起上诉。

根据《关于适用民诉法的解释》和《关于人民法院推行立案登记制改革的意见》，人民法院对于符合法律规定的起诉，实行当场登记立案；对当场不能判定是否符合起诉条件的，应当接收起诉材料，并出具注明收到日期的书面凭证。需要补充必要相关材料的，人民法院应当及时以书面形式一次性全面告知起诉人；相关材料补齐后，应当在7日内决定是否立案。

（三）对不予受理案件的处理

根据《民事诉讼法》第124条和《关于适用民诉法的解释》的规定，人民法院审查起诉时，发现有下列情形之一的，不予受理，并根据不同情况作相应处理：

1. 依照行政诉讼法的规定，属于行政诉讼受案范围的，告知原告提起行政诉讼。

2. 依照法律规定，双方当事人自愿达成书面仲裁协议申请仲裁，排除了人民法院管辖权，该仲裁协议合法有效的，告知原告向仲裁机构申请仲裁[1]。

3. 依照法律规定，应当由其他机关处理的争议，告知原告向有关机关申请解决。

4. 对不属于本院管辖的案件，告知原告向有管辖权的人民法院起诉；原告坚持起诉的，裁定不予受理；立案后发现本院没有管辖权的，应当将案件移送有管辖权的人民法院。

5. 对判决、裁定、调解书已经发生法律效力的案件，当事人又起诉的，告知原告申请再审，但有以下三种情形法院应当受理：①法院准许撤诉或按撤诉处理的裁定生效后，当事人再行起诉；②法院裁定不予受理或裁定驳回起诉，当事人更正或补充了原起诉欠缺的条件，再次起诉；③追索赡养费、扶养费、抚育费的案件判决生效后，因有新情况、新理由，一方当事人再次起诉要求增加或减少费用。

6. 依照法律规定，在一定期限内不得起诉的案件，在不得起诉的期限内起诉的，不予受理。例如我国《婚姻法》第34条规定，女方在怀孕期间、分娩后1年内或中止妊娠后6个月内，男方不得提出离婚。女方提出离婚的，或人民法院认为确有必要受

---

〔1〕 因仲裁条款或协议无效、失效或者内容不明确无法执行而受理的诉讼，如果被告一方对人民法院的管辖权提出异议，受诉人民法院应就管辖权作出裁定。当事人一方向人民法院起诉时未声明有仲裁协议，人民法院受理后，对方当事人又应诉答辩的，视为该人民法院有管辖权。

理男方离婚请求的，不在此限。

7. 判决不准离婚和调解和好的离婚案件、原告撤诉或者按撤诉处理的离婚案件、判决或调解维持收养关系的案件，没有新情况、新理由，原告在 6 个月内又起诉的，不予受理。

8. 起诉状列写的被告信息不足以认定明确的被告的，人民法院可以告知原告补正；原告补正后仍不能确定明确的被告的，裁定不予受理。

三、审前准备

审前准备也称审理前的准备，是指人民法院受理案件后至开庭审理之前为开庭审理所进行的一系列诉讼活动，包括确定争议焦点、收集整理证据、证据交换等。通过审前准备程序，人民法院对案件事实和争议的问题有了初步了解，以便更好地发挥庭审的功能，提高诉讼效率，同时使当事人了解对方掌握的证据和对案件事实的看法，为参加庭审做充分准备。

（一）当事人在审前准备中的工作

1. 原告在审前准备阶段一般应当完成下列事项：①预交案件受理费。《交纳办法》第 22 条第 1 款规定："原告自接到人民法院交纳诉讼费用通知次日起 7 日内交纳案件受理费。"逾期不交纳又没有提出司法救助申请，或者申请司法救助未获批准、在人民法院指定期限内仍未交纳的，按照当事人自动撤诉处理。②对起诉状和答辩状进行比较研究，确定双方争议的焦点。③根据案件情况，决定是否委托代理人。④在举证期限内提交证据材料，不提交的视为放弃举证权利。⑤考虑是否增加或者变更诉讼请求。

2. 被告在审前准备中的主要活动包括：①分析起诉状和原告的证据，明确主管、管辖与时效等问题，确定是否提出管辖权异议。②提交答辩状，针对原告的诉讼请求，提出自己的主张和抗辩。③根据案件情况，决定是否委托代理人。④在举证期限内提交证据材料，不提交的视为放弃举证权利。⑤考虑是否提出反诉。

（二）人民法院在审前准备中的工作

1. 在法定期间内送达诉讼文书。人民法院受理案件后，应当分别向原、被告送达案件受理通知书和应诉通知书，并在立案之日起 5 日内将起诉状副本送达被告，被告在收到之日起 15 日内提交答辩状。被告提交答辩状的，人民法院应在收到之日起 5 日内将答辩状副本送达原告。被告不提交答辩，不影响人民法院对案件的审理。

此外，根据《证据规定》第 33 条第 1 款的规定："人民法院应当在送达案件受理通知书和应诉通知书的同时向当事人送达举证通知书。举证通知书应当载明举证责任的分配原则与要求、可以向人民法院申请调查取证的情形、人民法院根据案件情况指定的举证期限以及逾期提供证据的法律后果。"

2. 告知当事人的诉讼权利义务和合议庭的组成人员。根据《民事诉讼法》第 126

条的规定，人民法院对决定受理的案件，应当在受理案件通知书和应诉通知书中或者以口头方式向当事人告知有关的诉讼权利义务。适用普通程序审理的民事案件，为了使当事人有效地行使回避申请权，合议庭组成人员确定后，应当在 3 日内告知当事人。

3. 确定举证范围及举证期限。人民法院根据当事人的主张和案件审理情况，确定当事人应当提供的证据及举证期限。人民法院确定的举证期限不得少于 15 日。举证期限可以由当事人协商，并经人民法院准许。当事人可以在举证期限届满前向人民法院书面申请延长期限的，是否准许，由人民法院决定。

4. 查阅诉讼材料，调查、收集必要的证据。合议庭组成后，合议庭成员应当通过查阅案件的诉讼材料，了解双方当事人对案件的基本态度和主要分歧，并对证据材料的真伪及其证明力作出初步的判断，初步整理当事人争议的焦点，确定是否需要由人民法院调查收集证据。

5. 组织当事人交换证据。《证据规定》第 37 条规定，经当事人申请，人民法院可以组织当事人在开庭审理前进行证据交换。对于证据较多或者复杂疑难的案件，人民法院应当组织当事人在答辩期届满后、开庭审理前交换证据。证据交换由审判人员主持进行，审判人员对当事人无异议的事实、证据应当记录在卷；对有异议的证据材料，按照需要证明的事实分类记录在卷，并记载异议的理由。通过证据交换并征求各方当事人的意见，确定当事人争议的焦点。

6. 追加当事人。《民事诉讼法》第 132 条规定："必须共同进行诉讼的当事人没有参加诉讼的，人民法院应当通知其参加诉讼。"人民法院在审查诉讼材料后，发现必须到庭参加诉讼的当事人没有参加诉讼的，应当通知其参加诉讼，当事人也可以向人民法院申请追加。根据《关于适用民诉法的解释》第 222 条的规定，原告在起诉状中直接列写第三人的，视为其申请人民法院追加该第三人参加诉讼。是否通知第三人参加诉讼，由人民法院审查决定。人民法院追加共同诉讼人或者通知第三人参加诉讼时，应告知其他当事人。

7. 庭前调解。人民法院受理案件后，在开庭审理前对法律关系明确、事实清楚的民事案件，经当事人双方同意，在审判人员主持下，在分清当事人是非责任的基础上，对当事人进行教育规劝，促使其就民事纠纷通过协商自愿达成协议。

8. 发送开庭通知。人民法院适用普通程序审理案件，应当在开庭 3 日前用传票传唤当事人；对诉讼代理人、证人、鉴定人、勘验人、翻译人员应当用通知书通知其到庭。当事人或者其他诉讼参与人在外地的，应当留有必要的在途时间。公开审理的，应当公告当事人姓名、案由和开庭的时间、地点。

四、开庭审理

开庭审理，是指人民法院在当事人及其他诉讼参与人的参加下，依照法定程序和方式在法庭上对案件进行全面审查、认定案件事实，并依法作出裁判的诉讼活动。开庭审理是普通程序中最基本和最主要的阶段，是当事人行使诉权进行诉讼活动和人民法院行使审判权进行审判活动最集中、最生动的体现。

人民法院适用普通程序审理的案件有公开审理和不公开审理两种形式。开庭审理的地点可以在受诉法院审判庭内进行，也可以根据客观需要和可能，到当事人所在地、案发地、标的物所在地进行审理。

（一）开庭审理的程序

人民法院适用普通程序审理民事案件，必须严格依照法定程序进行。根据《民事诉讼法》的规定，开庭审理分为以下几个阶段：

1. 开庭准备。开庭准备是开庭审理的最初阶段，是人民法院在正式对案件进行实体审理之前，为保证案件审理的顺利进行而开展的各项准备工作。庭审准备主要完成下列工作：

（1）查明当事人及其他诉讼参与人是否到庭，宣布法庭纪律。正式开庭审理之前，由书记员查明原告、被告、第三人、诉讼代理人、证人、鉴定人、翻译人员等是否到庭，并向审判长报告。同时宣布法庭纪律，告知全体诉讼参与人和旁听人员必须遵守。

（2）审判长宣布开庭，核对当事人身份，核对完毕由审判长宣布案由，宣读审判人员、书记员名单，告知当事人有关的诉讼权利义务，询问当事人是否申请回避。

2. 法庭调查。法庭调查是指审判人员在法庭上对案件事实、证据材料进行全面审查、核实的诉讼活动。根据《民事诉讼法》第138条的规定，法庭调查按下列顺序进行：

（1）当事人陈述。当事人陈述，是法庭调查的一项重要内容，也是当事人享有的一项重要的诉讼权利，人民法院应尊重并保证当事人能够充分地、正确地行使这一诉讼权利。

首先由原告陈述其诉讼请求及所依据的事实、理由，然后由被告陈述自己的答辩主张及依据。有第三人参加诉讼的，在被告陈述完毕之后，由有独立请求权的第三人陈述其诉讼请求及所依据的事实、理由，或者由无独立请求权的第三人针对原、被告的陈述提出承认或否认的意见。

（2）证人作证。证人出庭作证时，法庭首先应当查明证人的身份，并告知证人的权利、义务。证人就自己所知的案件事实陈述后，经法庭许可，当事人及其诉讼代理人可以向证人发问。符合《证据规定》第56条规定，确有困难不能出庭的证人，经人民法院许可，可以提交书面证言或者视听资料或者通过双向视听传输技术手段作证。书面证言应当由法庭当庭宣读，视听资料应当庭播放，以双向视听传输技术手段作证的应当庭进行。

（3）出示证据并质证。当事人提交的书证、物证、视听资料、电子数据和人民法院依职权收集到的相关证据，都必须在法庭上出示。除了在审前经证据交换当事人均无异议的证据外，其他证据都应当由当事人相互质证。未经质证的证据不得作为判决的依据。当事人在庭审中对其在审理前的准备阶段认可的事实和证据提出不同意见的，人民法院应当责令其说明理由，必要时，可以责令其提供相应证据。

如果当事人在法庭调查阶段提出新证据，法庭还需要组织质证。当事人要求重新调查、收集证据的，是否准许，由法院决定。

（4）宣读鉴定意见和勘验笔录。案件有关证据材料经过鉴定的，应当庭宣读鉴定意见。经法庭许可，当事人可以向出庭的鉴定人发问。当事人认为鉴定结论存在疑问的，有权申请重新鉴定，是否准许由人民法院决定。当事人还可以向人民法院申请专家辅助人出庭，就案件的专门性问题进行说明。

有勘验笔录的，由勘验人或审判人员当庭宣读，经法庭许可，当事人及其诉讼代理人可以向勘验人发问。当事人对勘验结果有疑问的，有权申请重新勘验，是否准许由人民法院决定。

经过庭审质证的证据，能够当即认定的，应当当即认定。当即不能认定的，可以休庭合议后再予以认定。合议庭合议后认为需要继续举证或进行鉴定、勘验的，可在下次开庭质证后认定。

法庭调查结束前，审判长应当就法庭调查认定的事实和当事人争议的问题进行归纳总结，并询问当事人的意见。然后，审判长宣布法庭调查结束，进入法庭辩论阶段。

3. 法庭辩论。法庭辩论，是指在审判人员的主持下，当事人及其诉讼代理人就争议的问题阐明自己的观点，反驳对方的主张，相互进行辩论的诉讼活动。根据《民事诉讼法》第141条的规定，法庭辩论应当按照下列顺序进行：

（1）原告及其诉讼代理人发言。原告和诉讼代理人都出庭的情况下，一般先由原告发言，然后由诉讼代理人补充。发言主要是论证自己的观点和主张，驳斥被告在法庭调查中提出的事实和理由。

（2）被告及其诉讼代理人答辩。被告及其诉讼代理人针对原告及其诉讼代理人的发言发表意见和辩解，以表明自己的观点和主张。

（3）第三人及其诉讼代理人发言或者答辩。第三人可以论证自己的观点，针对原、被告提出的事实、理由和请求进行回答和辩驳。

（4）互相辩论。审判人员应当引导当事人围绕争议焦点进行相互辩论。

法庭辩论终结后，由审判长按照原告、被告、第三人的先后顺序征询各方最后意见。如果案件事实清楚的，审判长应当询问当事人是否愿意调解。当事人愿意调解的，可以当庭或者休庭后进行。当事人拒绝调解或者调解不成的，合议庭应当及时判决。

4. 案件评议和宣告裁判。合议庭根据已经查明的事实和证据，依照法律作出裁判并宣告裁判结果。

（1）合议庭评议。法庭辩论结束后，不进行调解或者调解不成的，合议庭应当休庭评议。合议庭评议由审判长主持，实行少数服从多数的原则，就案件事实的认定、是非责任的划分、适用的法律及处理结果进行评议。由书记员制作评议笔录，所有合议庭成员的意见均应记录，经合议庭成员和书记员签名或盖章后归档备查，不得对外公开。评议结束，制作判决书或裁定书，并由合议庭成员签名。

（2）宣告裁判。合议庭评议后，无论是公开审理还是不公开审理的案件，都必须公开宣告裁判结果。宣告裁判有两种方式：一种是当庭宣判，即在合议庭评议后，由审判长宣布继续开庭并宣读裁判结果，并在 10 日内向有关人员送达裁判文书。除当事人当庭要求邮寄送达裁判文书的外，人民法院应当告知当事人或者诉讼代理人领取裁判文书的时间和地点以及逾期不领取的法律后果。另一种是定期宣判，即不能当庭宣判的，另定日期宣判，在宣判后立即发给裁判文书。不管采用哪种形式宣判，都要告知当事人上诉的权利、上诉的期限及上诉法院；宣告离婚判决时，还必须告知当事人在判决发生法律效力前不得另行结婚。

（二）法庭笔录

法庭笔录是书记员对开庭审理活动的记录。《民事诉讼法》第 147 条规定，书记员应当将法庭审理的全部活动记入笔录，由审判人成员和书记员签名。法庭笔录应当当庭宣读，也可以告知当事人和其他诉讼参与人当庭或者在 5 日内阅读。法庭笔录经宣读或阅读，当事人和其他诉讼参与人认为记录无误的，应当在笔录上签名或盖章。拒绝签名、盖章的，书记员应当记明情况附卷。当事人和其他诉讼参与人认为对自己的陈述记录有遗漏或者差错的，有权申请补正。如果不予补正，应当将申请记录在案。

（三）审理期限

根据《民事诉讼法》第 149 条的规定，人民法院适用普通程序审理的案件，应当在立案之日起 6 个月内审结。有特殊情况需要延长的，由本院院长批准，可以延长 6 个月；还需要延长的，报请上级人民法院批准。《最高人民法院关于严格执行案件审理期限制度的若干规定》中规定，适用普通程序审理的第一审民事案件，期限为 6 个月；有特殊情况需要延长的，应当在审理期限届满 10 日前向本院院长提出申请，经本院院长批准，可以延长 6 个月，还需延长的，应当在审理期限届满 10 日前报请上一级人民法院批准，可以再延长 3 个月。

民事案件的审理期限从立案次日起计算，至裁判宣告、调解书送达之日止。根据法律规定，以下期间不计入审理期限：①案件公告的期间；②证据材料鉴定的期间；③审理当事人提出的管辖权异议和处理法院之间的管辖争议的期间；④案件由有关专业机构进行审计、评估、资产清理的期间；⑤中止诉讼、中止审理或中止执行至恢复诉讼、恢复审理或恢复执行的期间；⑥当事人在诉讼过程中经申请进行庭外和解的期间；⑦在答辩期满前人民法院对案件进行调解，适用普通程序的案件在当事人同意调解之日起 15 天内、适用简易程序的案件在当事人同意调解之日起 7 天内未达成调解协议的，经各方当事人同意，可以继续调解，延长的调解期间不计入审限。

五、诉讼中特殊情况的处理

（一）反诉

反诉是指在已经开始的诉讼程序中，被告为了维护自己的合法权益，达到抵销、动摇或者吞并本诉的目的，以本诉的原告为被告，向受诉人民法院提起的与本诉具有牵连关系的独立的诉讼请求。

1. 提起反诉的条件。反诉作为诉的一种，除了应该具备诉的要素之外，还需要符合以下几个条件：

（1）当事人范围。反诉的当事人应当限于本诉的当事人的范围。反诉的原告是本诉的被告，反诉的被告是本诉的原告，如果本诉被告针对案外人提起诉讼或者案外人针对本诉原告提起的诉讼，都是与本诉无关的独立诉讼，都不能称之为反诉。

（2）提起的时间。反诉必须在本诉进行中提出，原则上应在第一审程序原告起诉后法庭辩论终结之前提起。如果当事人在第一审程序没有提出，到第二审程序才提出反诉，第二审人民法院对反诉只能进行调解，调解不成的，告知该当事人另行起诉。

（3）案件类型。提起反诉的案件与本诉案件应该都是民事争议案件，如果本诉被告提起的是民事非争议案件，不能构成反诉。

（4）管辖条件。反诉必须向审理本诉的法院提起，只有向同一法院提起才能达到提起反诉的目的。

（5）诉讼程序要求。反诉案件与本诉案件应当适用同一种诉讼程序，合并审理。在实践中可能会发生以下两个问题：一是本诉为适用普通程序审理的案件，反诉属于适用简易程序审理的案件，在这种情况下，反诉应当服从本诉，均适用普通程序进行审理。二是本诉适用简易程序审理，而反诉是适用普通程序审理的案件，在这种情况下，本诉应当服从反诉，法院受理反诉后，改为适用普通程序合并审理反诉与本诉。

（6）牵连关系。反诉与本诉必须在事实上和法律上有牵连关系，反诉的诉讼请求与本诉的诉讼请求基于相同法律关系、诉讼请求之间具有因果关系，或者反诉与本诉的诉讼请求基于相同事实。

2. 提起反诉的方式。我国《民事诉讼法》未对提起反诉的方式作出规定。一般认为，反诉应当以递交书面诉状为其提起的合理方式，由被告向人民法院提交反诉状及其副本。也可以在答辩状中提出反诉的请求、事实及理由。

3. 对反诉请求的处理。设立反诉制度的主要目的是为了寻求诉讼经济和避免法院在相关联的问题上作出相互矛盾的裁判，因此，在一般情况下，反诉应当与本诉合并审理，一并作出裁判。如果被告提起的反诉被法院受理后，原告撤回本诉，法院应当对反诉继续进行审理，并作出裁判。如果被告提起的反诉请求经审查不符合反诉条件，人民法院应当裁定不予受理，告知被告另行起诉。

（二）撤诉

撤诉，是指当事人在法院受理案件之后作出裁判之前，以一定行为向法院表示撤回起诉，要求法院对案件终止审理的诉讼行为。撤诉权是与起诉权相对应的一种诉讼权利，撤诉是当事人自由处分自己诉讼权利的一种体现。起诉一经撤销，人民法院就要对受诉案件终结审理，当事人及其他诉讼参与人也应退出诉讼。我国《民事诉讼法》规定的撤诉包括两种情形：申请撤诉和按撤诉处理。

1. 申请撤诉。申请撤诉，是指当事人在人民法院对案件作出裁判以前，以积极明确的意思表示，向人民法院提出撤诉的请求。

《民事诉讼法》第145条第1款规定："宣判前，原告申请撤诉的，是否准许，由人民法院裁定。"据此规定，申请撤诉必须符合以下条件：

（1）撤诉的主体是原告。有独立请求权的第三人诉讼地位相当于原告，可以撤回自己的起诉，但其撤诉不影响原被告，原被告之间的诉讼照常进行。在反诉的情况下，反诉的原告即本诉的被告可以撤回反诉。

（2）必须明确提出撤诉的请求。申请撤诉，应当向人民法院做出明确表示，要求法院终止对案件的审理，结束诉讼程序。一般需要采用书面形式。

（3）必须是原告的自愿行为。任何组织和个人包括审判人员不得强迫原告申请撤诉，申请撤诉必须取决于当事人的自愿。

（4）申请撤诉的目的必须正当、合法。原告对自己诉讼权利的处分要符合法律的规定，不得损害国家、集体和他人的合法权益。

（5）必须在法定期间内提出。撤诉申请必须在受诉法院立案之后宣告裁判之前提出，裁判一经宣告即意味着诉讼程序行将结束，起诉不可能撤回了。

原告提出撤诉申请后，受诉人民法院应当及时进行审查。经审查认定原告的申请符合撤诉条件的，裁定准予撤诉；反之，裁定不准许撤诉。当事人有违反法律的行为需要依法处理的，人民法院可以不准许撤诉。法庭辩论终结后原告申请撤诉，被告不同意的，人民法院可以不予准许。

2. 按撤诉处理。按撤诉处理，是指原告在诉讼中实施了法律规定的相应行为，人民法院依法裁定其有申请撤诉的要求，从而终止对案件的审理，产生与申请撤诉相同的法律效果。

根据《民事诉讼法》第143条和《关于适用民诉法的解释》的规定，有下列情形之一的，按撤诉处理：

（1）原告经传票传唤，无正当理由拒不到庭的。

（2）在法庭审理过程中，原告未经法庭许可中途退庭的。

（3）原告为无民事行为能力人的，其法定代理人经传票传唤，无正当理由拒不到庭，又不委托诉讼代理人到庭的。

（4）原告未按规定预交案件受理费，经法院通知后仍不预交的，又没有申请免交或者缓交理由的。

上述情形，同样适用于有独立请求权的第三人和提起反诉的被告。

当事人申请撤诉或人民法院按撤诉处理，人民法院应当作出裁定。裁定的形式，可以是书面形式也可以是口头形式。准许撤诉的，应通知对方当事人。

3. 撤诉的法律效果。撤诉的法律效果，即撤诉所产生的法律效力有以下几方面：

（1）终结诉讼程序。法院裁定准许撤诉或按撤诉处理后，诉讼程序便告结束，人民法院不能对案件再继续进行审理和作出裁判。

（2）诉讼费用由原告负担。根据《交纳办法》的规定，当事人申请撤诉的，减半交纳案件受理费。

（3）视为未起诉。当事人可以就同一诉讼标的、同一事实及理由，再次提起诉讼，人民法院应当予以受理。

（4）重新计算诉讼时效。原告起诉后，诉讼时效中断，自人民法院裁定准予撤诉之日起，诉讼时效重新开始计算。如人民法院准予撤诉时起诉书副本尚未送达被告，则诉讼时效不中断，继续计算。

（三）缺席判决

缺席判决是相对于对席判决而言，是指人民法院在一方当事人无故拒不到庭或者未经法庭许可中途退庭的情况下依法审理后所作出的判决。缺席判决的适用对象包括被告、原告、无独立请求权第三人等。人民法院在依法缺席判决之前，应当对到庭当事人的诉讼请求、双方的诉辩理由以及已经提交的证据及其他诉讼材料进行审理。

根据《民事诉讼法》和《关于适用民诉法的解释》的规定，有下列情形之一的，可以缺席判决：

1. 被告经人民法院合法传票传唤，无正当事由拒不到庭，或者未经法庭许可中途退庭。

2. 案件受理后，被告反诉，原告经人民合法传票传唤，无正当事由拒不到庭，或者未经法庭许可中途退庭。

3. 无民事行为能力的被告的法定代理人经传票传唤，无正当理由拒不到庭，又不委托诉讼代理人。

4. 原告申请撤诉，人民法院裁定不准许撤诉，原告经法院传票传唤，无正当理由拒不到庭。

5. 无独立请求权的第三人经法院传票传唤，无正当理由拒不到庭，或者未经法庭许可中途退庭。

缺席判决作出后，当事人可提起上诉。缺席判决生效后，与对席判决具有同等的法律效力。

（四）延期审理

延期审理是指人民法院确定了案件的审理期日后或者在开庭审理过程中，由于出现了法律规定的特殊情况使开庭审理无法如期或继续进行，而将开庭审理期日推延的制度。根据《民事诉讼法》第146条的规定，有下列情形之一的，可以延期开庭审理：

1. 必须到庭的当事人和其他诉讼参与人有正当理由没有到庭的。必须到庭的当事人是指不到庭就无法查清案情的当事人，比如能正确表达意志且无特殊情况的离婚案件当事人。必须到庭的其他诉讼参与人是指不到庭就无法查清案情或无法开庭审理的诉讼参与人，如对案件事实的认定起重要作用的证人等。如果不是必须到庭的当事人和其他诉讼参与人，或者虽然是必须到庭的当事人和其他诉讼参与人，但无正当理由没有到庭的，可根据情况适用撤诉、缺席判决或正常地依法审理判决，无需延期审理。

2. 当事人临时提出回避申请的。根据《民事诉讼法》第45条的规定，当事人提出回避申请，应当说明理由，在案件开始审理时提出；回避事由在案件开始审理后知道的，也可以在法庭辩论终结前提出。在法庭审理过程中，当事人临时提出回避申请的，只能延期审理，等待人民法院对回避申请作出决定。

3. 需要通知新的证人到庭，调取新的证据，重新鉴定、勘验，或者需要补充调查的。这些事项对案件事实的认定可能产生影响，有其实施的必要性，同时也是需要一定的时间才能完成的，因此应延期审理。

4. 其他应当延期的情形。这是一项弹性规定，以适应诉讼中无法预测的特殊情况出现，由人民法院根据具体情况加以裁量。如责令当事人及其诉讼代理人退出法庭，导致案件延期审理等。

延期审理只能发生在开庭审理阶段，延期审理前已进行的诉讼行为，对延期后的审理仍然有效。但延期的时间不计算在审理期限内。对于延期审理，人民法院应当作出裁定。法院裁定延期审理的，可以当庭决定下次开庭审理的期日，也可以另行通知。

（五）诉讼中止

诉讼中止，是指在诉讼过程中，因出现法定事由而使本案诉讼活动难以继续进行，受诉人民法院裁定暂时停止本案诉讼程序，待法定事由消除后再恢复诉讼的制度。

《民事诉讼法》第150条第1款规定，有下列情形之一的，中止诉讼：

1. 一方当事人死亡，需要等待继承人表明是否参加诉讼的。自然人死亡，其民事诉讼主体资格自然消灭，但是有关财产的争议需要等待是否有愿意承继诉讼权利义务的继承人参加诉讼。继承人表示愿意参加诉讼的，则诉讼程序恢复进行；如果继承人放弃继承，不愿意承继诉讼权利义务的，诉讼不宜继续进行。

2. 一方当事人丧失诉讼行为能力，尚未确定法定代理人的。自然人丧失了诉讼行为能力，必须由其法定代理人代为诉讼。在法定代理人确定之前，诉讼程序应当暂时停止。

3. 作为一方当事人的法人或者其他组织终止，尚未确定权利义务承受人的。法人或其他组织因合并、分立、解散、被撤销、宣告破产等原因终止的，在尚未确定权利义务承受人的情况下，应当暂停诉讼活动。

4. 一方当事人因不可抗拒的事由，不能参加诉讼的。如自然灾害、战争等当事人无法避免和克服的客观障碍，导致其不能如期参加诉讼活动，为保障其诉讼权利，应当中止诉讼。

5. 本案必须以另一案的审理结果为依据，而另一案尚未审结的。本案与其他民事案件、行政案件或刑事案件有牵连，如果这些案件尚未审结，就难以对本案作出正确的处理，只能中止诉讼。

6. 其他应当中止诉讼的情形。这是一个概括性的条款，由人民法院根据审判实践中的具体情况灵活掌握。

人民法院决定中止诉讼的，应依法作出裁定，并送达或者通知当事人及其他诉讼参与人。中止诉讼的裁定一经宣布，立即生效，当事人不得上诉，也不能申请复议。人民法院和当事人在中止诉讼期间应停止与案件有关的活动，但须要依法采取强制措施的除外。

中止诉讼的原因消除后，由当事人申请或者法院依职权恢复诉讼程序。恢复诉讼程序不必撤销原裁定，从法院通知或准许当事人继续进行诉讼时起，中止诉讼的裁定即失去效力；诉讼中止前进行的一切诉讼行为，在诉讼程序恢复后继续有效。

民事诉讼中，诉讼中止与延期审理相似，但是两者存在着重要的区别：①适用范围不同。诉讼中止可以发生于诉讼程序开始以后到裁判作出以前的任何诉讼阶段；延期审理则只适用于开庭审理阶段。②适用效果不同。诉讼中止是指受诉法院和当事人、其他诉讼参与人就本案的一切诉讼活动都停止进行；延期审理只是将本案开庭审理的日期推延，有关诉讼活动并不因此停止。③恢复审理方面。诉讼中止的法定情形来自诉讼以外，何时恢复诉讼，受诉法院很难确定；延期审理的法定情形来自诉讼之中，恢复审理的日期通常由人民法院确定。④法定情形不同。

（六）诉讼终结

诉讼终结，是指在诉讼进行过程中出现法定事由，导致诉讼不可能或者没有必要进行下去，由人民法院裁定结束诉讼程序的制度。

《民事诉讼法》第151条规定，有下列情形之一的，终结诉讼：

1. 原告死亡，没有继承人，或者继承人放弃诉讼权利的。在诉讼进行中，原告死亡，而且没有继承人或继承人放弃诉讼权利，诉讼因没有主张权利的人而终结。

2. 被告死亡，没有遗产，也没有应当承担义务的人的。原告的诉讼请求不可能通过诉讼得到满足，继续进行诉讼已没有实际意义，应当终结诉讼。

3. 离婚案件一方当事人死亡的。婚姻关系因任何一方当事人的死亡而自行消灭，因此请求解除婚姻关系的诉讼没有必要继续进行，适用终结诉讼。

4. 追索赡养费、扶养费、抚育费以及解除收养关系案件的一方当事人死亡的。这些基于特定的人身关系引起的争议，其权利义务关系主体均是特定的，具有不可替代性。因此，一方当事人死亡，诉讼没有进行下去的必要，应当终结诉讼。

诉讼终结的法定情形出现时，人民法院应当作出终结诉讼的裁定。终结诉讼的裁定一经宣布，诉讼程序即告结束，人民法院不再对案件进行审理。对于诉讼终结的裁定，当事人不得上诉，不得申请复议。当事人也不能基于同一事实、同一理由就同一诉讼标的再行起诉。

六、民事裁判

人民法院在审理民事案件的过程中，根据案件的事实和国家的法律，针对审理案件过程中发生的各种问题所作的处理，称为民事裁判。民事裁判由审判组织依法制作，是人民法院行使审判权的表现形式。广义的民事裁判包括人民法院制作的判决、裁定、决定、调解书，狭义的民事裁判仅指人民法院作出的判决和裁定。

（一）民事判决

民事判决是指人民法院通过对民事案件的审理，根据查明和认定的案件事实，依照法律的规定，对当事人之间的实体法律问题所作的权威性判定。

1. 民事判决的分类。民事判决按不同的标准、不同的角度，可以作不同的分类：①根据其所解决的诉的性质不同，可以分为给付判决、确认判决和变更判决；②根据其所解决的是争议的全部或者部分，可分为全部判决和部分判决；③根据当事人是否都出庭，分为对席判决和缺席判决；④根据审理本案所适用的审级，可分为一审判决、二审判决和再审判决；⑤根据其处理案件的结果，分为肯定判决和否定判决。

2. 民事判决的形式和内容。民事判决必须采用书面形式，即制作判决书。根据《民事诉讼法》第152条的规定，判决书应当写明下列四项内容：①案由、诉讼请求、争议的事实和理由；②判决认定的事实和理由、适用的法律和理由；③判决结果和诉讼费用的负担；④上诉期间和上诉法院。

判决书应当写明制作法院的全称、案件年号和编号，最后应有审判人员、书记员署名，并加盖人民法院印章。

3. 民事判决的法律效力。没有规定上诉期的判决，一经送达便产生法律效力。规定有上诉期的判决，上诉期届满而当事人未上诉，即告生效。可以上诉的判决书不能同时送达各方当事人的，上诉期从当事人各自收到判决书之日起计算。

生效民事判决具有以下法律效果：

（1）对人的支配力。判决一经生效，当事人必须遵守及履行相关义务；人民法院不得随意变更判决的内容；任何机关、企事业单位、团体和个人都有责任尊重和维护法院的判决。

（2）对事的确定力。即判决确定的当事人之间的实体权利义务问题，不得再行争议；当事人不得对判决认定的事实再行起诉或上诉，人民法院无法定原因非经法定程序不得改变判决。

（3）有给付内容的生效判决还具有执行力。具有给付内容的判决生效后，义务人如果不履行义务的，权利人可以向人民法院请求强制执行。

（二）民事裁定

民事裁定，是指人民法院在审理民事案件过程中，就诉讼程序方面的有关事项及特殊实体问题所作的权威性判定。

1. 民事裁定的适用范围。根据我国《民事诉讼法》第154条的规定，裁定的适用范围包括：

（1）不予受理。起诉人不享有民事程序上的诉权，或者受诉法院对此案件无管辖权的，法院应当裁定不予受理。原告对不予受理的裁定不服，有权在接到裁定书后10日内提起上诉，要求上一级法院撤销不予受理的裁定，并指定该下级人民法院立案受理。

（2）对管辖权有异议的。当事人向受诉法院提出管辖权异议的，法院应当进行审查，经审查认为异议不成立的，书面裁定驳回异议。当事人对该项裁定不服，有权向上一级法院提起上诉。

（3）驳回起诉。原告向法院起诉，法院受理后经审查发现其没有实体意义上的诉权或者程序意义上的诉权，无权起诉或者起诉不符合起诉条件的，应以裁定驳回起诉。当事人不服的，可以提起上诉。

（4）保全和先予执行。当事人向人民法院申请保全或者先予执行，是否准许，由人民法院采用裁定的方式予以处理。对于保全和先予执行的裁定，当事人不能上诉，但可以向作出裁定的法院申请复议一次；复议期间，不停止对裁定的执行。

（5）准许或者不准许撤诉。对于当事人撤诉的申请，人民法院应依法审查，以裁定形式准许或者否定其申请。对该项裁定，当事人不得上诉。

（6）中止或者终结诉讼。在诉讼过程中，出现法定事由需要中止诉讼或者终结诉讼的，人民法院应当作出相关裁定。当事人对该裁定不得上诉。

（7）补正判决书中的笔误。补正判决书中的笔误，是对判决书中的文字性错误进行补充或者更正。判决书具有权威性，即使是更改文字性内容也必须按照法定程序进行，因此必须由人民法院作出裁定才能补正。对该项裁定也不得上诉。

（8）中止或者终结执行。在诉讼过程中，出现法定事由需要中止执行或者终结执行的，法院应当作出裁定。对该项裁定不得上诉。

（9）撤销或者不予执行仲裁裁决。仲裁机构的裁决发生法律效力后，一方当事人不履行的，对方当事人可以向有管辖权的法院申请执行。如果被申请人提出证据证明仲裁裁决不合法或者存在不予执行的情形，法院经审查属实后，应当裁定不予执行仲裁裁决。当事人对该裁定不得上诉。

（10）不予执行公证机关赋予强制执行效力的债权文书。公证机关依法赋予强制执行效力的债权文书，一方当事人不履行的，对方当事人可以向有管辖权的法院申请强制执行。受申请的法院确认债权文书确有错误的，也可以裁定不予执行。当事人对该项裁定也不得上诉。

（11）其他需要裁定解决的事项。其他需要裁定解决的事项包括：适用简易程序审理的案件改用普通程序进行审理，第二审法院撤销第一审法院的裁判，人民法院对案件决定再审，中止原判决的执行，驳回督促程序申请人的申请，终结公示催告程序，承认和执行外国法院的判决、裁定，等等。当事人对这些裁定都不能上诉。

2. 民事裁定的形式和内容。民事裁定的形式有两种：一是口头形式，二是书面形式。但在审判实践中，裁定大多为书面形式，尤其是依法准予上诉的裁定，必须以书面形式作出。民事裁定的书面形式就是民事裁定书。民事裁定书通常由首部、正文部分和尾部三部分组成。首部应写明案由、审判组织和审判方式等；正文部分应写明事实、理由和结论；尾部应有审判人员、书记员署名及作出裁定的时间，并加盖人民法院印章。

3. 民事裁定的效力。法律规定不得上诉的裁定，一经送达便产生法律效力。可以上诉的裁定，上诉期届满而当事人未上诉，即告生效。

生效裁定的法律效力主要表现在：

（1）当事人及诉讼参与人不得再对同一事项提出相同要求。

（2）人民法院无法定原因、未经法定程序，不得改变生效裁定的内容。

（3）有的裁定，如先予执行裁定，还具有执行力，可以强制义务人先行履行义务。

（4）有的裁定对当事人、诉讼参与人以外的其他组织或个人也具有拘束力，如财产保全裁定生效后，有关部门和人员有协助执行的义务。

4. 民事裁定与民事判决的区别。

（1）处理的对象不同。裁定解决的基本上是诉讼过程中的程序性问题。判决解决的是当事人双方争执的实体权利义务问题。

（2）作出的依据不同。裁定根据的事实是程序性事实、依据的法律是《民事诉讼法》，可以在诉讼过程中的任何阶段作出。判决根据的事实是人民法院认定的民事法律关系发生、变更和消灭的事实，依据的法律是《民法》《婚姻法》《继承法》等实体法，判决只能在案件审理的最后阶段作出。

（3）表现形式、上诉范围及上诉期限不同。裁定可以采取口头形式或者书面形式，而判决必须采取书面形式；只有不予受理、管辖权异议和驳回起诉的裁定准许当事人在收到裁定后 10 日内上诉，其他裁定一经作出立即生效。而判决允许上诉的范围比较广泛，各级人民法院作出的第一审判决在送达当事人后 15 日内可以上诉。

（三）民事决定

民事决定，是指人民法院为保证民事诉讼的顺利进行，对诉讼过程中发生的特殊事项依法作出的权威性判定。

1. 民事决定的适用范围。根据我国《民事诉讼法》的规定，民事决定主要适用于下列事项：

（1）决定回避。当事人有权对审判人员及诉讼参与人申请回避，是否准许由人民法院以决定的形式作出处理。

（2）决定对妨害民事诉讼的行为采取强制措施。对妨害民事诉讼的行为采取强制措施，必须由人民法院决定。其中，罚款、拘留等措施必须由人民法院院长批准，并制作民事决定书。

（3）决定诉讼费用的减、免、缓。依据民事诉讼的救济原则，符合法定条件的当事人可以向法院申请减交、免交或者缓交诉讼费用，是否准许，由人民法院审查决定。

（4）决定顺延诉讼期限。当事人因不可抗拒的事由或者其他正当理由耽误诉讼期限的，在障碍消除后的 10 日内，可以申请顺延期限，是否准许，由人民法院决定。

（5）决定再审。各级人民法院院长对本院已经发生法律效力的判决、裁定，发现确有错误，认为需要再审的，应当提交审判委员会讨论决定是否再审。

（6）决定暂缓执行。在执行程序中，被申请执行人向人民法院提供担保，并经申请执行人同意的，人民法院可以决定暂缓执行及暂缓执行的期限。

（7）其他需要人民法院作出决定的事项。

2. 民事决定的效力。通常情况下，民事决定一经人民法院作出或者送达就发生法律效力。但是有些决定，如回避决定、罚款及拘留决定等可以申请复议一次，但复议期间不停止决定的执行。

七、法院调解

法院调解又称诉讼中调解，是指在民事诉讼中，当事人在审判人员的主持下，就案件争议的问题通过自愿协商达成协议，从而解决纠纷的活动。调解是人民法院终结案件的方式之一，相对于判决方式，调解可缓和当事人之间的对立，更有利于消除矛盾、息讼止争，促进社会关系的和谐发展。因此，一般的民事案件都提倡审判人员依法进行调解。

（一）法院调解的特点

1. 法院调解具有适用的广泛性。除了适用特别程序、督促程序、公示催告程序的案件和确认身份关系的案件以及其他根据性质不能进行调解的案件之外，凡属于民事权益争议性质、存在调解可能的案件，人民法院均可以用调解方式解决。除非诉讼程序以及强制执行程序外，法院调解适用于审判程序的全过程，包括第一审程序、第二审程序及审判监督程序。

2. 法院调解具有自愿性。调解以当事人自愿为前提，除了法律规定应当调解的离婚等案件外，其他民事案件是否适用调解取决于当事人的意愿。只有全体当事人愿意就争议问题进行协商，并在诉讼过程中明确表达调解的意愿，审判人员才能组织当事人进行调解。

3. 法院调解体现了当事人行使处分权和法院行使审判权的有机结合。调解是由当事人就实体权利义务争议进行协商，是当事人自主处分实体权益的行为。人民法院不仅主持调解活动，而且要对当事人达成的协议进行法律审查，符合法律规定的调解协议才能予以认可。当事人调解不成，或者达成的协议不合法，人民法院则以判决结案。

（二）法院调解的原则

根据《民事诉讼法》第 93 条的规定，法院调解应当遵循以下三项原则：

1. 当事人自愿原则。当事人自愿体现在两个方面：一是程序上的自愿，是否调解取决于当事人的意愿，除离婚等案件外，法院不能未经当事人同意自行调解或强迫当事人接受调解。二是实体上的自愿，经调解达成的协议必须是各方当事人真实的意思表示。

2. 查明事实、分清是非的原则。调解不是"和稀泥"，而是要查明案件事实、分清是非、明确当事人责任，在此基础上由当事人进行协商，达成解决争议的方案。

3. 合法原则。调解的开始、调解的方式、调解的组织形式、调解协议的形成以及调解书的送达等，都应当符合《民事诉讼法》的规定。当事人经调解达成的协议的内容不得违反法律、法规的规定，不得损害国家、社会和他人的合法权益，否则无效。

（三）法院调解的程序

《民事诉讼法》对调解的程序没有明确作出规定，根据相关司法解释和司法实践，法院调解一般应当遵循下述程序要求：

1. 经当事人申请开始调解，或者审判人员在征得当事人同意后依职权开始调解。需由无独立请求权的第三人承担义务的，应经第三人的同意。

对于两类案件，人民法院应当依职权主动调解：

第一类，离婚案件应当先行调解，但不能久调不决。

第二类，适用简易程序审理的下列案件，应当先行调解：①婚姻家庭纠纷和继承纠纷；②劳务合同纠纷；③交通事故和工伤事故引起的权利义务关系较为明确的损害赔偿纠纷；④宅基地和相邻关系纠纷；⑤合伙协议纠纷；⑥诉讼标的额较小的纠纷。但根据案件的性质和当事人的实际情况不能调解或者显然没有调解必要的除外。

2. 由审判人员主持进行调解。调解活动既可以由合议庭共同主持，也可以由合议庭中的一个审判员主持。人民法院可以邀请有关单位和个人协助，被邀请的单位和个人应当协助法院进行调解。调解可以在法庭上进行，也可以在当事人所在地进行。调解过程一般不公开，当事人同意公开的除外。

3. 参加调解的人员应承担相应义务。当事人应当参加调解，不能出庭的，可特别授权其委托代理人参加调解，达成的调解协议可由委托代理人签名。离婚案件当事人确因特殊情况无法出庭参加调解的，除本人不能表达意志的以外，应当出具书面意见。

主持调解以及参与调解的人员，对调解过程以及调解过程中获悉的国家秘密、商业秘密、个人隐私和其他不宜公开的信息，应当保守秘密，但为保护国家利益、社会公共利益、他人合法权益的除外。

当事人不得恶意串通，企图通过调解方式侵害他人合法权益。一经发现，人民法院应当驳回其调解请求，并根据情节轻重予以罚款、拘留。构成犯罪的，依法追究刑事责任。

4. 依法处理调解结果。经法院调解，当事人就争议问题达成协议的，应当在调解协议上签字，并由人民法院进行法律审查，符合法律规定的则予以认可。调解书应当写明诉讼请求、案件的事实和调解结果，由审判人员、书记员署名，加盖人民法院印章。当事人的调解协议内容不公开，但为保护国家利益、社会公共利益、他人合法权益，人民法院认为确有必要公开的除外。

一般情况下，人民法院认可调解协议应制作调解书。但根据《民事诉讼法》第98条的规定，以下4类案件调解达成协议可不制作调解书：①调解和好的离婚案件；②调解维持收养关系的案件；③能够即时履行的案件；④其他不需要制作调解书的案件。对不需要制作调解书的协议，应当记入笔录，由双方当事人、审判人员、书记员签名或者盖章后，即具有法律效力。

当事人自行和解或者调解达成协议后，请求人民法院按照和解协议或者调解协议的内容制作判决书的，人民法院不予准许。无民事行为能力人的离婚案件，由其法定代理人进行诉讼。法定代理人与对方达成协议要求发给判决书的，人民法院可根据协议内容制作判决书。

当事人不能达成协议或者达成的协议违法，人民法院应当对案件继续审理，并尽快作出判决。

（四）法院调解的效力

《民事诉讼法》第97条第3款规定："调解书经双方当事人签收后，即具有法律效力。"确定无独立请求权的第三人承担义务的，调解书应当同时送达第三人。最后收到调解书的当事人签收的日期为调解书生效的日期。调解书送达之前任何一方当事人后悔，或者调解书送达时任何一方当事人拒绝签收，视为调解不成立，调解书不生效。

调解书生效后，与生效判决具有同等的法律效力。依法不制作调解书的，调解笔录和调解书具有同等的法律效力。具体表现在以下几方面：

1. 诉讼程序结束。人民法院不得对该案继续进行审理，当事人不得以同一诉讼标的、同一事实和理由再行起诉，调解和好的离婚案件、调解维持收养关系的案件除外。

2. 当事人不得上诉。调解协议是当事人自愿协商的结果，当事人接受调解协议就意味着放弃了上诉权。因此，无论是在一审、二审还是再审程序中达成的调解协议，一旦生效，均不能提起上诉。

3. 确认当事人之间的权利义务关系。调解协议生效后，当事人之间的权利义务关系在调解协议中得到确认，当事人不得对此法律关系再发生争议。

4. 具有给付内容的调解书具有强制执行力。具有给付内容的调解协议生效后，负有义务的一方当事人不履行义务时，对方当事人可以向人民法院申请强制执行。

（五）法院调解与诉讼外调解、诉讼中和解的区别

1. 法院调解与诉讼外调解的区别。

（1）性质不同。法院调解是人民法院依据审判权所进行的司法活动，对当事人产生诉讼上的约束力。诉讼外的调解是人民调解委员会、行政机关、仲裁机构、其他组织等所进行的非审判性活动，不具有司法的性质，当事人的行为无诉讼上的意义。

（2）法律依据和程序要求不同。法院调解以《民事诉讼法》为依据，诉讼外调解以《仲裁法》《行政法规》《人民调解法》为依据。法院组织调解需要遵循一定的程序，诉讼外调解比较灵活，不像法院调解那样规范、严格。

（3）法律效力不同。经过法院调解达成协议并由当事人签收或者签名后，无论是制作调解书还是只记入调解笔录的，都与生效的判决具有同等的法律效力，有给付内容的调解书还具有执行力。诉讼外调解，除仲裁机构制作的调解书和经司法确认的人民调解委员会制作的调解协议外，其他机关、机构所制作的调解书或者认可的调解协议不具有法律约束力，只具有民事合同的性质或者有一定的见证作用，当事人反悔或者不履行调解协议的，可以向人民法院提起诉讼。

2. 法院调解与诉讼中和解的区别。

（1）性质不同。法院调解是人民法院行使审判权审理民事案件的一种方式。诉讼中和解是当事人对自己的实体权利和诉讼权利的自行处分。

（2）参加的主体不同。法院调解有人民法院审判人员和当事人共同参加。诉讼中和解只有各方当事人自己参加。

（3）法律效力不同。根据法院调解达成协议制作的调解书生效后，诉讼归于终结，有给付内容的调解书具有执行力。当事人在诉讼中和解的，则应由原告申请撤诉，经法院裁定准许后结束诉讼，和解协议不具有执行力。

相关法律规范

1. 《中华人民共和国民事诉讼法》第 93 ~ 99、119 ~ 156 条；

2. 《最高人民法院关于适用〈中华人民共和国民事诉讼法〉的解释》第 208 ~

255 条；

3.《最高人民法院关于民事诉讼证据的若干规定》第 33、61 条；

4.《最高人民法院关于人民法院立案工作的暂行规定》第 7～18 条；

5.《最高人民法院关于严格执行案件审理期限制度的若干规定》第 2 条；

6.《最高人民法院关于第一审经济纠纷案件适用普通程序开庭审理的若干规定》第 1～49 条；

7.《最高人民法院关于第一审经济纠纷案件适用简易程序开庭审理的若干规定》第 14 条；

8.《诉讼费用交纳办法》第 22 条。

项目二　简易程序

📖 引例

原被告于 2003 年 11 月 7 日自愿登记结婚，婚后感情一般，没有生育子女。2010 年原告到外地工作后，双方缺乏沟通，矛盾激化，曾协商过离婚，但因被告反悔而没有离婚。2014 年 7 月，原告以与被告性格不合、夫妻感情彻底破裂为由向人民法院起诉离婚。被告答辩称原告所述不属实，其与原告是有感情基础的，婚后其对原告给予无微不至的关怀与照顾，不同意离婚。

问题：

1. 人民法院受理本案后能否适用简易程序进行审理？

2. 简易程序有什么特点？

📖 基本原理认知

简易程序，是指基层人民法院及其派出法庭审理第一审简单民事案件所适用的诉讼程序。它是与普通程序并立的一种独立的审判程序，同样适用于民事案件的审理，与普通程序在许多程序制度上是相同的，但比普通程序简便、易行、经济。适用简易程序是为了保障和方便当事人依法行使诉讼权利，保证人民法院公正审理民事案件、及时解决简单民事纠纷，合理配置司法资源。

一、简易程序的适用范围

《民事诉讼法》第 157 条第 1 款规定，基层人民法院和它派出的法庭审理事实清楚、权利义务关系明确、争议不大的简单的民事案件，适用简易程序。据此，简易程序的适用范围，包括以下两个方面的内容：

（一）适用简易程序的人民法院

简易程序只适用于基层人民法院和它的派出法庭审理简单民事案件，中级人民法院、高级人民法院、最高人民法院审理民事案件，不管案件简单与否，都不适用简易程序。

（二）适用简易程序的案件

适用简易程序的案件，仅限于事实清楚、权利义务关系明确、争议不大的简单民事案件。事实清楚，是指当事人双方对争议的事实陈述基本一致，并能提供相应的证据，无须人民法院调查收集证据即可判明事实、分清是非。权利义务关系明确，是指在争议的法律关系中能够明确区分谁是责任的承担者、谁是权利的享有者。争议不大，是指当事人对案件的是非、责任承担以及诉讼标的争执等无原则分歧。这三项标准必须同时具备，才构成简单的民事案件，才能适用简易程序进行审理。

根据《民事诉讼法》第 157 条第 2 款和《最高人民法院关于适用简易程序审理民事案件的若干规定》（以下简称《简易程序规定》）第 2 条的规定，基层人民法院和它派出法庭审理其他民事争议案件，当事人各方自愿选择适用简易程序的，经人民法院审查同意，可以适用简易程序进行审理。

（三）不适用简易程序的案件

《关于适用民诉法的解释》第 257 条对《民事诉讼法》第 157 条第 1 款规定的简单民事案件的范围作了一些排除性的规定，明确将七类案件排除在简易程序适用范围之外。这七类案件分别是：

1. 起诉时被告下落不明的案件。起诉时被告下落不明，无从知道当事人双方对案件的是非、责任承担及诉讼标的争执有无原则性分歧，不适用简易程序审理。

2. 发回重审的案件。案件必须发回重审，说明其在事实认定、责任确定等方面存在较大问题，不可能是简单的民事案件，应当适用普通程序进行审理。

3. 当事人一方人数众多的案件。当事人一方人数众多，构成共同诉讼，这类案件一般矛盾比较大，案情比单一主体的案件相对要复杂，处理起来也相对要困难，所以不适用简易程序审理。

4. 适用审判监督程序的案件。人民法院启动审判监督程序，是对确有错误的生效裁判进行纠正，其所涉及的案件事实、当事人关系及其权利义务状态等相当复杂，必须适用普通程序审理。

5. 涉及国家利益、社会公共利益的案件。这一类案件一般社会影响比较大，各方当事人之间的关系以及案情都会比较复杂，不是适用简易程序能够顺利解决的。

6. 第三人起诉请求改变或者撤销生效判决、裁定、调解书的案件。生效裁判具有既判力和权威性，第三人认为生效裁判损害其合法权益要求予以改变或者撤销，则必须对该裁判原当事人的权利义务及相关案件事实进行重新审查，比一般民事案件所要解决的争议更大更复杂，不宜适用简易程序审理。

7. 其他不宜适用简易程序的案件。这是一个概括性规定，如申请宣告失踪或死亡的案件、申请支付令的案件、申请宣告破产的案件等，凡是法律有明确规定其适用某一特定程序的案件，都不能适用简易程序审理。

二、简易程序的适用规范

我国《民事诉讼法》及最高人民法院的有关司法解释对简易程序的具体适用作了相应的规定，这些规定充分体现了简易程序简便、快捷的特点，同时也保证了司法审判的公正性、规范性。

（一）起诉和答辩的方式简便

依照《民事诉讼法》第158条的规定，适用简易程序的民事案件，原告可以书面方式起诉，也可以口头起诉。原告口头起诉的，人民法院应当将当事人的基本情况、联系方式、诉讼请求、事实及理由予以准确记录，将相关证据予以登记。人民法院应当将上述记录和登记的内容向原告当面宣读，原告认为无误后应当签名或者捺印。被告可以书面答辩，也可以口头答辩。

（二）受理的程序简便

当事人双方可以同时到基层人民法院或者其派出法庭请求解决简单的民事纠纷，审判人员经过审查，认为符合起诉条件的，可以立即立案受理。当事人双方均表示不需要举证期限、答辩期间的，可以当即开庭审理。当即审理有困难的，也可以另定日期审理。

（三）传唤和通知方式简便、灵活

根据《民事诉讼法》第159条及《关于适用民诉法的解释》第261条的规定，基层人民法院及其派出法庭可以采取捎口信、电话、短信、传真、电子邮件等简便方式传唤双方当事人、通知证人及其他诉讼参与人。传唤和通知可以随时进行，不受开庭3日前通知的限制。[1]

（四）审判组织简单

《民事诉讼法》第160条规定，适用简易程序审理案件时，一律实行独任制，即由审判员一人独任审理，书记员记录。

（五）举证期限较短

适用简易程序的举证期限由人民法院确定，也可以由当事人协商一致并经人民法院准许，但不得超过15日。被告要求书面答辩的，人民法院可在征得其同意的基础上，合理确定答辩期间。当事人双方同时到基层人民法院请求解决简单的民事纠纷，

---

〔1〕 应当注意：以简便方式送达的开庭通知，未经当事人确认或者没有其他证据证明当事人已经收到的，人民法院不得缺席判决。

但未协商举证期限，或者被告一方经简便方式传唤到庭的，当事人在开庭审理时要求当庭举证的，应予准许。

适用简易程序审理的民事案件，当事人及其诉讼代理人申请人民法院调查收集证据和申请证人出庭作证，应当在举证期限届满前提出，但其提出申请的期限不受《证据规定》第19条第1款、第54条第1款的限制。

（六）开庭审理的程序简便

开庭审理简单民事案件，审判人员可以根据案件的具体情况，灵活掌握审理的进程，不严格区分法庭调查和法庭辩论两大步骤，也不受法庭调查、法庭辩论先后次序的限制，可以合并进行或者穿插进行。当事人双方可就开庭方式向人民法院提出申请，由人民法院决定是否准许。经当事人双方同意，可以采用视听传输技术等方式开庭。

适用简易程序审理民事案件应当一次开庭审结，但人民法院认为确有必要再次开庭的除外。书记员应当将全部审理活动记入笔录。

（七）调解协议可快速生效

一般民事案件当事人经调解达成的协议，在当事人签收调解书后才能生效。按照《简易程序规定》，适用简易程序的案件当事人在人民法院主持下达成调解协议，经审判人员审核后，双方当事人同意该调解协议经双方签名或者捺印生效的，该调解协议自双方签名或者捺印之日起发生法律效力，当事人不得反悔，调解协议即具有法律强制力。

（八）当庭宣判

适用简易程序审理的民事案件，除人民法院认为不宜当庭宣判的以外，应当当庭宣判。当庭宣判的案件，除当事人当庭要求邮寄送达的以外，人民法院应当告知当事人或者诉讼代理人领取裁判文书的期间和地点以及逾期不领取的法律后果。当事人在指定期间内领取裁判文书之日即为送达之日。在指定期间内未领取的，指定领取裁判文书期间届满之日即为送达之日，当事人的上诉期从人民法院指定领取裁判文书期间届满之日的次日起开始计算。

（九）审理期限较短

《民事诉讼法》第161条规定："人民法院适用简易程序审理案件，应当在立案之日起3个月内审结。"根据《关于适用民诉法的解释》第258条的规定，审理期限到期后，双方当事人同意继续适用简易程序的，由本院院长批准，可以延长审理期限。延长后的审理期限累计不得超过6个月。

（十）裁判文书可简化

适用简易程序审理的案件，有下列情形之一的，人民法院在制作判决书、裁定书、调解书时，对认定事实或者裁判理由部分可以适当简化：①当事人达成调解协议并需要制作民事调解书的；②一方当事人明确表示承认对方全部或者部分诉讼请求的；③涉及商业秘密、个人隐私的案件，当事人一方要求简化裁判文书中的相关内容，人民法院认为理由正当的；④当事人双方同意简化的。

三、简易程序与普通程序的转换

在一定情况下，适用简易程序审理的案件可转换为适用普通程序审理，原来以普通程序审理的案件也可转换为适用简易程序。但这种程序转换受法律的限制，必须依法慎重进行。

（一）普通程序向简易程序转换

民事诉讼当事人有权选择程序最简便、诉讼周期最短、成本最低廉的方式来解决纠纷。《简易程序规定》第2条规定："基层法院适用第一审普通程序审理的民事案件，当事人各方自愿选择适用简易程序，经人民法院审查同意的，可以适用简易程序进行审理。人民法院不得违反当事人自愿原则，将普通程序转为简易程序。"

根据上述规定，将普通程序转换为简易程序须同时具备两个要件：

1. 各方当事人自愿。各方当事人自愿，包括原告、被告和第三人一致同意，若有一方当事人不同意，则不能将普通程序转换为简易程序。

2. 经人民法院审查同意。当事人行使程序选择权必须与人民法院行使司法审判权相结合，目的是防止当事人在民事诉讼中恶意串通，损害国家、集体和他人的合法权益。

此外，根据《关于适用民诉法的解释》第260条及第264条的规定，已经按照普通程序审理的案件，在开庭后不得转为简易程序审理。当事人约定适用简易程序的应当在开庭前提出，并且只能就法律规定可以适用简易程序的案件进行约定。

（二）简易程序向普通程序转换

根据《简易程序规定》和《关于适用民诉法的解释》，简易程序向普通程序转换有两种启动方式：

1. 法院依职权转换。《简易程序规定》第26条规定："审判人员在审理过程中发现案情复杂需要转为普通程序的，应当在审限届满前及时作出决定，并书面通知当事人。"《关于适用民诉法的解释》第258条第2款规定："人民法院发现案情复杂，需要转为普通程序审理的，应当在审理期限届满前作出裁定并将合议庭组成人员及相关事项书面通知双方当事人。"由此可见，法院可依职权裁定将原来适用简易程序审理的案件转为适用普通程序。

2. 当事人提出异议，法院审查决定转换。按《简易程序规定》第3条、第13条和《关于适用民诉法的解释》第269条的规定，当事人一方或者双方可以就案件适用简易程序提出异议，人民法院应当进行审查，并按下列情形分别处理：①异议成立的，裁定将案件转为普通程序审理，并将合议庭的组成人员及相关事项以书面形式通知双方当事人；②异议不成立的，口头告知双方当事人，并将上述内容记入笔录。

民事案件由简易程序转为普通程序审理的，审理期限自人民法院立案之日起计算，应当在 6 个月内审结。对于双方当事人在适用简易程序阶段已确认的事实，转为普通程序之后可以不再进行举证、质证。

四、小额诉讼

（一）小额诉讼的适用条件

小额诉讼不是独立于普通程序和简易程序之外的独立程序，而是在适用简易程序的简单案件中以标的额大小为标准筛选出特定案件、实行一审终审的一种诉讼制度。适用小额诉讼程序，旨在降低司法成本、提高司法效率。

我国《民事诉讼法》第 162 条规定："基层人民法院和它派出的法庭审理符合本法第 157 条第 1 款规定的简单的民事案件，标的额为各省、自治区、直辖市上年度就业人员年平均工资 30% 以下的，实行一审终审。"符合本条规定的案件就是小额诉讼案件。"各省、自治区、直辖市上年度就业人员年平均工资"，是指已经公布的各省、自治区、直辖市上一年度就业人员年平均工资。在上一年度就业人员年平均工资公布前，以已经公布的最近年度就业人员年平均工资为准。

（二）小额诉讼的适用范围

根据《关于适用民诉法的解释》第 274 条的规定，下列金钱给付的案件适用小额诉讼程序审理：①买卖合同、借款合同、租赁合同纠纷；②身份关系清楚，仅在给付的数额、时间、方式上存在争议的赡养费、抚育费、扶养费纠纷；③责任明确，仅在给付的数额、时间、方式上存在争议的交通事故损害赔偿和其他人身损害赔偿纠纷；④供用水、电、气、热力合同纠纷；⑤银行卡纠纷；⑥劳动关系清楚，仅在劳动报酬、工伤医疗费、经济补偿金或者赔偿金给付数额、时间、方式上存在争议的劳动合同纠纷；⑦劳务关系清楚，仅在劳务报酬给付数额、时间、方式上存在争议的劳务合同纠纷；⑧物业、电信等服务合同纠纷；⑨其他金钱给付纠纷。

《关于适用民诉法的解释》第 275 条规定了不得适用小额诉讼程序审理的案件范围：①人身关系、财产确权纠纷；②涉外民事纠纷；③知识产权纠纷；④需要评估、鉴定或者对诉前评估、鉴定结果有异议的纠纷；⑤其他不宜适用一审终审的纠纷。

（三）小额诉讼的特点

1. 程序的启动具有强制性。人民法院可以根据案情依职权决定适用小额诉讼程序审理案件，无需经过各方当事人的同意。启动小额诉讼程序的，人民法院应当向当事人告知该类案件的审判组织、一审终审、审理期限、诉讼费用交纳标准等相关事项。

2. 程序适用具有可转换性。当事人在开庭前对按照小额诉讼案件审理提出异议，人民法院经审查异议成立的，适用简易程序的其他规定审理。

因当事人申请增加或者变更诉讼请求、提出反诉、追加当事人等，致使案件不符合小额诉讼案件条件的，人民法院应适用简易程序的其他规定审理。应适用普通程序审理的，裁定转为普通程序。

3. 举证期限更短。小额诉讼的举证期限由人民法院确定，也可由当事人协商一致并经人民法院准许，一般不超过 7 日。被告要求书面答辩的，可在征得其同意的基础上合理确定答辩期间，最长不得超过 15 日。

4. 开庭审理简便。当事人到庭后表示不需要举证期限和答辩期间的，可立即开庭审理。

5. 实行一审终审。人民法院审理小额诉讼案件所作出的判决为终局裁决，当事人不得上诉。对管辖异议的裁定和驳回起诉的裁定，一经作出即生效，当事人也不能上诉。当事人对小额诉讼裁决不服的，可以通过向原审人民法院申请再审的方式进行救济。

6. 裁判文书可简化。小额诉讼案件的裁判文书可以简化，主要记载当事人基本信息、诉讼请求、裁判主文等内容，其他内容如当事人双方主张的事实、理由等可从简。

相关法律规范

1. 《中华人民共和国民事诉讼法》第 157～163 条；

2. 《最高人民法院关于适用〈中华人民共和国民事诉讼法〉的解释》第 256～283 条；

3. 《最高人民法院关于民事诉讼证据的若干规定》第 32～34 条；

4. 《最高人民法院关于人民法院立案工作的暂行规定》第 7～15 条；

5. 《最高人民法院关于适用简易程序审理民事案件的若干规定》第 1～32 条；

6. 《最高人民法院关于人民法院民事调解工作若干问题的规定》第 1～20 条；

7. 《最高人民法院关于第一审经济纠纷案件适用简易程序开庭审理的若干规定》第 1～25 条；

8. 《诉讼费用交纳办法》第 16 条。

学习情境十　起诉、应诉及反诉

【情境案例】

2011 年 12 月，张某将邻居刘某诉至法院。张某诉称：被告在未经原告同意的情况下，擅自在原告房屋东南侧修建自建房，该自建房严重影响了原告的通行和房屋的采光、通风、排水以及原告对房屋的修理。原告曾多次与被告协商此事，均未果。现原告起诉要求被告将自建房拆除，并承担本案的诉讼费用。

被告刘某答辩及反诉称：该自建房一直就存在，被告在 2011 年 8 月对自建房进行了拆建，该自建房对原告并不构成影响，不同意原告的诉讼请求。因原告多次故意破坏被告的房屋，被告反复修缮该房屋共花费 10 万元，故诉请法院要求原告赔偿其维修费 10 万元。

【训练目的及要求】

通过实训，使学生了解起诉、应诉的准备事项（案情分析、证据收集与核实、文书制作），掌握庭审诉讼实务。通过与当事人的交谈和掌握的证据，学会分析案件，把握案情的重点，并根据事实情况，制作民事诉状，办理起诉的有关手续。同时，通过分析诉状的事实与理由，提出反驳的事实与证据材料，制作答辩状。另外，通过分析诉状的事实与理由，能针对起诉提出反诉的事实与证据材料，整理反诉事实与理由，制作反诉状，提交反诉材料。

【训练方法】

参训学生 4～8 名为一组，分角色扮演。由 1～2 名学生分别模拟原告及其诉讼代理人，1～2 名学生模拟被告及其诉讼代理人，3 名学生模拟法官。

【工作任务】

任务一：起诉。

步骤 1：了解起诉应具备的条件，询问当事人的基本情况和案件基本事实。

步骤 2：分析与整理案件事实和证据材料，依据案件的基本情况，审查案件是否符合起诉条件，确定诉讼请求。

步骤 3：提起起诉，递交诉讼文书和相关材料。

步骤 4：收受受理文书，交纳诉讼费用。

【文书样式】

民事起诉状（自然人用）

原告：……（写明基本情况。）

被告：……（写明基本情况。）

诉讼请求

事实和理由

此致

××××人民法院

具状人：×××

××××年××月××日

附：本诉状副本____份。

民事起诉状（法人或其他组织用）

原告名称

所在地址

法定代表人姓名　　　职务　　　电话

企业性质　　　　　　工商登记号

经营范围和方式

开户银行　　　　　　账号

被告名称

所在地址　　　　　　电话

诉讼请求

_____

事实与理由

_____

此致

××××人民法院

具状人：×××

××××年××月××日

附：本诉状副本____份。

任务二：应诉。

步骤1：审阅法律文书，了解民事诉状的事实与理由及诉讼请求。

步骤2：审查原告提供的证据，分析与收集与本案有关的证据材料。

步骤3：编制证据目录，制作民事答辩状。

【文书样式】

民事答辩状

答辩人：_____，性别：____，民族：____，生于_____年_____月_____日

住所：_____市_____区_____街_____号　邮编：_____

工作单位：_____

电话：_____

答辩人因_____一案（或：答辩人因_____对一_____案所提上诉），提出

答辩如下：

此致

××××人民法院

答辩人：×××

××××年××月××日

附：本答辩状副本_____份。

任务三：反诉。

步骤1：审查民事诉状的事实与理由以及原告的诉讼请求，审查反诉能否成立。

步骤2：整理反诉的事实理由及确定反诉请求。

步骤3：分析与收集反诉的证据材料。

步骤4：制作反诉状和反诉证据目录，交纳诉讼费用。

【文书样式】

民事反诉状

反诉人（本诉被告）：_____

被反诉人（本诉原告）：_____

反诉人就_____一案，对被反诉人提起反诉。

反诉请求：

事实与理由：_____

此致

××××人民法院

反诉人： ×××

××××年××月××日

附：本诉状副本_____份。

证据_____份。

🖐 思考题┐

1. 起诉的条件是什么？

2. 简述提起反诉的条件和方式。

3. 申请撤诉、延期审理和缺席判决的条件是什么？

4. 人民法院在何种情形下可以中止诉讼和终结诉讼？

5. 民事裁定、民事决定的适用范围是什么？

6. 简述法院调解的效力。

7. 简易程序有哪些特点？

8. 什么样的案件可以适用小额诉讼程序审理？

单元八

第二审诉讼程序

本单元知识结构图

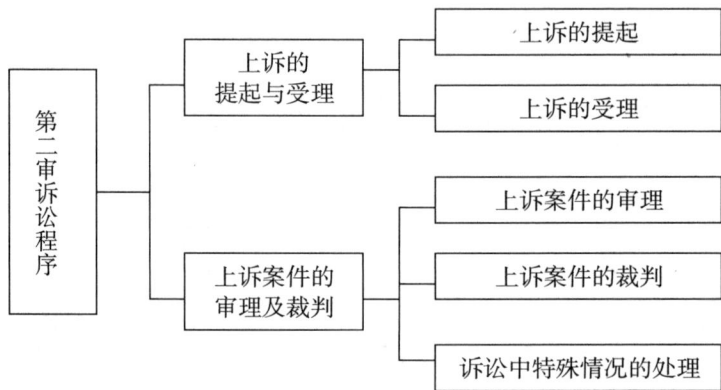

```
                              ┌──────────────────┐
                    ┌─────────┤    上诉的提起     │
          ┌─────────┤  上诉的  ├──────────────────┤
          │         │提起与受理│    上诉的受理     │
  ┌───────┤         └──────────└──────────────────┘
  │第     │
  │二     │                   ┌──────────────────┐
  │审     │                   │   上诉案件的审理   │
  │诉     │         ┌──────────├──────────────────┤
  │讼     │         │  上诉案件的│   上诉案件的裁判   │
  │程     ├─────────┤  审理及裁判├──────────────────┤
  │序     │         └──────────│ 诉讼中特殊情况的处理│
  └───────┘                   └──────────────────┘
```

知识目标

1. 掌握上诉的条件和方式；
2. 掌握人民法院审理上诉案件的范围和方式；
3. 识别对不同上诉案件的裁判与调解。

能力目标

1. 能够独立制作上诉状和准备相关材料；
2. 能够开展应诉的各项准备工作；
3. 能进行受理、审理第二审案件的基本活动。

项目一 上诉的提起与受理

引例

引例一： 2011 年 7 月 27 日，江某以邻居余某开的音乐太吵影响其休息为由指责余某，双方发生争执进而相互抓打，余某的头部及面部被抓伤，到某市人民医院门诊治疗，共花费医疗费 1800 元。7 月 28 日，余某经该市法医鉴定中心鉴定所受损伤为轻微伤。2012 年 7 月 4 日，余某向其住所地基层人民法院起诉，要求江某赔偿其医疗费 1800 元、误工费 2500 元、精神损害抚慰金 2 万元。

该基层法院经审理后认为，原、被告因邻里纠纷致互相殴打，原告对其自身损害的发生也存在过错，故判决由被告对原告因人身损害造成的经济损失承担 60% 的赔偿责任，原告自行承担 40% 的损害后果，驳回了原告的其他诉讼请求。

一审判决后，余某不服提起上诉，请求第二审人民法院支持其在一审中的所有诉讼请求。

问题：民事案件的当事人不服一审判决的，能否向上一级法院提起上诉？人民法院应当根据什么样的程序处理上诉案件？

引例二： 某房地产开发公司将自己的 4 间房屋租赁给某服装门市部，合同约定租赁期为 3 年，该租赁房屋只能用于服装门市部自己经营，不得转租他人。服装门市部在承租该房屋后的第二年，擅自将其中的两间房屋转租给某贸易有限公司，该贸易有限公司改变了房屋的原状，把房屋装修后打算出租。房地产开发公司发现此事后，向人民法院起诉要求解除与服装门市部之间的房屋租赁合同。在审理过程中，法院根据服装门市部的申请，通知某贸易有限公司作为本案第三人参加诉讼。经过审理，法院作出判决，解除房产开发公司与服装门市部之间的租赁合同，并责令服装门市部恢复房屋原状。

问题：本案的当事人中哪些享有上诉权？如果享有上诉权的当事人都上诉，如何确定第二审诉讼程序中当事人的诉讼地位？

基本原理认知

第二审诉讼程序，是指当事人不服地方各级人民法院尚未生效的一审判决或裁定而提起上诉，上一级人民法院对案件进行审理和裁判所适用的程序。我国民事诉讼实行两审终审制度，因而第二审程序又称为终审程序。由于第二审程序是基于当事人的上诉而发动的，又被称为上诉审程序。

第二审诉讼程序与第一审诉讼程序有着密切联系：第一审程序是第二审程序的前提和基础，第二审程序是第一审程序的继续和发展。第一审程序的多数程序和制度规范，第二审程序同样可以适用。当事人在第一审程序中实施的诉讼行为，在第二审程序中对该当事人仍具有拘束力。[1]

第二审程序与第一审程序是彼此独立的两个诉讼程序，两者之间有明显的不同：

---

[1]《关于适用民诉法的解释》第 342 条第 2 款规定："当事人推翻其在第一审程序中实施的诉讼行为时，人民法院应当责令其说明理由。理由不成立的，不予支持。"

①第一审程序是民事诉讼的最基本程序，是任何民事案件的必经程序，而第二审程序不是民事案件的必经程序；②第一审程序是各级人民法院均可适用的初审程序，第二审程序是中级以上人民法院才可能适用的终审程序；③第一审程序的功能主要是审判，是确认民事权利义务关系、解决民事纠纷、制裁民事违法行为，第二审程序的功能是审判和监督，除依法完成上诉案件的审判之外，还担负对下级法院司法工作的监督任务。此外，第二审程序与第一审程序在启动方式、审判组织、审理方式、审理期限、裁判的效力等方面也存在较大区别。

一、上诉的提起

上诉，是指当事人不服地方各级人民法院第一审未生效裁判，在法定期间内向上一级人民法院提出诉讼请求，要求撤销或变更第一审裁判的一种诉讼行为。上诉权是当事人一项重要的诉讼权利，当事人提起上诉的目的是要求上级法院纠正一审裁判的错误，进一步维护自己的合法权益。

当事人提起上诉，启动第二审程序，必须具备法定条件。不符合法定条件的上诉，不能引起第二审程序的发生。根据《民事诉讼法》第164、165条的规定，上诉的法定条件包括以下四项：

（一）有法定的上诉对象

法定的上诉对象，即法律规定可以提起上诉的判决和裁定。根据我国民事诉讼法的规定，可以上诉的判决包括：地方各级人民法院以普通程序和简易程序审理后所作出的第一审判决，第二审法院发回重审后所作出的判决，以及按照第一审程序对案件再审作出的判决。可以上诉的裁定包括：不予受理的裁定，管辖权异议的裁定，驳回起诉的裁定。上述判决、裁定均必须未生效，当事人不服，方可提起上诉。对于地方各级人民法院已经生效的第一审裁判和适用特别程序审理的案件所作的裁判、第二审法院的终审裁判以及最高人民法院的一审裁判，当事人即使不服，也不能提起上诉。

（二）有适格的上诉人和被上诉人

上诉人，是指依法提起上诉的一方当事人。被上诉人，是指与上诉人上诉请求有利益冲突的、没有提起上诉的另一方当事人。上诉人和被上诉人均必须是一审程序中的当事人，包括原告、被告、共同诉讼人、诉讼代表人、有独立请求权的第三人以及判决承担民事责任的无独立请求权的第三人。

根据《民事诉讼法》和《关于适用民诉法的解释》的有关规定，上诉人和被上诉人的确定大致有以下情形：

1. 一般情况下，不服一审裁判而提起上诉的一审当事人就是上诉人，而该上诉人所针对的有利益冲突的其他一审当事人就是被上诉人。

2. 原告、被告和第三人都提出上诉的，均列为上诉人。人民法院可以依职权确定第二审程序中当事人的诉讼地位。

3. 必要共同诉讼人的一人或者部分人提起上诉的，提起上诉的当事人为上诉人，被上诉人按下列情况处理：①上诉仅对与对方当事人之间权利义务分担有意见，不涉及其他共同诉讼人利益的，对方当事人为被上诉人，未上诉的同一方当事人依原审诉讼地位列明；②上诉仅对共同诉讼人之间权利义务分担有意见，不涉及对方当事人利益的，未上诉的同一方当事人为被上诉人，对方当事人依原审诉讼地位列明；③上诉对双方当事人之间以及共同诉讼人之间权利义务承担有意见的，未提出上诉的其他当事人均为被上诉人。

（三）在法定期间内提起上诉

上诉期间是法律规定的允许当事人提起上诉的法定期间。当事人必须在上诉期间内提起上诉，期间届满而未行使上诉权的，则丧失上诉权，一审裁判发生法律效力。

我国《民事诉讼法》第164条规定，当事人不服第一审判决、裁定提起上诉的，上诉期间分别为15日和10日，从判决书、裁定书送达当事人后的次日起计算。当事人收到判决书、裁定书的时间不同的，按各自收到判决书、裁定书的第2日开始计算。必要共同诉讼人的上诉期间以最后一个共同诉讼人收到裁判文书的时间为准计算。在代表人诉讼中，人民法院可将判决书、裁定书直接送交诉讼代表人签收，从代表人签收之日的第2日起算。

（四）递交上诉状

上诉状是当事人不服第一审人民法院未生效裁判、请求第二审人民法院接受其上诉请求的书面意思表示。根据《民事诉讼法》第165条和《关于适用民诉法的解释》第320条的规定，当事人提起上诉，应当递交上诉状。上诉状的内容应当包括：当事人的姓名，法人或者其他组织的名称及其法定代表人或者主要负责人的姓名及职务，原审人民法院的名称、案件的编号和案由，上诉的请求和理由。一审宣判时或者判决书、裁定书送达时，当事人口头表示上诉的，人民法院应当告知其必须在法定上诉期间内提出上诉状，未在法定上诉期间内递交上诉状的，视为未提出上诉。

此外，当事人只能向第一审人民法院的上一级法院提起上诉，不能越级上诉。

上述上诉条件必须同时具备，缺一不可。

二、上诉的受理

上诉的受理，是指第二审人民法院经过审查，认为上诉人的上诉符合《民事诉讼法》规定的条件，决定接受审理的诉讼行为。第二审人民法院经审查，认为上诉符合法定条件的，应当立案受理。认为不符合法定条件的，应当裁定不予受理。

当事人上诉的途径有两种，一是通过原审人民法院提出上诉，二是当事人直接向第二审人民法院提出上诉。《民事诉讼法》第166条第1款规定，上诉人通过原审人民法院提出上诉的，应当向原审人民法院递交上诉状，并按对方当事人或者代表人的人数提交副本，由原审人民法院报送上一级人民法院。该条第 2 款规定，当事人直接向第二审人民法院上诉的，第二审人民法院应当在 5 日内将上诉状移交原审人民法院。这样的规定，既便于当事人行使上诉权，也便于人民法院对上诉状进行审查并及时通知其他当事人，保障各方当事人的诉讼权利，为第二审程序做好准备。

原审人民法院收到上诉状后，应当审查其内容是否有欠缺。上诉状内容有欠缺的，责令当事人限期补正。上诉状内容如无欠缺，根据《民事诉讼法》第 167 条的规定，原审人民法院在收到上诉状之日起 5 日内将上诉状副本送达对方当事人。对方当事人在收到上诉状副本之日起 15 日内提出答辩状，人民法院应当在收到答辩状之日起 5 日内将副本送达上诉人。对方当事人不提出答辩状的，不影响人民法院的审理。原审人民法院收到上诉状、答辩状或者答辩期间届满之日起 5 日内连同全部案卷和证据，报送第二审人民法院。

第二审人民法院对上诉进行审查，认为符合法定条件决定予以受理的，应当向当事人发送案件受理通知书和上诉案件应诉通知书。

相关法律规范

1. 《中华人民共和国民事诉讼法》第 164～167 条；

2. 《最高人民法院关于适用〈中华人民共和国民事诉讼法〉的解释》第 317～321 条；

3. 《最高人民法院关于人民法院立案工作的暂行规定》第 21 条。

项目二　上诉案件的审理及裁判

引例

引例一： 甲与乙系一对年轻夫妻，因二人一时斗气，甲提出离婚。某市区法院一审判决准予双方离婚后，乙不服上诉。在市中级人民法院开庭审理过程中，甲乙双方经亲友劝解，表示愿意和好。

问题：上诉案件的审理范围是什么？上诉案件能否调解？如果可以调解，该诉讼程序如何进行？

引例二： 张某与丈夫李甲婚后共建房屋七间，有存款 16 万元。2005 年李甲病故，当时并未分割财产，张某仍与其两个儿子李乙、李丙共同生活。2006 年张某与李乙、李丙共建两间房屋。因李乙、李丙经常为财产归属问题发生争吵，张某向人民法院提起诉讼，要求分割家庭财产，解决家庭纠纷。某区人民法院受理后，认定案件性质为家庭财产纠纷，将九间房屋和存款都认定是张某和李乙、李丙的家庭共有财产，判决三人各分得三分之一的财产。张某不服一审判决，认为其中七间房屋及存款是她与丈夫多年共同劳动所得，自己应多分财产，即向市中级人民法院提起上诉。二审法院受理后，认为原审法院认定事实有误，于是裁定撤销原审判决，发回重审。

问题：二审法院的裁判是否正确？二审法院能否直接改判？

基本原理认知

一、上诉案件的审理

第二审人民法院审理上诉案件，除应当依照法律专门针对第二审规定的程序及要求外，其他可适用第一审普通程序的相关规范。

（一）审理前的准备

1. 组成合议庭。第二审人民法院审理上诉案件，不仅仅是处理当事人的诉求，而且还要审查一审法院的司法活动，负有审判和监督双重任务，因此必须以合议庭的形式进行审理，并且合议庭必须全部由审判员组成，以保证二审裁判的准确性、权威性。

2. 审阅案卷，熟悉案情，确定审理方式和地点。审理上诉案件的合议庭成员应当通过审阅案卷熟悉案情，明确当事人争议的焦点，根据案情确定是否需要开庭审理。确定开庭审理的，应确定审理地点。

3. 通知当事人及诉讼参与人。第二审法院应当将合议庭的组成、审理方式、举证期限等情况及时告知当事人，在必要时组织当事人交换证据，通知诉讼参与人按时参加诉讼。

（二）审理范围

《民事诉讼法》第 168 条规定："第二审人民法院应当对上诉请求的有关事实和适用法律进行审查。"由此可见，我国上诉案件的审理范围是与上诉请求有关的事实和法律问题，既是事实审，又是法律审。同时，第二审人民法院只对与上诉请求有关的事实与法律问题进行审理，对于第一审裁判所认定的其他事实及所适用的法律，上诉人没有提出上诉请求，第二审人民法院原则上不予审理。即使被上诉人在答辩中要求变更或者补充第一审判决内容，按照《民经审判方式改革规定》第 36 条的规定，第二审人民法院可以不予审查。因此，民事上诉案件的审理范围受上诉人上诉请求范围的限制。

应当注意的是，上述限制并不是绝对的。根据《关于适用民诉法的解释》第 323 条和《民经审判方式改革规定》第 35 条的规定，第二审人民法院对上诉请求的有关事实和法律适用进行审查时，如果发现一审判决违反法律禁止性规定，或者损害国家利益、社会公共利益、他人合法权益的，即使超出上诉人上诉请求的范围，第二审人民法院也应当进行审查并予以纠正。

（三）审理方式

根据《民事诉讼法》第169条的规定，第二审人民法院审理上诉案件，可以开庭审理，也可以不开庭审理。在具体适用上，以开庭审理为原则，不开庭审理为例外。需要对原证据重新审查或者当事人提出新证据的上诉案件，应当开庭审理。

如果合议庭经过阅卷、调查和询问当事人后，认为原审裁判事实清楚、适用法律正确或者事实清楚、只是定性错误或适用法律错误，上诉人又没有提出新的事实、证据或者理由，可决定不开庭审理。《关于适用民诉法的解释》第333条明确规定了四类案件可以不开庭审理：①不服不予受理、管辖权异议和驳回起诉裁定的案件；②当事人提出的上诉请求明显不能成立的案件；③原判决、裁定认定事实清楚，但适用法律错误的案件；④原判决严重违反法定程序，需要发回重审的案件。

（四）审结期限

为保证上诉案件的及时审理和裁判，法律对上诉案件的审理期限作出了明确的规定。《民事诉讼法》第176条规定："人民法院审理对判决的上诉案件，应当在第二审立案之日起3个月内审结。有特殊情况需要延长的，由本院院长批准。"根据《关于适用民诉法的解释》第341条的规定，第二审人民法院对裁定的上诉案件的审结期限为立案之日起30日内。有特殊情况需要延长的，需由本院院长批准。

（五）诉讼中调解

调解原则是我国民事诉讼法的一项基本原则，它贯穿民事诉讼程序的始终，其中包括第二审程序。在审理前的准备阶段或开庭审理过程中，第二审人民法院都可以组织当事人调解。既可以就上诉请求范围内的实体问题进行调解，也可以对一审判决未认定而上诉人提出异议的实体问题进行调解。

1. 就上诉请求进行调解。《民事诉讼法》第172条规定，第二审人民法院审理上诉案件，可以进行调解。经调解达成协议的，应当制作调解书，由审判人员、书记员署名，加盖人民法院印章；调解书送达后，原审人民法院的判决即视为撤销。根据《关于适用民诉法的解释》第339条的规定，当事人在第二审中达成和解协议的，法院可以根据当事人的请求，对双方达成的和解协议进行审查，并制作调解书送达当事人。

2. 对其他法定情形进行调解。根据《关于适用民诉法的解释》第326～329条的规定，第二审程序中有下列情形的，人民法院可以进行调解：

（1）对当事人在第一审程序中已经提出的诉讼请求，原审人民法院未作审理、判决的，第二审人民法院可以根据当事人自愿的原则进行调解，调解不成的，发回重审。

（2）必须参加诉讼的当事人或者有独立请求权的第三人，在第一审程序中未参加诉讼，第二审人民法院可以根据当事人自愿的原则予以调解，调解不成的，发回重审。

（3）在第二审程序中，原审原告增加独立的诉讼请求或者原审被告提出反诉的，第二审人民法院可以根据当事人自愿的原则就新增加的诉讼请求或者反诉进行调解，调解不成的，告知当事人另行起诉。

（4）一审判决不准离婚的案件，上诉后，第二审人民法院认为应当判决离婚的，可以根据当事人自愿的原则，与子女抚养、财产问题一并调解，调解不成的，发回重审。

上述第三、第四种情形，双方当事人同意由第二审人民法院一并审理的，第二审人民法院可以一并裁判，不需发回重审。

二、上诉案件的裁判

（一）对一审判决提起上诉案件的裁判

根据《民事诉讼法》第170条的规定，对当事人不服一审判决提起上诉的案件，第二审人民法院经过审理，按照下列情形，分别处理：

1. 原判决认定事实清楚，适用法律正确的，判决驳回上诉，维持原判。第二审人民法院经过审理，认为一审判决认定事实清楚、适用法律正确，说明上诉人要求否定该判决的理由不能成立，应当以判决的形式否定上诉请求、肯定原判决，维护原判的权威性。根据《关于适用民诉法的解释》第334条的规定，原判决认定事实或者适用法律虽有瑕疵、但判决结果正确的，第二审人民法院可以在判决中纠正瑕疵后予以维持。

2. 原判决认定事实错误或者适用法律错误的，以判决方式依法改判、撤销或者变更。经过审理，第二审法院认为原判决在事实认定或者适用法律方面存在全部或者部分错误的，应当通过改判、撤销或者变更的方式予以纠正。改判，是指原审判决认定的事实或者适用的法律存在错误，第二审法院对事实作出正确认定、适用正确的法律后，改正原审的全部判决结果。改判的同时应当撤销原判决结果相应的内容。变更，是指原审判决的事实认定或者法律适用存在错误，第二审法院对错误部分进行纠正，并对原判决结果中错误的内容予以改正，正确部分则予以保留。改判、撤销、变更都应以判决方式作出。

3. 原判决认定基本事实不清的，裁定撤销原判决，发回原审人民法院重审，或者查清事实后改判。根据《关于适用民诉法的解释》第335条的规定，基本事实是指用以确定当事人主体资格、案件性质、民事权利义务等对原判决、裁定的结果有实质性影响的事实。原判决连基本事实都不能正确认定，可见原审法院的审判活动及审理结果存在重大的错误，第二审法院可以撤销原判决、发回重审。要求原审法院重新审理，一方面是原审法院更有查清案件事实的便利，另一方面也是对原审法院的监督和警醒。如果第二审人民法院能够顺利查明案情的，也可以在查清事实后改判。第二审法院撤销原判、发回重审应当采用裁定方式，改判则采用判决方式。

4. 原判决遗漏当事人或者违法缺席判决等严重违反法定程序的，裁定撤销原判决，发回原审人民法院重审。原判决遗漏当事人，一般有两种情况：一是当事人参加了一审的诉讼活动，而一审判决未对其与案件有关的事实及法律责任予以认定；二是当事人应当参加诉讼，而一审法院未通知其参加。属于第一种情况的，第二审人民法院应当裁定撤销原判、发回重审。第二种被遗漏的当事人可以申请参加第二审的诉讼活动，第二审法院可以根据当事人自愿的原则予以调解，调解不成的，发回重审。

原审诉讼活动严重违反法定程序的，原判决也就不具有合法性，第二审人民法院应当裁定撤销原判、发回重审。严重违反法定程序的情形包括：①审判组织的组成不合法；②应当回避的审判人员未回避；③无诉讼行为能力人未经法定代理人代为诉讼；④未按法定方式传唤当事人而缺席判决；⑤违法剥夺当事人辩论权利。

发回重审的案件，原审人民法院应当另行组成合议庭，原审合议庭成员或者独任审判员不能参加。新的合议庭应当按照第一审普通程序进行审理，不能适用简易程序。原审人民法院对发回重审的案件所作的裁判，仍属于第一审裁判，当事人对重审裁判不服的，有权提起上诉，第二审人民法院对该上诉不得再次发回重审。

此外，根据《关于适用民诉法的解释》第330条的规定，第二审人民法院审理上诉案件，认为该案依法不应由人民法院受理的，可以直接裁定撤销原裁判，驳回起诉。这样处理有利于节省诉讼资源，符合诉讼经济的原则。该司法解释第331条规定，第二审人民法院认为第一审人民法院受理案件违反专属管辖规定的，应当裁定撤销原裁判，并移送有管辖权的人民法院。

《民事诉讼法》第176条第1款规定，人民法院审理对判决的上诉案件，应当在第二审立案之日起3个月内审结。有特殊情况需要延长的，由本院院长批准。

（二）对一审裁定提起上诉案件的裁定

根据《民事诉讼法》第154条的规定，当事人仅可对第一审人民法院不予受理、驳回起诉、驳回管辖权异议的裁定提起上诉。《民事诉讼法》第171条规定，第二审人民法院对不服第一审人民法院裁定的上诉案件的处理，一律使用裁定。这是对第二审人民法院处理相关案件在形式上的要求。从裁定的内容看，可分为维持原裁定的裁定和撤销原裁定的裁定两种。

1. 维持原裁定。经过审理，第二审人民法院认为原审裁定认定的事实清楚，适用法律正确，上诉人的上诉不能成立的，应当以裁定驳回上诉，维持原裁定。

2. 撤销原裁定。经过审理，第二审人民法院认为原审裁定依据的事实错误或不清，或者适用法律错误的，应当裁定撤销原裁定，并依不同情形分别作出处理：

（1）认为第一审人民法院不予受理的裁定有错误的，应当在撤销原裁定的同时，指令第一审人民法院立案受理；

（2）认为第一审人民法院驳回起诉的裁定有错误的，应当在撤销原裁定的同时，指令第一审人民法院进行审理；

（3）认为第一审人民法院驳回管辖权异议的裁定错误的，应当在裁定撤销原裁定的同时，指令原审人民法院将案件移送至有管辖权的人民法院。

应当注意，第二审人民法院以违反管辖规定为由裁定撤销原审裁判的情形有两种：一是当事人针对第一审人民法院驳回管辖权异议的裁定提起上诉；另一是当事人不服第一审人民法院的判决提起上诉。前一种情形，只要原审法院对案件没有管辖权，第二审法院就可裁定撤销原裁定；后一种情形，只有在一审法院违反专属管辖规定受理了案件，二审法院方可裁定撤销原审判决，并移送有管辖权的人民法院。

依《民事诉讼法》第176条第2款和《关于适用民诉法的解释》第341条的规定，人民法院审理对裁定的上诉案件，应当在第二审立案之日起30日内作出终审裁定。有特殊情况需要延长审限的，由本院院长批准。

（三）第二审裁判的效力

我国实行两审终审制，第二审法院即为终审法院，第二审法院的裁判为终审裁判。第二审裁判一经送达，即发生法律效力。

1. 不得对裁判再行上诉。第二审法院的裁判是对当事人之间实体权利义务的最终确认，一经送达当事人即发生法律效力，当事人不得就此再行上诉。如果当事人认为第二审法院的裁判确有错误，只能按照审判监督程序向法院申请再审。

2. 不得就同一诉讼标的、以同一事实和理由重新起诉。第二审法院的裁判一经送达，当事人之间争议的事实在法律上已被确认，根据"一事不再理"原则，当事人不得就同一诉讼标的、以同一事实和理由重新起诉，判决不准离婚、调解和好的离婚案件以及判决维持收养关系的案件、调解维持收养关系的案件除外。因为有了新情况、新理由或者经过了法定期间，前述案件的当事人重新起诉，构成的是一个新的案件。

3. 具有强制执行的效力。第二审法院具有给付内容的裁判，如果义务人拒不履行义务，权利人有权向法院申请执行。人民法院也可以视情况依职权采取强制措施，以促使义务人履行义务，保障权利人的合法权益，维护人民法院生效裁判的权威。

三、诉讼中特殊情况的处理

（一）上诉的撤回

上诉的撤回，是指上诉人在第二审人民法院受理上诉后、宣告裁判前主动放弃诉讼请求的一种诉讼行为。

撤回上诉必须同时符合以下条件：①撤回上诉的主体限于上诉人；②必须向第二审人民法院做出明确表示，一般采用书面形式，也可以用口头方式，口头申请的应当记入法院笔录；③必须是上诉人的自愿行为，任何组织和个人不得强迫上诉人撤回上诉；④撤回上诉的目的必须正当、合法，上诉人不得借机损害国家、集体和他人的合法权益；⑤必须在上诉案件被受理后、裁判宣告前提出申请。

一般情况下，撤回上诉是上诉人行使其诉讼权利的主动行为，但如果有法律规定的特定情形，即使上诉人没有提出申请，也视为撤回上诉。《关于适用民诉法的解释》第320条规定，上诉人递交上诉状后未在指定期限内交纳上诉费的，按自动撤回上诉处理。

对于上诉人撤回上诉的申请，第二审人民法院应当进行审查，作出是否准许的裁定。根据《民事诉讼法》第173条和《关于适用民诉法的解释》第337条的规定，有下列情形之一的，第二审人民法院应当作出不准撤回上诉的裁定：

1. 第一审人民法院的判决确有错误。

2. 当事人之间恶意串通损害国家利益、社会公共利益、他人合法权益。

3. 第一审法院审理案件严重违反法定程序。

此外，有多方当事人均为上诉人时，一方当事人申请撤回上诉，其他方当事人未申请撤回上诉，人民法院经审查后准许该当事人撤回上诉，第二审程序并不因此而终结，应当继续审理其他当事人的上诉请求。

上诉一经撤回，将产生如下法律效果：①撤回上诉的当事人丧失对本案的上诉权；②若无其他一审当事人提起上诉，第二审程序终结，一审裁判生效；③撤回上诉的当事人承担第二审诉讼费用。

（二）起诉的撤回

起诉的撤回，是指在第二审人民法院受理上诉案件后、宣告裁判前，原审原告申请放弃其在一审程序中的诉讼请求，是当事人处分其诉讼权利及实体权利的一种诉讼行为。

《关于适用民诉法的解释》第338条第1款规定："在第二审程序中，原审原告申请撤回起诉，经其他当事人同意，且不损害国家利益、社会公共利益、他人合法权益的，人民法院可以准许。准许撤诉的，应当一并裁定撤销一审裁判。"由此可见，在二审中申请撤回起诉，不仅必须符合撤诉的一般条件，而且必须征得其他当事人的同意，这是对其他当事人诉讼权利的尊重与保障。经二审法院审查准许撤诉的，一审裁判同时被撤销，第二审程序随之终结。

按照《关于适用民诉法的解释》第338条第2款的规定，原审原告在第二审程序中撤回起诉后重复起诉的，人民法院不予受理，以防止当事人滥用诉权。

（三）诉讼的承担

在第二审程序中，上诉案件的当事人死亡或者终止的，人民法院应当依法通知其权利义务承继者参加诉讼。

作为当事人的法人或者其他组织在第二审程序中分立的，人民法院可以直接将分立后的法人或者其他组织列为共同诉讼人。作为当事人的法人或者其他组织合并的，将合并后的法人或者其他组织列为当事人。

如果有下列情形之一的，第二审法院应当终结诉讼：①上诉人死亡，没有继承人或者继承人放弃诉讼权利；②被上诉人死亡，没有遗产也没有应当承担义务的人；③离婚上诉案件一方当事人死亡的；④追索赡养费、扶养费、抚育费以及解除收养关系上诉案件的一方当事人死亡的。

相关法律规范

1. 《中华人民共和国民事诉讼法》第 168 ~ 176 条；

2. 《最高人民法院关于适用〈中华人民共和国民事诉讼法〉的解释》第 322 ~ 342 条；

3. 《最高人民法院关于民事诉讼证据的若干规定》第 42、45、46 条。

学习情境十一　上诉

【情境案例】

上诉人（原审原告）：王某

被上诉人（原审被告）：李某

2010 年 6 月 16 日，王某与李某签订房屋租赁协议一份，该协议约定，由王某租用李某的房屋，每月租金为 2200 元，租期从 2010 年 9 月 1 日至 2011 年 7 月 31 日止。2010 年底李某以王某未按时足额交付租金为由，要求王某搬离其房屋，王某不同意搬出。2011 年 1 月底，李某办理了该房屋的停电停水手续，导致王某无法在该房屋内居住。王某遂于 2011 年 2 月向法院起诉，要求李某继续履行合同。

李某答辩并提出反诉称，王某未按约定的时间及金额足额交付租金，并擅自装修房屋，构成违约，要求解除合同，要求王某支付计至 2011 年 2 月的拖欠租金 3140 元。王某辩称，延迟交租是经李某同意的，没有足额支付租金是因为对李某的房屋进行修缮而支付了相关的费用，因此其没有违约，不同意解除合同以及支付拖欠租金的要求。

一审法院判决如下：①解除王某与李某于 2010 年 6 月 16 日签订的房屋租赁协议。②王某应当在本判决发生法律效力 3 日内向李某支付拖欠的租金 1600 元（计至 2011 年 2 月 28 日），并从 2011 年 3 月 1 日起至实际交还房屋时止按合同约定的标准每月 2200 元向李某支付租金。③驳回王某的诉讼请求。④驳回李某的其他诉讼请求。

王某不服一审判决提起上诉，认为其没有违约。一审法院适用法律错误，应适用《城市房屋租赁管理办法》第 19 条、第 24 条的规定，根据该规定，只有迟交房租 6 个月，出租人才可解除合同。被上诉人李某辩称：上诉人声称被上诉人同意上诉人迟交租金、同意减少租金不是事实，被上诉人是根据双方签订合同的约定解除合同的，上诉人所称《城市房屋管理办法》的规定，与双方签订的合同相比不足以否定双方签订合同的效力。

二审法院认为，原审判决认定事实清楚，适用法律正确，上诉人上诉理由不成立，依法应予驳回。据此，判决如下：①驳回上诉，维持原判。②二审受理费576元，由上诉人负担。

【训练目的及要求】

通过实训，使学生学会运用法律和事实掌握提起上诉应具备的条件和方式，能针对一审裁判认定事实和适用法律情况，分析整理提起上诉应提供的证据材料，确定上诉的请求，并制作上诉状，熟练处理相关上诉的诉讼活动。

【训练方法】

参训学生4~8名为一组，分角色扮演。由2~4名学生分别模拟上诉人及其诉讼代理人，1~2名学生模拟被上诉人及其诉讼代理人，1~2名学生模拟法官。

【工作任务】

任务一：分析审查一审裁判，判断是否属于可提起上诉的法律文书。

步骤1：审查案件一审基本情况，审查该法律文书能否提起上诉，审查该案是否能在法定期限内上诉。

步骤2：分析判断一审裁判是否正确合理，是否存在可能影响公正裁判的情形。

任务二：收集整理二审相关证据材料。

步骤1：调查收集整理二审相关证据材料，了解或调查是否有新的证据。

步骤2：组织二审材料和上诉思路，确定上诉请求和上诉的事实与理由。

任务三：整理证据目录，提起上诉。

步骤1：向有管辖权的法院提起上诉。

步骤2：按照格式和要求，向法院提交上诉状。

步骤3：按照有关规定缴纳诉讼费用。

【文书样式】

民事上诉状

上诉人（写明基本情况）：

被上诉人（写明基本情况）：

上诉人因_____一案，不服_____人民法院_____年____月____日（ ）字第_____号_____，现提出上诉。

上诉请求：

上诉理由：

此致

××××人民法院

上诉人：×××

××××年××月××日

附：本上诉状副本_____份。

思考题

1. 上诉提起的条件是什么？

2. 简述上诉案件的审理范围。

3. 第二审人民法院在何种情形下应作出不准撤回上诉的裁定？

4. 上诉案件能否进行调解？

5. 二审裁判的种类有哪些？

6. 第二审程序与第一审程序的主要区别是什么？

——— 单元九

审判监督程序

✍ **本单元知识结构图**

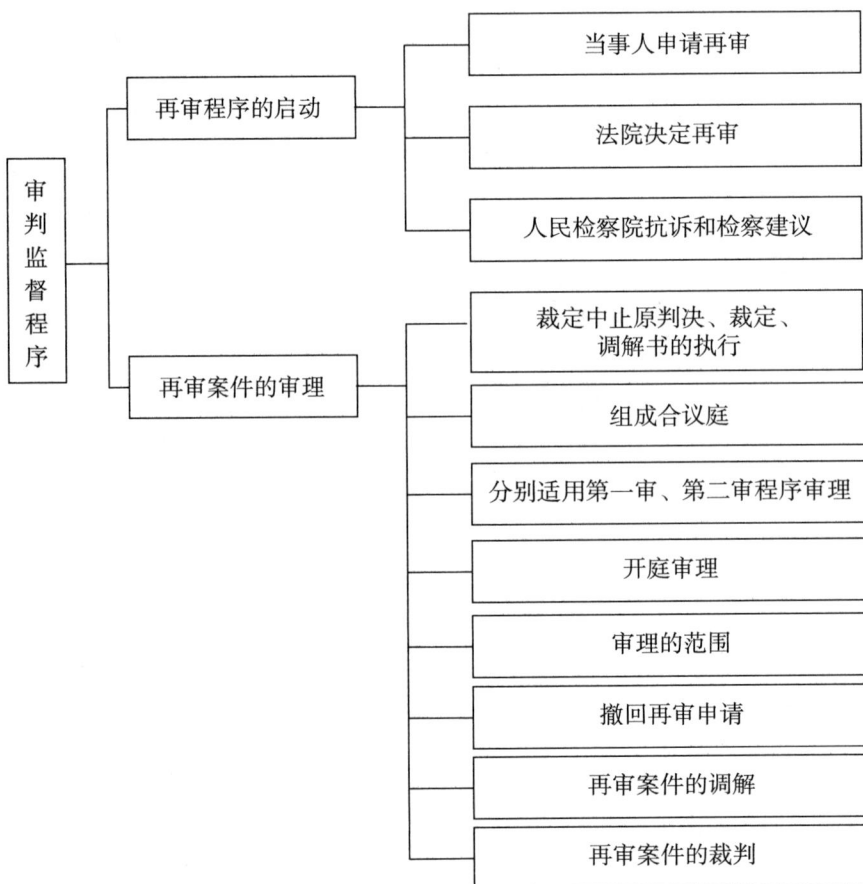

✏ **知识目标**

1. 掌握法院决定再审、当事人申请再审以及检察院抗诉的条件、程序；
2. 掌握再审案件的审理程序。

能力目标

能处理当事人申请再审的相关法律事务。

项目一　再审程序的启动

引例

引例一：2014 年，结婚 18 年的王某以夫妻感情不和、丈夫葛某迷上赌博为由，向法院提出离婚。经审理，法院同意了王某的离婚请求。当时，夫妻俩的财产除了两套房子，还有一家占 70% 股权效益不错的茶厂，法院判定，房子一人一套，茶厂股权的一半归王某所有。不过，在审理离婚案的同时，法院受理了以该茶厂为被告的一桩借款合同纠纷案。原告是某市某茶叶有限公司，该茶叶公司表示葛某的茶厂借了他们 306 万元。巧合的是，该茶叶公司负责人正是葛某的亲哥哥。因茶厂对起诉没有异议，双方在法院经调解达成了茶厂归还 306 万元欠款的协议。在审理王某离婚案时，法院查明茶叶公司在自有注册资金为 100 万元的情况下，在设立后的短短数月内就出借给茶厂 306 万元的巨额款项，并和茶厂联合发出公函处置了该厂的业务和资产，存在着借款诉讼实际是为吞并前妻离婚后依法取得利益的可能性。因而法院认为该调解书确有错误，可能侵害了王某的合法权益，决定再审茶叶公司与茶厂的借款纠纷一案。

问题：法院决定再审茶叶公司与茶厂的借款纠纷一案是否正确？

引例二：2006 年 3 月 21 日晚，患儿鄂某某在家不慎向前摔倒，当时无不适反应，次日上午出现恶心及呕吐状况，便来到某医院就诊，儿科医生黄某诊后说没什么事，可能是消化不良，便开出酵母片及维生素 B6 两种药让患儿服用，但服用后仍然出现呕吐、发热。又于 23 日凌晨 1 时再次就诊，当时患儿出现烦躁不安、呕吐物含血、高热、无尿，全身皮肤青紫状况，意识逐渐不清。在此期间患儿亲属多次找医务人员报告病情，但均未给予相应的应急处理，6 时许患儿死亡。死后，尸检病理诊断报告的死亡原因为：机械性肠梗阻，引发肠坏死，导致广泛炎症浸润所致。患儿亲属以诊疗行为误诊、误治、导致患儿死亡为由，向某区人民法院提出医疗损害赔偿的诉讼。

一审法院认为，原告鄂某、于某之女鄂某某在被告某医院就医死亡，经鉴定不构成医疗事故，故医疗机构不承担赔偿责任。依据《中华人民共和国民事诉讼法》第 64 条、《医疗事故处理条例》第 49 条第 2 款的规定，于 2006 年 12 月 13 日作出（2006）×民初字第×号民事判决书，驳回原告鄂某、于某的诉讼请求。原告对此判决不服，向中级人民法院提出上诉。二审法院经审理认为，上诉人无证据证实被上诉人在诊疗过程中存在过错，原审驳回其诉讼并无不当。依照《中华人民共和国民事诉讼法》第 170 条第 1 款第（一）项之规定，于 2007 年 4 月 12 日作出（2007）×中字第×号民事判决书，驳回上诉，维持原判。上诉人对终审判决不服，于 2009 年 5 月 7 日，向中级人民法院申请再审。

问题：上诉人鄂某、于某申请再审是否符合法定要件？

引例三：徐某是某公司的会计，2007 年 12 月的一天，公司要取 5 万元现金，徐某便到公司附近的储蓄所取款。填了单子，储蓄员将 5 万元交给徐某，他清点完后确定准确无误。这 5 万元钱中，4 万元是扎好的，1 万元没扎好，徐某便将 1 万元又交给了储蓄员，要她帮忙扎好，包扎好的 4 万元就放在徐某的旁边。正在此时，一个人把钱抢走，并立即跳上门口没有熄火的摩托车跑掉了。银行马上拨打"110"报警，几个月后，仍然没有任何线索。公司认为被抢的钱应该是银行的钱，因为所有权没有转移，4 万元在柜台上，1 万元在储蓄员手里。而银行却认为被抢的钱应该是储户的，所有权已经转移。为此公司将银行告上法院。法院判决认定：钱被抢时，整个取款过程及银行提供的服务尚未结束，原告支取的存款，还未离开被告柜台及营业厅，因此该款的风险由银行承担。银行不服一审判决，向上级法院提起上诉，二审法院维持原判。银行找到一审法院的同级人民检察院反映情况，他们认为风险的转移随交付而转移，而当钱被抢时，银行已经履行了合同的存款交付义务，所以风险已经转移至公司。银行固然有义务保护顾客的人身和财产安全，但根据有关规定，银行的安全措施是完全达标的，所以对顾客的损失银行不负法律责任。一审法院的同级人民检察院答复说对于二审法院生效判决他们没有权力抗诉。银行又找到二审法院的同级人民检察院，二审法院的同级人民检察院制作了抗诉书，向该案的二审法院提出了抗诉。

问题：一审法院的同级人民检察院的回答是否正确？为什么？二审法院的同级人民检察院的做法是否正确？为什么？

📖 基本原理认知

再审程序，是指当事人、人民检察院和人民法院对已经发生法律效力的判决、裁定以及调解书基于法定的事实和理由认为确有错误，申请、提起和决定对相应的案件进行再次审理，并由人民法院对案件进行审理而适用的审判程序。再审实质上是对有重大瑕疵的确定判决进行救济，因此，再审程序是具有补救性质的纠错程序，不是每一案件必经的程序。

在我国的民事诉讼中，人民法院行使国家审判权作出的判决和裁定，一经发生法律效力，任何机关、团体、单位和个人都无权变更和撤销，以维护法律的严肃性与权威性，确认当事人之间权利义务关系的稳定性。但生效裁判的稳定性应当建立在正确性的基础上。由于民事案件的复杂性和其他原因，如司法人员的工作失误或有意偏袒一方当事人等，都在客观上造成了生效裁判即使经过了一审、二审，仍有可能出错。如果确实有错误并达到了必须纠正的程度，就应当通过审判监督程序来改变它，而没有理由去维护这种错误裁判的稳定性。

再审程序所审理的案件，不仅包括基于法院和检察院的审判监督权提出的再审案件，还包括基于当事人的诉权提出的再审案件，即启动的主体包括法院、检察院、当事人，启动再审程序的主体不同，其启动的程序也各不相同。

一、当事人申请再审

当事人申请再审，是指当事人对已经发生法律效力的判决、裁定、调解书认为确有错误，请求人民法院对案件进行再次审理并加以改判的诉讼行为。申请再审和起诉、上诉一样，均属于当事人行使诉讼权利的行为，只要符合法定条件，就应当引起相应的诉讼程序的发生。但申请再审所针对的毕竟是已经生效的判决、裁定、调解书，因此，申请再审的条件理应比起诉、上诉的条件更为严格。

（一）申请再审的条件

根据《民事诉讼法》的规定，当事人申请再审必须符合下列条件：

1. 申请再审的对象必须是已经发生法律效力的判决、裁定、调解书。应当注意的是：不是所有生效的判决都可以申请再审。根据《关于适用民诉法的解释》的规定，下列案件不得申请再审：

（1）按照督促程序、公示催告程序、企业法人破产还债程序审理的案件。这类案件不能申请再审是因为已有专门的救济措施，不需要通过再审程序予以救济，例如公示催告程序中关于除权判决的救济。

（2）当事人对已经发生法律效力的解除婚姻关系的判决，不得申请再审。这是因为没有救济的意义，当事人如果还有感情可以复婚。但要注意当事人就离婚案件中的财产分割问题申请再审的，如涉及判决中已分割的财产，人民法院应依照《民事诉讼法》第200条的规定进行审查，符合再审条件的，应立案审理。如涉及判决中未作处理的夫妻共同财产，应告知当事人另行起诉。

应注意的是，并非所有的裁定都可以再审。根据《关于适用民诉法的解释》第381条规定："当事人认为发生法律效力的不予受理、驳回起诉的裁定错误的，可以申请再审。"

生效调解书，当事人需提出证据证明调解违反自愿原则或者调解协议的内容违反法律方可申请再审。

2. 必须具有法定的事实和理由。根据《民事诉讼法》第200条的规定，对生效的判决、裁定申请再审，必须具有下列情形之一：

（1）有新的证据，足以推翻原判决、裁定的。根据《最高人民法院关于适用〈中华人民共和国民事诉讼法〉审判监督程序若干问题的解释》（以下简称《审判监督程序解释》）的规定，"新的证据"是指：①原审庭审结束前已客观存在庭审结束后新发现的证据；②原审庭审结束前已经发现，但因客观原因无法取得或在规定的期限内不能提供的证据；③原审庭审结束后原作出鉴定结论（《民事诉讼法》修改为鉴定意见）、勘验笔录者重新鉴定、勘验，推翻原结论的证据；④当事人在原审中提供的主要证据，原审未予质证、认证，但足以推翻原判决、裁定的，应当视为新的证据。

（2）原判决、裁定认定的基本事实缺乏证据证明的。基本事实，是指对原判决、裁定的结果有实质影响、用以确定当事人主体资格、案件性质、具体权利义务和民事责任等主要内容所依据的事实。

（3）原判决、裁定认定事实的主要证据是伪造的。

（4）原判决、裁定认定事实的主要证据未经质证的。要注意当事人对原判决、裁定认定事实的主要证据在原审中拒绝发表质证意见或者质证中未对证据发表质证意见的，不属于未经质证的情形。

（5）对审理案件需要的证据，当事人因客观原因不能自行收集，书面申请人民法院调查收集，人民法院未调查收集的。对审理案件需要的证据，是指人民法院认定案件基本事实所必须的证据。

（6）原判决、裁定适用法律确有错误的。适用法律确有错误，是指：①适用的法律与案件性质明显不符的；②确定民事责任明显违背当事人约定或者法律规定的；③适用已经失效或尚未施行的法律的；④违反法律溯及力规定的；⑤违反法律适用规则的；⑥明显违背立法本意的。

（7）审判组织的组成不合法或者依法应当回避的审判人员没有回避的。

（8）无诉讼行为能力人未经法定代理人代为诉讼或者应当参加诉讼的当事人，因不能归责于本人或者其诉讼代理人的事由，未参加诉讼的。

（9）违反法律规定，剥夺当事人辩论权利的。即：①不允许当事人发表辩论意见的；②应当开庭审理而未开庭审理的；③违反法律规定送达起诉状副本或者上诉状副本，致使当事人无法行使辩论权利的；④违法剥夺当事人辩论权利的其他情形。

（10）未经传票传唤，缺席判决的。

（11）原判决、裁定遗漏或者超出诉讼请求的。

（12）据以作出原判决、裁定的法律文书被撤销或者变更的。

（13）审判人员审理该案件时有贪污受贿，徇私舞弊，枉法裁判行为的。审判人员审理该案件时有贪污受贿、徇私舞弊、枉法裁判行为，是指已经由生效刑事法律文书或者纪律处分决定所确认的行为。

根据《民事诉讼法》第201条的规定，当事人对调解书申请再审的，应提供证据证明调解违反自愿原则或者调解协议的内容违反法律。

3. 必须向有管辖权的人民法院申请再审。《民事诉讼法》第199条规定："当事人对已经发生法律效力的判决、裁定，认为有错误的，可以向上一级人民法院申请再审；当事人一方人数众多或者当事人双方为公民的案件，也可以向原审人民法院申请再审。

当事人申请再审的，不停止判决、裁定的执行。"根据这一规定，当事人的再审申请原则上应当向上一级人民法院提出，只有当事人一方人数众多或者当事人双方为公民的案件，才可以向原审人民法院申请再审。人数众多的一方当事人，包括公民、法人和其他组织。当事人一方人数众多或者当事人双方为公民的案件，当事人分别向原审人民法院和上一级人民法院申请再审且不能协商一致的，由原审人民法院受理。当事人双方为公民的案件，是指原告和被告均为公民的案件。

之所以原则上向上一级人民法院申请再审，是因为由上级法院纠正错误效果更好，也有助于避免当事人多头申诉，影响生效裁判的稳定性。但如果所有再审申请都向上一级人民法院提出，会给当事人造成交通、时间等方面的不便。据此，为方便公民个人申请再审，其既可以向上级人民法院也可以向原审人民法院提出再审申请。本条规定还体现了再审程序和执行程序的衔接。在司法实践当中，一个很突出的问题是，败诉的一方当事人对判决不服，就不履行生效法律文书确定的义务。根据本条规定，当事人申请再审，不停止原判决、裁定的执行。

4. 必须在法定的期限内申请再审。《民事诉讼法》第205条规定："当事人申请再审，应当在判决、裁定发生法律效力后6个月内提出；有本法第200条第1项、第3项、第12项、第13项规定情形的，自知道或者应当知道之日起6个月内提出。"这一规定也适用于对调解书的申请再审。应当注意这6个月为不变期间，不适用诉讼时效中止、中断、延长的规定。

对当事人申请再审的时间作出规定，目的在于促使当事人及时行使申请再审的权利，以利于再审工作规范、顺利地进行，防止当事人无休止的缠讼，维护民事法律关系的稳定性。

（二）申请再审的程序

1. 提交申请书。当事人申请再审，应当向人民法院提交再审申请书，并按照对方当事人人数提交副本。申请书的内容包括：①再审申请人与被申请人及原审其他当事人的基本信息；③原审人民法院的名称，原审裁判文书案号；④具体的再审请求；⑤申请再审的法定情形及具体事实、理由。再审申请书应当明确申请再审的人民法院，并由再审申请人签名、捺印或者盖章。

2. 提交材料。包括：①再审申请人是自然人的，应当提交身份证明；再审申请人是法人或者其他组织的，应当提交营业执照、组织机构代码证书、法定代表人或者主要负责人身份证明书；委托他人代为申请的，应当提交授权委托书和代理人身份证明。②原审判决书、裁定书、调解书。③反映案件基本事实的主要证据及其他材料。

（三）法院审查再审申请的程序

1. 受理。在受理阶段，只要当事人主张的事由是《民事诉讼法》第200条规定的法定事由，即视为符合此项条件，无须过度审查事由是否成立。人民法院应当自收到符合条件的再审申请书等材料后 5 日内完成向申请再审人发送受理通知书等受理登记手续，并向对方当事人发送受理通知书及再审申请书副本。

根据《关于适用民诉法的解释》第 383 条的规定："当事人申请再审，有下列情形之一的，人民法院不予受理：①再审申请被驳回后再次提出申请的；②对再审判决、裁定提出申请的；③在人民检察院对当事人的申请作出不予提出再审检察建议或者抗诉决定后又提出申请的。前款第 1 项、第 2 项规定情形，人民法院应当告知当事人可以向人民检察院申请再审检察建议或者抗诉，但因人民检察院提出再审检察建议或者抗诉而再审作出的判决、裁定除外。"

2. 送达申请书副本。人民法院应当自收到再审申请书之日起 5 日内将再审申请书副本发送对方当事人。对方当事人应当自收到再审申请书副本之日起 15 日内提交书面意见。不提交书面意见的，不影响人民法院审查。

3. 审查的内容。人民法院对再审申请的审查，应当围绕再审事由是否成立进行。从尊重当事人处分权角度考虑，审查申请再审案件的范围一般应限于当事人主张的再审事由，即只要审查当事人主张的事由。如果发现当事人主张的事由不成立，但其他事由可能成立，生效裁判确有错误的，可以依据《民事诉讼法》第 198 条的规定依职权启动再审。

4. 审查的时间和方式。人民法院应当自收到再审申请书之日起 3 个月内，组成合议庭予以审查，符合法律规定的，裁定再审。不符合法律规定的，裁定驳回申请。有特殊情况需要延长的，由本院院长批准。审查的方式是组成合议庭，以审查材料、审阅原审卷宗、询问当事人、组织当事人听证这四种方式进行。

（1）审查再审申请人提交的再审申请书等书面材料。对于再审事由明显缺乏证据支持，不能成立的，可以不经调卷直接裁定驳回。对于部分根据原审裁判和当事人提供的主要证据足以作出准确判断的再审事由，也可直接裁定再审。

（2）审阅原审卷宗。审阅原审卷宗是审查再审申请的基本形式，对于单纯审查书面材料不能确定的再审事由，应当调取原审卷宗进行审查。

（3）询问当事人。询问是《民事诉讼法》第 203 条明确规定的审查方式。法院可以根据案情需要决定是否询问当事人。应当注意，以有新的证据足以推翻原判决、裁定为由申请再审的，人民法院应当询问当事人。

（4）组织听证。听证是介于开庭和询问之间的一种较为正式的诉讼活动，注重公开性、规范性，当事人也比较认同。且有些再审事由采用听证方式审查处理更为适宜，如对需要质证的证据，若使用询问形式进行质证显然不够正式、不够严肃。听证审查方式对于审查新证据，查明案件事实，正确判断申请再审是否符合再审条件，促使当事人和解或息诉发挥了良好的作用。

以上四种方式为可选择性规定，并没有递进的关系，可以根据案件具体情况，选择一种或者几种结合运用。如可以将书面审查和询问结合使用，并不一定需要调阅卷宗。

人民法院裁定再审的案件，应同时裁定中止原判决的执行，该裁定由院长署名，加盖人民法院印章。驳回再审申请的裁定一经送达，即发生法律效力。

5. 审查的终结。①申请再审人死亡或者终止，无权利义务承受人或者权利义务承受人声明放弃再审申请的；②在给付之诉中，负有给付义务的被申请人死亡或者终止，无可供执行的财产，也没有应当承担义务的人的；③当事人达成执行和解协议且已履行完毕的，但当事人在执行和解协议中声明不放弃申请再审权利的除外；④他人未经授权以当事人名义申请再审的；⑤原审或者上一级人民法院已经裁定再审的；⑥有当事人申请再审，人民法院不予受理的三种情形之一的。

（四）再审申请的撤回

申请再审人在案件审查期间申请撤回再审申请的，是否准许，由人民法院裁定。申请再审人经传票传唤，无正当理由拒不接受询问，可以裁定按撤回再审申请处理。

（五）审理再审案件的法院

因当事人申请裁定再审的案件由中级人民法院以上的人民法院审理。但当事人一方人数众多或者当事人双方为公民的案件，当事人选择向基层人民法院申请再审的除外。最高人民法院、高级人民法院裁定再审的案件，由本院再审或者交其他人民法院再审，也可以交原审人民法院再审。

二、法院决定再审

人民法院决定再审，是指人民法院对已经发生法律效力的判决、裁定以及调解书，发现其确有错误，依其审判监督职能对案件决定再审。

（一）人民法院提起再审的条件

根据民事诉讼法的规定，人民法院决定再审必须符合以下条件：

1. 属于再审的客体。再审客体，是指再审审理的对象。根据现行《民事诉讼法》的规定，再审的客体是已经发生法律效力的判决、裁定以及调解书。这是对再审对象的限制。如果是尚未生效的判决、裁定确有错误的，应当通过上诉程序来纠正，而不能提起审判监督程序。发生法律效力的判决，包括生效的一审判决和二审判决。

2. 已生效的判决、裁定、调解书必须确有错误。生效的判决和裁定、调解书确有错误，包括其在认定事实方面存在的错误，也包括在适用法律方面存在的错误。应当注意的是，《民事诉讼法》中表述的"确有错误"其含义应当理解为原判决存在错误的可能性很大，但是否存在错误应当通过审理才能予以认定。

（二）人民法院提起再审的程序

人民法院提起再审的程序，因提起再审的具体主体不同而有所不同。

1. 本法院提起再审。根据《民事诉讼法》第198条第1款的规定:"各级人民法院院长对本院已经发生法律效力的判决、裁定、调解书,发现确有错误,认为需要再审的,应当提交审判委员会讨论决定。"

2. 最高人民法院和上级人民法院决定再审。《民事诉讼法》第198条第2款规定:"最高人民法院对地方各级人民法院已经发生法律效力的判决、裁定、调解书,上级人民法院对下级人民法院已经发生法律效力的判决、裁定、调解书,发现确有错误的,有权提审或者指令下级人民法院再审。"

最高人民法院和上级人民法院再审的方式有两种。一种是由最高人民法院和上级人民法院提审;一种是指令下级人民法院再审。

(1)提审,是指最高人民法院对地方各级人民法院已经发生法律效力的判决、裁定、调解书,上级人民法院对下级人民法院已经发生法律效力的判决、裁定、调解书发现确有错误时,依法将案件提至本院进行审理的制度。提审适用于下列情形:①原审法院对案件进行再审有困难或障碍;②一审、二审的裁判不一致,而上级或最高人民法院倾向于认为一审裁判的意见是正确的;③上级和最高人民法院认为由自己提审有利于对案件作出公正的裁判。上级人民法院和最高人民法院提审的,应当通知原审人民法院,并作出裁定中止原裁判的执行,调取案卷进行再审。

(2)指令再审,是指最高人民法院对地方各级人民法院已经发生法律效力的判决、裁定、调解书,上级人民法院对下级人民法院已经发生法律效力的判决、裁定、调解书,发现确有错误时,依法指令下级人民法院对案件进行再审的制度。

应当注意,有下列情形之一的,不得指令原审人民法院再审而应当提审:①原判决、裁定系经原审人民法院再审审理后作出的;②原判决、裁定系经原审人民法院审判委员会讨论作出的;③原审审判人员在审理该案件时有贪污受贿,徇私舞弊,枉法裁判行为的;④原审人民法院对该案无再审管辖权的;⑤需要统一法律适用或裁量权行使标准的;⑥其他不宜指令原审人民法院再审的情形。

法院在提审或者指令下级人民法院再审的裁定中同时写明中止原判决、裁定的执行。情况紧急的,可以将中止执行的裁定口头通知负责执行的人民法院,但应在口头通知后10日内发出裁定书。

根据《最高人民法院关于人民法院对民事案件发回重审和指令再审有关问题的规定》,还应该注意以下几点:①各级人民法院依照《民事诉讼法》第198条第1款的规定对同一案件进行再审的只能再审一次。②上级人民法院根据《民事诉讼法》第198条第2款的规定指令下级人民法院再审的,只能指令再审一次。上级人民法院认为下级人民法院作出的发生法律效力的再审判决、裁定需要再次进行再审的,上级人民法院应当依法提审。③上级人民法院因下级人民法院违反法定程序而指令再审的,不受前款规定的限制。

三、人民检察院抗诉和检察建议

检察机关是《宪法》《人民检察院组织法》及《民事诉讼法》确定的法律监督机关，作为审判监督程序的主体具有正当性，对审判人员错误裁判和枉法裁判进行监督，符合审判监督程序的价值取向。检察机关作为监督主体依法行使抗诉权，有利于维护国家法律的统一正确实施，促进司法公正，维护法律权威，保障诉讼当事人的合法权益。

（一）抗诉

抗诉，是指人民检察院认为人民法院已经发生法律效力的判决、裁定确有错误，或者发现调解书损害国家利益、社会公共利益的，依法提请人民法院对案件重新进行审理的一种诉讼行为。我国民事诉讼中的抗诉仅限于对生效民事裁判的抗诉，对未生效的民事裁判，人民检察院没有抗诉权。

1. 抗诉的条件。

（1）抗诉的对象是已经发生法律效力的判决、裁定以及损害国家利益、社会公共利益的调解书；

（2）具备法定的事实和理由。人民检察院抗诉的法定事实和理由与当事人申请再审的事实和理由相同，即须满足《民事诉讼法》第200条规定的情形之一。

2. 抗诉的程序。人民检察院依照审判监督程序提起抗诉，包括两种情况：

（1）最高人民检察院对各级人民法院已经发生法律效力的判决、裁定、调解书提起抗诉。

（2）上级人民检察院对下级人民法院已经发生法律效力的判决、裁定及调解书提起抗诉。应当注意，地方各级人民检察院对同级人民法院已经发生法律效力的判决、裁定、调解书不能直接提起抗诉，只能向同级人民法院提出再审检察建议，或提请上级人民检察院向其同级人民法院提出抗诉。

人民检察院依以下程序提出抗诉：

（1）立案审查。人民检察院认为人民法院已发生法律效力的判决、裁定可能有错误时，应当立案审查。

（2）调阅案卷材料和调查核实证据。人民检察院立案审查的案件，可以向人民法院调阅案卷材料，可以调查取证，必要时可以勘验和鉴定。

（3）制作抗诉书。抗诉书的主要内容包括抗诉的机关、理由、事实根据和要求等。

（4）向同级人民法院提出抗诉。上级人民检察院的抗诉及最高检察院的抗诉应当按照审判监督程序向同级人民法院提出。

（5）派员出庭。人民检察院提出抗诉的案件，人民法院再审时，应当通知人民检察院派员出席法庭。人民检察院派员出席法庭审理的任务是：①宣读抗诉书；②参与法庭调查；③说明抗诉的根据和理由；④对法庭审判活动是否合法实行监督。

3. 抗诉的效力。人民法院接到人民检察院的抗诉书后，无论其认为原裁判是否错误，都应当自收到抗诉书之日起 30 日内作出再审的裁定，并向双方当事人送达抗诉书副本。

4. 审理抗诉案件的法院。抗诉案件的审理原则上是由与提起抗诉的人民检察院同级的人民法院审理。如果提起抗诉的法定事由是下列情形之一的，可以交下一级人民法院再审：①有新的证据，足以推翻原判决、裁定的；②原判决、裁定认定的基本事实缺乏证据证明的；③原判决、裁定认定事实的主要证据是伪造的；④原判决、裁定认定事实的主要证据未经质证的；⑤对审理案件需要的主要证据，当事人因客观原因不能自行收集，书面申请人民法院调查收集，人民法院未调查收集的。但该案经该下一级人民法院再审的除外。

（二）检察建议

检察建议，是指地方各级人民检察院认为同级人民法院已经发生法律效力的判决、裁定确有错误，或者发现调解书损害国家利益、社会公共利益的，向同级人民法院提出的，并报上级人民检察院备案的法律建议。

1. 检察建议的条件。检察建议与抗诉不同。抗诉是上级人民检察院针对下级人民法院已经发生法律效力的判决、裁定、调解书提起的。检察建议则是地方各级人民检察院对同级人民法院已经发生法律效力的判决、裁定、调解书向同级人民法院提出的，并报上级人民检察院备案。抗诉必然引起再审程序，检察建议则需要法定条件。根据《关于适用民诉法的解释》第 416 条的规定："地方各级人民检察院依当事人的申请对生效判决、裁定向同级人民法院提出再审检察建议，符合下列条件的，应予受理：①再审检察建议书和原审当事人申请书及相关证据材料已经提交；②建议再审的对象为依照民事诉讼法和本解释规定可以进行再审的判决、裁定；③再审检察建议书列明该判决、裁定有民事诉讼法第 208 条第 2 款规定情形；④符合民事诉讼法第 209 条第 1 款第 1 项、第 2 项规定情形；⑤再审检察建议经该人民检察院检察委员会讨论决定。不符合前款规定的，人民法院可以建议人民检察院予以补正或者撤回；不予补正或者撤回的，应当函告人民检察院不予受理。"

2. 检察建议的效力。人民法院收到再审检察建议后，应当组成合议庭，在 3 个月内进行审查，发现原判决、裁定、调解书确有错误，需要再审的，依照《民事诉讼法》第 198 条规定裁定再审，并通知当事人。经审查，决定不予再审的，应当书面回复人民检察院。

📖 相关法律规范

1. 《中华人民共和国民事诉讼法》第 198～213 条；

2. 《最高人民法院关于适用〈中华人民共和国民事诉讼法〉的解释》第 375～

402、413～421 条；

3.《最高人民法院关于民事审判监督程序严格依法适用指令再审和发回重审若干问题的规定》第 3 条；

4.《人民检察院民事诉讼监督规则（试行）》第 44～54 条。

项目二　再审案件的审理

引例

2013 年 1 月至 4 月底，某县交通局下属运输公司为某街道办事处下属营销处承运煤炭，产生运杂费 151 319.15 元，已支付 23 286.75 元，尚欠 128 032.40 元。交通局曾多次向营销处催要但遭拒付，后来找其主管单位街道办事处，但该街道办事处采取不合作的态度，使拖欠运杂费的问题一直未能解决。于是交通局向某县人民法院提起诉讼，请求法院判令街道办事处支付运杂费。受诉法院根据上述事实，判决被告清偿原告运杂费 128 032.40 元，诉讼费由被告承担。街道办事处不服该县人民法院的判决，提起上诉。二审法院依法组成合议庭审理了本案。经审理，人民法院认为：原判决认定事实清楚，适用法律正确，判决驳回上诉，维持原判决。被告仍不服，向高级人民法院申请再审。高级人民法院经过复查认为：原一审、二审判决确有错误，于是裁定撤销原判决，将案件发回原一审人民法院重审。

问题：该高级人民法院能否指定原一审人民法院再审？高级人民法院决定再审时能否同时撤销原判决？

基本原理认知

审判监督程序的启动和案件的再次审理是两个相互联系，但又相对独立的阶段，统一构成我国的审判监督程序。通过上一项目的内容，我们可知：作出再审裁定的法院与运用再审程序审理案件的法院可以是不同的法院。

一、裁定中止原判决、裁定、调解书的执行

凡进行再审的案件，人民法院均应作出裁定，中止原判决、裁定、调解书的执行。法律之所以要中止上述法律文书的执行，是因为再审的案件，有可能在审结后撤销或者变更原判决，为了避免因继续履行或强制执行可能给当事人的合法权益造成更大的损害，减少和制止错判造成的不良后果，所以在再审期间要中止原判决的执行。至于法律规定决定再审的案件，只"中止原判决、裁定、调解书"的执行，而不是"撤销原判"，主要是慎重起见。因为尽管决定再审时已经"发现"原判决有错误，但不经实体审理就撤销原判，是不符合诉讼程序的，也是不严肃的。只有经过审判监督程序审

理后才能决定是撤销原判决，还是维持原判决。若撤销是撤销原判决的部分撤销，还是全部撤销并予以改判。应当注意，追索赡养费、扶养费、抚育费、抚恤金、医疗费用、劳动报酬等案件，可以不中止执行。

二、组成合议庭

根据《民事诉讼法》的规定，人民法院审理再审案件，一律实行合议制，而不允许实行独任制。若原审人民法院再审，还应另行组成合议庭，原合议庭成员或独任审判员不得参加新组成的合议庭，以防止其先入为主，保证对案件的公正审判。

最高人民法院或上级人民法院提审的再审案件，由再审的法院自行组成合议庭，并且合议庭只能由审判员组成。

三、分别适用第一审、第二审程序审理

再审的案件，原来是第一审审结的，再审时适用第一审普通程序进行审理（最高人民法院或上级人民法院提审的除外），经过再审后所作的判决、裁定，仍是第一审的判决、裁定，当事人不服可以上诉。

再审的案件，原来是第二审审结的，再审时仍适用第二审程序进行审理，审理终结所作的裁判是终审裁判，当事人不得上诉。

最高人民法院或上级人民法院提审的再审案件，不论原来适用第一审还是第二审程序，一律按第二审程序审理，所作的判决、裁定是终审的判决、裁定，当事人不得上诉。

四、开庭审理

人民法院审理再审案件应当开庭审理。但按照第二审程序审理的，双方当事人已经其他方式充分表达意见，且书面同意不开庭审理的除外。

在再审审理过程中，再审庭审方式应与一、二审略有不同，以体现再审案件的特点，这也是正当法律程序的要求。比如：在宣布开庭阶段，审判长应当首先简要概括本案的历次审理经过和裁定进入再审的理由。法庭调查中应当注意发言的顺序，应分不同情形进行：①因当事人申请决定再审的，先由申请再审人陈述再审请求及理由，后由被申请人答辩及其他原审当事人发表意见；②因人民检察院抗诉决定再审的，先由抗诉机关宣读抗诉书，再由申请抗诉的当事人陈述，后由被申请人答辩及其他原审当事人发表意见；③人民法院依职权决定再审的，当事人按照其在原审中的诉讼地位依次发表意见。

五、审理的范围

人民法院应当在具体的再审请求范围内或在抗诉支持当事人请求的范围内审理再

审案件。当事人的再审请求超出原审诉讼请求的，不予审理。符合另案诉讼条件的，告知当事人可以另行起诉。当事人超出原审范围增加、变更诉讼请求的，不属于再审审理范围，但涉及国家利益、社会公共利益，或者当事人在原审诉讼中已经依法要求增加、变更诉讼请求，原审未予审理且客观上不能形成其他诉讼的除外。

六、撤回再审申请

申请再审人在再审期间撤回再审申请的，是否准许由人民法院裁定。裁定准许的，应终结再审程序。申请再审人经传票传唤，无正当理由拒不到庭的，或者未经法庭许可中途退庭的，可以裁定按自动撤回再审申请处理。

人民检察院抗诉再审的案件，申请抗诉的当事人在再审期间撤回再审申请的，申请再审人经传票传唤，无正当理由拒不到庭的，或者未经法庭许可中途退庭的，且不损害国家利益、社会公共利益或第三人利益的，人民法院应当裁定终结再审程序。人民检察院撤回抗诉的，应当准许。再审程序终结，则恢复原判决的执行。

七、再审案件的调解

再审案件可以进行调解。当事人在再审审理中经调解达成协议的，人民法院应当制作调解书。调解书经各方当事人签收后，即具有法律效力，原判决、裁定视为被撤销。

八、再审案件的裁判

1. 维持原判。人民法院经再审审理认为，原判决、裁定认定事实清楚、适用法律正确的，应予维持；原判决、裁定在认定事实、适用法律、阐述理由方面虽有瑕疵，但裁判结果正确的，人民法院应在再审判决、裁定中纠正上述瑕疵后予以维持。

2. 撤销原判，发回重审。人民法院按照第二审程序审理再审案件，发现原判决认定事实错误或者认定事实不清的，应当在查清事实后改判。但原审人民法院便于查清事实、化解纠纷的，可以裁定撤销原判决，发回重审。原审程序遗漏必须参加诉讼的当事人且无法达成调解协议，以及其他违反法定程序不宜在再审程序中直接作出实体处理的，应当裁定撤销原判决，发回重审。

3. 依法改判。原判决、裁定认定事实、适用法律错误，导致裁判结果错误的，应当依法改判、撤销或者变更。

新的证据证明原判决、裁定确有错误的，人民法院应予改判。申请再审人或者申请抗诉的当事人提出新的证据致使再审改判，被申请人等当事人因申请再审人或者申请抗诉的当事人的过错未能在原审程序中及时举证，请求补偿其增加的差旅费、误工费等诉讼费用的，人民法院应当支持。请求赔偿其由此扩大的直接损失，可以另行提起诉讼解决。

4. 人民法院以调解方式审结的案件裁定再审后，经审理发现申请再审人提出的调解违反自愿原则的事由不成立，且调解协议的内容不违反法律强制性规定的，应当裁定驳回再审申请，并恢复原调解书的执行。

另外，因案外人申请人民法院裁定再审的，人民法院经审理认为案外人应为必要的共同诉讼当事人，在按第一审程序再审时，应追加其为当事人，作出新的判决。在按第二审程序再审时，经调解不能达成协议的，应撤销原判，发回重审，重审时应追加案外人为当事人。案外人不是必要的共同诉讼当事人的，仅审理其对原判决提出异议部分的合法性，并应根据审理情况作出撤销原判决相关判项或者驳回再审请求的判决；撤销原判决相关判项的，应当告知案外人以及原审当事人可以提起新的诉讼解决相关争议。

相关法律规范

1. 《中华人民共和国民事诉讼法》第 128～129、206～207 条；

2. 《最高人民法院关于适用〈中华人民共和国民事诉讼法〉的解释》第 403～405、422～426 条。

学习情境十二 再审的申请

【情境案例】

唐某与张某 2001 年在某乡政府领取结婚证后，唐某外出打工期间认识王某，遂萌生了与王某结婚的念头。为了达到离婚目的，唐某告诉妻子张某：王某以怀孕要挟他与其结婚，如妻子能"顾全大局"谎称夫妻二人是同居关系，可到法院解除婚姻关系，他就能摆脱困境，这既可以搪塞王某，又不影响两人合法夫妻关系的存在。张某接受了唐某的意见。2008 年 4 月，某区法院判决解除双方同居关系。判决生效后，唐某与王某结婚，并领取结婚证。张某得知自己被欺骗后，拿出结婚证向法院申请再审。

【训练目的及要求】

结合案例和相关知识，通过训练，能够初步判断已生效裁判是否确有错误，并能初步审查是否符合申请再审的条件；能够针对已生效裁判的错误归纳整理申请再审的事实与理由，以及梳理相关证据材料；熟悉申请再审申请书的内容，并能进行制作；会办理申请再审的相关手续。

【训练方法】

参训学生分为两组，一组学生扮演案件中的张某，制作申请书以及相关材料，模拟向法院提交申请程序；另一组学生扮演法官，模拟法院的审查程序。

【工作任务】

任务一：分析审查判断是否符合申请再审的条件。

步骤 1：审查申请人是否符合申请再审的主体资格。

步骤 2：审查已经生效的裁判或调解书是否属于法律和司法解释允许申请再审的裁判文书。

步骤 3：审查是否在申请再审的法定期限内。

步骤 4：审查是否属于再审的法定事由。

任务二：整理归纳申请再审的事实与理由，撰写再审申请书。

步骤 1：针对裁判的错误，整理归纳申请再审的事实与理由以及再审诉讼请求。

步骤 2：撰写再审申请书。

【文书样式】

民事再审申请书

申请人：……（基本情况）

申请人_____对_____人民法院_____年_____月_____日（_____）_____字第_____号_____不服，申请再审。

请求事项：（写明申请人要求人民法院解决的具体问题。）

事实和理由：（主要阐述申请人对原裁判认定的事实、适用的法律、法规不当之处，以及所作出的判决结果不公之处的意见等。）

此致

_____人民法院

附：原一、二审判决书复印件各一份，及_____证据

申请人：×××

××××年××月××日

步骤 3：收集、整理申请再审时需要提交的其他相关材料。

任务三：向法院提起再审申请。

步骤 1：向有管辖权的法院提起再审申请。

步骤 2：按照有关规定缴纳诉讼费用。

任务四：法院对当事人申请再审进行审查。

步骤 1：审查是否符合申请再审条件（具体步骤见任务一）。

步骤 2：制作裁定书，并进行送达。

【文书样式】

×××× 人民法院

民事裁定书

（××××）×民监字第××号

……（写明原审当事人的姓名或名称和案由）一案，×××× 人民法院于××××年××月××日作出（××××）×民×字第××号民事判决（或裁定），已经发生法律效力。本案经本院复查认为，……（简要写明本案应当指令再审或提审的理由）。依照《中华人民共和国民事诉讼法》第 177 条第 2 款、第 183 条的规定，裁定如下：

1. ……（决定提审的，写："本案由本院进行提审"；指令再审的，写："本案指令×××× 人民法院另行组成合议庭进行再审"）；

2. 再审期间，中止原判决（或裁定）的执行。

院长　×××

××××年××月××日

（院印）

本件与原本核对无异

书记员　×××

思考题

1. 赵某与黄某因某项财产所有权发生争议，赵某向法院提起诉讼，经一、二审法院审理后，判决该项财产属赵某所有。此后，陈某得知此事，向二审法院反映其是该财产的共同所有人，并提供了相关证据。二审法院经审查，决定对此案进行再审。关于此案的说法，下列哪一选项是正确的？（　　）

A. 陈某不是本案一、二审当事人，不能参加再审程序

B. 二审法院可以直接通知陈某参加再审程序，并根据自愿原则进行调解，调解不成的，告知陈某另行起诉

C. 二审法院可以直接通知陈某参加再审程序，并根据自愿原则进行调解，调解不成的，裁定撤销一、二审判决，发回原审法院重审

D. 二审法院只能裁定撤销一、二审判决，发回原审法院重审

2. 甲公司诉乙公司合同纠纷案，南山市 S 县法院进行了审理并作出驳回甲公司诉讼请求的判决，

甲公司未提出上诉。判决生效后，甲公司因收集到新的证据申请再审。下列哪些选项是正确的？
（ ）

    A. 甲公司应当向 S 县法院申请再审

    B. 甲公司应当向南山市中级法院申请再审

    C. 法院应当适用一审程序再审本案

    D. 法院应当适用二审程序再审本案

  3. 林某诉张某房屋纠纷案，经某中级人民法院一审判决后，林某没有上诉，而是于收到判决书
20 日后，向省高级法院申请再审。期间，张某向中级人民法院申请执行判决。省高级法院经审查，
认为一审判决确有错误，遂指令作出判决的中级人民法院再审。下列哪些说法是正确的？（ ）

    A. 高级法院指令再审的同时，应作出撤销原判决的裁定

    B. 中级人民法院再审时应作出撤销原判决的裁定

    C. 中级人民法院应裁定中止原裁判的执行

    D. 中级人民法院应适用一审程序再审该案

  4. 根据我国民事诉讼法的有关规定，下列有关再审程序的说法正确的是？（ ）

  A. 人民检察院提起抗诉的案件，人民法院应当再审

  B. 人民检察院决定对人民法院的判决、裁定提出抗诉的，情况紧急的可以口头方式提起抗诉

  C. 同级人民检察院不得对其同级人民法院的生效判决直接提起抗诉

  D. 人民法院再审时，应通知人民检察院派员出席法庭

  5. 简述引起再审程序的方式和条件。

  6. 请分析：进入再审程序后，当事人能否申请撤回原审之诉？

单元十

执行程序

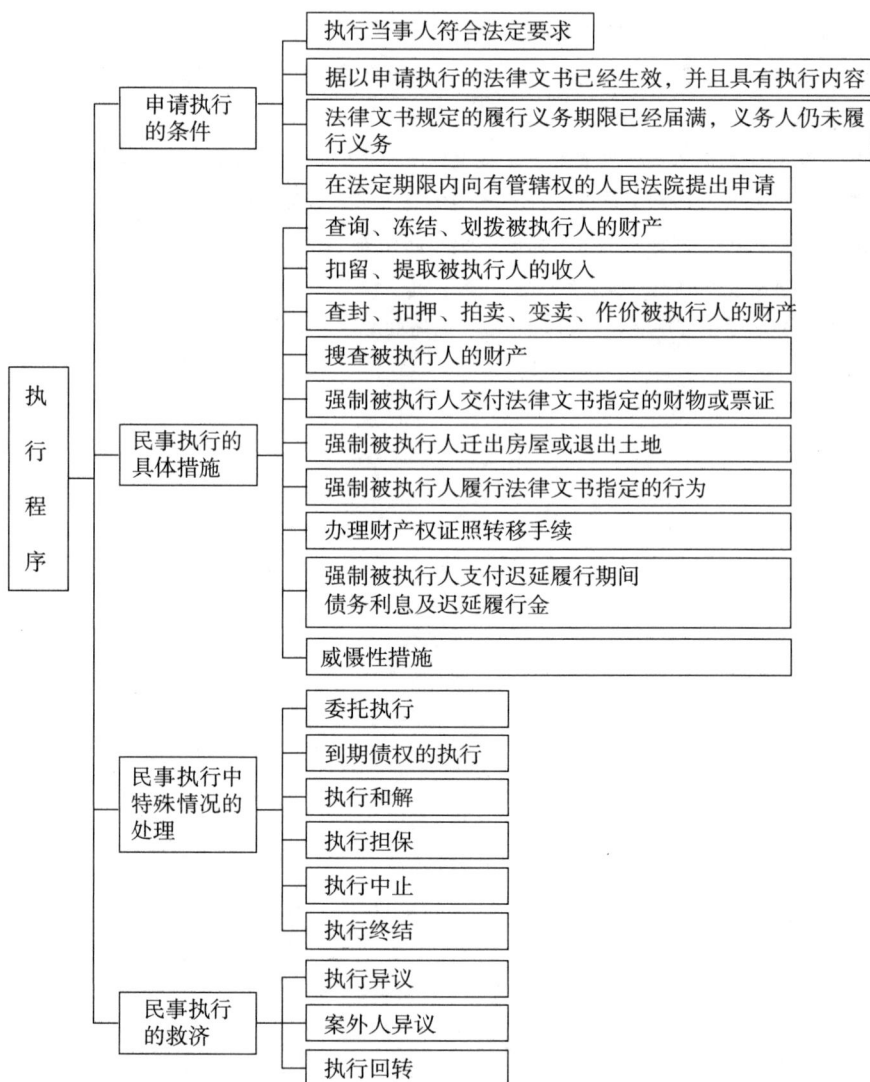

本单元知识结构图

执行程序 ─┬─ 申请执行的条件 ─┬─ 执行当事人符合法定要求
　　　　　│　　　　　　　　├─ 据以申请执行的法律文书已经生效，并且具有执行内容
　　　　　│　　　　　　　　├─ 法律文书规定的履行义务期限已经届满，义务人仍未履行义务
　　　　　│　　　　　　　　└─ 在法定期限内向有管辖权的人民法院提出申请
　　　　　│
　　　　　├─ 民事执行的具体措施 ─┬─ 查询、冻结、划拨被执行人的财产
　　　　　│　　　　　　　　　　├─ 扣留、提取被执行人的收入
　　　　　│　　　　　　　　　　├─ 查封、扣押、拍卖、变卖、作价被执行人的财产
　　　　　│　　　　　　　　　　├─ 搜查被执行人的财产
　　　　　│　　　　　　　　　　├─ 强制被执行人交付法律文书指定的财物或票证
　　　　　│　　　　　　　　　　├─ 强制被执行人迁出房屋或退出土地
　　　　　│　　　　　　　　　　├─ 强制被执行人履行法律文书指定的行为
　　　　　│　　　　　　　　　　├─ 办理财产权证照转移手续
　　　　　│　　　　　　　　　　├─ 强制被执行人支付迟延履行期间债务利息及迟延履行金
　　　　　│　　　　　　　　　　└─ 威慑性措施
　　　　　│
　　　　　├─ 民事执行中特殊情况的处理 ─┬─ 委托执行
　　　　　│　　　　　　　　　　　　├─ 到期债权的执行
　　　　　│　　　　　　　　　　　　├─ 执行和解
　　　　　│　　　　　　　　　　　　├─ 执行担保
　　　　　│　　　　　　　　　　　　├─ 执行中止
　　　　　│　　　　　　　　　　　　└─ 执行终结
　　　　　│
　　　　　└─ 民事执行的救济 ─┬─ 执行异议
　　　　　　　　　　　　　　├─ 案外人异议
　　　　　　　　　　　　　　└─ 执行回转

知识目标

1. 掌握申请执行的条件；

2. 了解民事执行的具体措施；

3. 熟悉民事执行中具体情况的处理；

4. 掌握案外人异议、执行异议和执行回转的相关法律规定。

能力目标

1. 能够判断并审查是否符合申请执行的条件，并能处理申请执行程序的相关法律事务；

2. 能够对执行中出现的特殊情况进行处理；

3. 能够针对违法执行依法进行执行救济。

项目一 申请执行的条件

引例

2005 年 5 月 10 日，张某与王某签订了借款协议，张某向王某借款 20 万元，定于 2006 年 5 月 10 日返还，协议经公证处公证。公证书上写明：如果债务人不履行债务，届时债权人可申请强制执行。合同签订后，王某如实履行了合同义务。但是，2006 年 5 月 10 日张某却没有还款。王某以张某未履行合同义务为由，向法院申请强制执行。

问题：

1. 本案中王某是否可以直接向法院申请强制执行？

2. 王某向法院申请强制执行时应向法院提交哪些文件和证件？

3. 王某应向哪个法院申请强制执行？

基本原理认知

对于人民法院和其他机关制作的生效法律文书中确定的义务，义务人应自觉履行，但在司法实践中，仍有少数义务人由于法制观念淡薄等原因拒不履行该项义务。这种情况不仅使权利人的权利得不到及时实现，也损害了法律文书的权威性。因此，我国《民事诉讼法》设置了执行程序，以国家强制力为后盾，强制义务人履行义务，以保护权利人的权利，维护法律的尊严。

民事执行是指人民法院的执行组织依照法定程序，对发生法律效力的法律文书确定的给付内容，以国家的强制力为后盾，依法采取强制措施，迫使义务人履行义务的行为。民事执行中，有权根据生效法律文书向人民法院申请执行的人，称为申请执行人。对方当事人，称为被执行人。由于申请人在实体权利义务关系中是债权人，而被申请人则是实体权利义务关系中的债务人,所以,执行当事人双方也分别被称为债权人和债务人。

根据我国《民事诉讼法》的规定,民事执行的启动有两种方式:申请执行和移送执行。原则上民事执行程序由债权人启动,在特殊情况下法院也可以不经债权人申请而依职权启动。

当事人向法院申请执行,必须符合以下条件:

一、执行当事人符合法定要求

即债权人(申请执行人)是执行依据中的权利人或权利的继受人。债务人(被执行人)为执行依据中的债务人或债务的继受人。

二、据以申请执行的法律文书已经生效,并且具有执行内容

人民法院执行机构据以执行的法律文书又称执行根据,该法律文书应当具备两个条件:其一,权利义务主体明确;其二,给付内容明确。法律文书确定继续履行合同的,还应当明确继续履行的具体内容。根据《民事诉讼法》、其他相关法律和最高人民法院有关司法解释的规定,作为法院执行根据的法律文书主要有:

1. 发生法律效力并且具有给付内容的民事判决书、裁定书、调解书和支付令;
2. 发生法律效力并且具有给付内容的刑事判决书和裁定书;
3. 发生法律效力并具有给付内容的行政判决书和裁定书;
4. 依法应由人民法院执行的行政处罚决定、行政处理决定;
5. 国内仲裁机构制作的具有给付内容的仲裁裁决书和调解书;
6. 人民法院依照《中华人民共和国仲裁法》有关规定作出的财产保全和证据保全裁定;
7. 中国国际经济贸易仲裁委员会仲裁裁决(调解协议)和中国海事仲裁委员会仲裁裁决(调解协议);
8. 公证机关制作的依法赋予强制执行效力的债权文书;
9. 人民法院制作的承认和执行外国法院判决或仲裁机构的裁定;
10. 特别行政区法院委托执行的判决书、裁定书和仲裁裁决书。

三、法律文书规定的履行义务期限已经届满,义务人仍未履行义务

执行是民事诉讼的最后阶段,但并非必经阶段。如果债务人自觉履行生效法律文书确定的义务,就无需执行机构采取强制措施了。只有当法律文书规定的履行义务期限已经届满,义务人仍未履行义务时,为确保债权人实体权利的实现,才能启动执行程序。

四、在法定期限内向有管辖权的人民法院提出申请

（一）在法定期限内提出申请

《民事诉讼法》第 239 条规定："申请执行的期间为 2 年。申请执行时效的中止、中断，适用法律有关诉讼时效中止、中断的规定。前款规定的期间，从法律文书规定履行期间的最后一日起计算；法律文书规定分期履行的，从规定的每次履行期间的最后一日起计算；法律文书未规定履行期间的，从法律文书生效之日起计算。"

《关于适用民诉法的解释》第 483 条规定，申请执行人超过申请执行时效期间向人民法院申请强制执行的，人民法院应予受理。被执行人对申请执行时效期间提出异议，人民法院经审查异议成立的，裁定不予执行。被执行人履行全部或者部分义务后，又以不知道申请执行时效期间届满为由请求执行回转的，人民法院不予支持。

（二）向有管辖权的人民法院提出申请

发生法律效力的民事判决、裁定，以及刑事判决、裁定中的财产部分，由第一审人民法院或者与第一审人民法院同级的被执行的财产所在地人民法院执行。法律规定由人民法院执行的其他法律文书，由被执行人住所地或者被执行的财产所在地人民法院执行。《关于适用民诉法的解释》第 462 条第 1 款规定，发生法律效力的实现担保物权裁定、确认调解协议裁定、支付令，由作出裁定、支付令的人民法院或者与其同级的被执行财产所在地的人民法院执行。

《民事诉讼法》第 226 条规定，人民法院自收到申请执行书之日起超过 6 个月未执行的，申请执行人可以向上一级人民法院申请执行。上一级人民法院经审查，可以责令原人民法院在一定期限内执行，也可以决定由本院执行或者指令其他人民法院执行。

📖 相关法律规范 ¬

1.《中华人民共和国民事诉讼法》第 224、226、228、232、234、235~240 条；

2.《最高人民法院关于适用〈中华人民共和国民事诉讼法〉的解释》第 462、463、472~475、477、478、480~483 条；

3.《最高人民法院关于人民法院执行工作若干问题的规定（试行）》第 1~31 条；

4.《最高人民法院关于适用〈中华人民共和国民事诉讼法〉执行程序若干问题的解释》第 27~35 条。

项目二 民事执行的具体措施

📝 引例

2008 年 7 月 7 日，海运公司丢失一张数额 200 万的可以背书转让的汇票，付款人

为某信用社。海运公司及时按公示催告程序向法院提出了申请，法院受理后及时向该信用社发出了止付通知。但由于该信用社工作人员的疏忽，在收到止付通知后，仍向持有该汇票的第三人支付了票款。后海运公司以该信用社为被告提起了诉讼，要求支付200万的汇票款，胜诉。但该信用社拒绝履行该生效判决，海运公司于是向法院申请强制执行。经查，现该信用社主要有下列财产：①在中国人民银行的存款准备金若干；②在中国建设银行存款若干；③办公用车2部；④用作经营场所的大楼一幢。

问题：

1. 人民法院可以对该信用社采取哪些强制措施？

2. 人民法院可以对该信用社的哪些财产采取强制措施？

基本原理认知

民事执行的具体措施，是指法院根据《民事诉讼法》的具体规定，强制义务人履行义务的方法和手段。它是法院执行机构完成执行任务的根本保证，是国家强制力在执行工作中的具体体现。根据《民事诉讼法》以及相关司法解释的规定，民事执行的具体措施主要有以下几种：

一、查询、冻结、划拨被执行人的财产

根据《民事诉讼法》第242条的规定，被执行人未按执行通知履行法律文书确定的义务，人民法院有权向有关单位查询被执行人的存款、债券、股票、基金份额等财产情况。人民法院有权根据不同情形扣押、冻结、划拨、变价被执行人的财产。

1. 查询。查询是指人民法院向有关单位调查、询问被执行人存款、债券、股票、基金份额等财产情况的执行方法。接受查询的对象一般是金融机构。查询的内容是被执行人的存款情况。查询的目的是通过调查、询问等方法了解掌握被执行人的存款情况和其他有关履行能力状况，并为冻结、划拨存款作准备。

2. 冻结。冻结是指人民法院封存被执行人在金融机构的账户，禁止任何人擅自提取或转移其一定数额的款项。冻结是人民法院民事执行措施之一，冻结的对象是被执行人的存款、债券、股票、基金份额等财产，其目的是禁止提取或转移存款，促使被执行人履行义务。如果存款被冻结后被执行人仍不履行义务，冻结则为划拨、提取作好了准备。由此可见，冻结还不能使被执行人存款的所有权转移给申请人，冻结后被执行人仍不自觉履行义务，还必须采取划拨、提取等强制执行措施，才能使申请人的债权得以清偿。

3. 划拨。划拨是指人民法院通过金融机构将被执行人的存款以转账的方式划入申请人或人民法院的账户。划拨是一种强制性很强的执行措施，采取这种措施，无须被执行人同意。划拨有很强的实现性，采取这种措施能够直接有效地实现执行目的。

二、扣留、提取被执行人的收入

根据《民事诉讼法》第243条第1款的规定，被执行人未按执行通知履行法律文书确定的义务，人民法院有权扣留、提取被执行人应当履行义务部分的收入，但应当保留被执行人及其所扶养家属的生活必需费用。这里的收入，主要是指公民个人的合法收入，包括工资、奖金、劳动报酬及各种有价证券等。

1. 扣留。扣留是指人民法院委托被执行人所在单位或其他有关单位保存并不准被执行人领取其收入的一种强制执行措施。其特点在于：一是扣留由人民法院委托被执行人所在单位或有关单位代为实施，由受托单位保存被执行人的收入，不准被执行人领取；二是扣留的对象是被执行人的劳动收入；三是适用于被执行人是公民的，如果被执行人是法人或其他组织，则可适用冻结、划拨等执行措施。

2. 提取。提取是指人民法院依法取出被执行人在其单位或有关单位的存款或劳动收入并交给申请执行人的一种强制执行措施。其主要特点是：其一，提取可以是被执行人公民的劳动收入，也可以是被执行人公民的存款；其二，提取是处分性执行措施，是将被执行人已被扣留的款项或在金融部门的存款取出后交付申请人清偿债权；其三，提取是直接要求有关单位协助执行，提出被执行人劳动收入或存款交付申请执行人或由人民法院暂时保存。

人民法院扣留、提取收入时，应当作出裁定，并发出协助执行通知书，被执行人所在单位、银行、信用合作社和其他有储蓄业务的单位必须办理。

三、查封、扣押、拍卖、变卖、作价被执行人的财产

被执行人未按执行通知履行法律文书确定的义务，人民法院有权查封、扣押、拍卖、变卖被执行人应当履行义务部分的财产，但应当保留被执行人及其所扶养家属的生活必需费用。查封、扣押被执行人的财产，是对被执行人的财产经常采用的执行措施。

1. 查封。查封是指人民法院将被执行人的财产，清点查明，贴上封条或公告，就地封存，不准任何人使用、处分的一种保全性措施。

2. 扣押。扣押是指将被执行人的财产运往异地或者就地扣留，暂不准许任何人使用、处分的一种保全性措施。

《关于适用民诉法的解释》第487条规定："人民法院冻结被执行人的银行存款的期限不得超过1年，查封、扣押动产的期限不得超过2年，查封不动产、冻结其他财产权的期限不得超过3年。申请执行人申请延长期限的，人民法院应当在查封、扣押、冻结期限届满前办理续行查封、扣押、冻结手续，续行期限不得超过前款规定的期限。人民法院也可以依职权办理续行查封、扣押、冻结手续。"

查封、扣押、冻结被执行人的财产，以其价额足以清偿法律文书确定的债权额及

执行费用为限，不得明显超标的额。

根据《最高人民法院关于人民法院民事执行中查封扣押冻结财产的规定》第5条的规定，人民法院对被执行人的下列财产不得查封、扣押、冻结：①被执行人及其所扶养家属生活所必需的衣服、家具、炊具、餐具及其他家庭生活必需的物品；②被执行人及其所扶养家属所必需的生活费用，当地有最低生活保障标准的，必需的生活费用依照该标准确定；③被执行人及其所扶养家属完成义务教育所必需的物品；④未公开的发明或者未发表的著作；⑤被执行人及其所扶养家属用于身体缺陷所必需的辅助工具、医疗物品；⑥被执行人所得的勋章及其他荣誉表彰的物品；⑦根据《中华人民共和国缔结条约程序法》，以中华人民共和国、中华人民共和国政府或者中华人民共和国政府部门名义同外国、国际组织缔结的条约、协定和其他具有条约、协定性质的文件中规定免于查封、扣押、冻结的财产；⑧法律或者司法解释规定的其他不得查封、扣押、冻结的财产。

《民事诉讼法》第245条规定，人民法院查封、扣押财产时，被执行人是公民的应当通知被执行人或其他的成年家属到场，同时公民所在单位或财产所在地的基层组织应当派人参加。被执行人是法人或其他组织的，应当通知其法定代表人或主要负责人到场。拒不到场的，不影响执行。查封、扣押财产，必须造具清单，由在场人签名或盖章，交被执行人1份。

财产被查封、扣押后，被执行人在法院指定的期间仍拒绝履行义务的，人民法院可以按照规定交有关单位拍卖或变卖被查封、扣押的财产。

3. 拍卖。拍卖是指在执行程序中，法院为了实现申请执行人的债权，根据法律规定强制拍卖被查封、扣押的被执行财产以获得拍卖价款的行为。法院强制拍卖有两种基本方式：一是法院自行拍卖，二是法院委托拍卖，即法院委托商业性拍卖机构进行拍卖。《关于适用民诉法的解释》第488条规定，人民法院在执行中需要拍卖被执行人财产的，可以由人民法院自行组织拍卖，也可以交由具备相应资质的拍卖机构拍卖。交拍卖机构拍卖的，人民法院应当对拍卖活动进行监督。

4. 变卖。变卖是指人民法院将被执行人的财产强制出卖，并将所得的价款直接给付权利人的执行措施。《关于适用民诉法的解释》第490条规定，人民法院在执行中需要变卖被执行人财产的，可以交有关单位变卖，也可以由人民法院直接变卖。对变卖的财产，人民法院或者其工作人员不得买受。

5. 作价。估定物品的价格，以估定物品偿还债权人债务的执行方式。《关于适用民诉法的解释》第491条规定，经申请执行人和被执行人同意，且不损害其他债权人合法权益和社会公共利益的，人民法院可以不经拍卖、变卖，直接将被执行人的财产作价交申请执行人抵偿债务。对剩余债务，被执行人应当继续清偿。

四、搜查被执行人的财产

根据《民事诉讼法》第248条的规定，被执行人不履行法律文书确定的义务，并隐匿财产的，人民法院有权发出搜查令，对被执行人及其住所或财产隐匿地进行搜查。

搜查是执行中涉及被执行人财产权和人身权的一项严厉措施，因此必须严格依法进行。人民法院进行搜查，必须持有法院院长签发的搜查令。搜查公民时，应当通知被执行人或其家属等见证人到场。搜查妇女的身体，应当由女执行员进行。搜查中发现被执行人财产，应当依法扣押。但对被执行人的其他物品，如生活日用品、有关身份证件等不得扣押。搜查应当制作笔录，由搜查人、被搜查人及其他在场人签名或盖章。拒绝签名或盖章的，在搜查记录中说明。

五、强制被执行人交付法律文书指定的财物或票证

强制交付，是指执行法院通过一定的强制手段，责令被执行人交付法律文书指定的财物或票证的一种执行措施。

根据《民事诉讼法》第249条的规定，人民法院可以采取以下措施，强制被执行人交付法律文书指定的财物或票证：①由执行员传唤双方当事人当面交付，或由执行员转交，并由被交付人签收。②有关单位持有该项财物或票证的，应当根据人民法院的协助执行通知书转交，并由被交付人签收。③有关公民持有该项财物或票证的，人民法院通知其交出，拒不交出的强制执行。

因持有人的过失造成该项财物或票证毁损或灭失的，人民法院可责令持有人赔偿，拒不赔偿的，可按该项财物或票证的价值强制执行。

六、强制被执行人迁出房屋或退出土地

这是对执行标的是不动产的执行措施。如果被执行人在法律文书确定的期限内，拒不迁出或退出土地的，由人民法院的执行组织强制其搬迁，腾出房屋或土地，交付给申请人。适用这一执行措施，应当遵循以下法定程序：

1. 强制被执行人迁出房屋或退出土地，由院长签发公告责令被执行人在指定的期间履行，被执行人逾期不履行的由执行员强制执行。

2. 强制执行时，被执行人是公民的，应当通知被执行人或其成年家属到场，该公民所在单位或房屋、土地所在地的基层组织应当派人参加。被执行人是法人或其他组织的，应当通知其法定代表人或主要负责人到场，拒不到场的，不影响执行。执行员应当将执行情况记入笔录，由在场人签名或盖章。

3. 强制迁出房屋被撤出的财物，由人民法院派人运至指定场所，交给被执行人。被执行人是公民的，可以交给其成年家属。因拒绝接收而造成的损失，由被执行人负担。

七、强制被执行人履行法律文书指定的行为

对判决、裁定或其他法律文书指定的行为，被执行人未按执行通知履行的，人民法院可强制执行或委托有关单位或其他人完成。

法律文书所指定的行为，包括作为和不作为。所谓作为，是指法律文书指定的被执行人应当履行的某种积极行为，如拆除违章建筑、赔礼道歉等。所谓不作为，是指法律文书所指定的义务人应当履行的消极行为，如不得在他人宅基地上建房等。

八、办理财产权证照转移手续

在执行中，有些案件的执行，不仅需要将执行标的物移送给申请执行人，还需要办理有关财产权证照转移手续，只有这样权利人的权利才能真正实现。这里的财产权证照，是指表示具有财产内容的各种证明文件和执照，如房产证、土地证、山林所有权证，以及专利证书、商标证书、车辆执照等。人民法院对这类案件进行执行时，可以向有关单位发出协助执行通知书，有关单位必须协助办理。

九、强制被执行人支付迟延履行期间债务利息及迟延履行金

《民事诉讼法》第 253 条规定，被执行人未按判决、裁定和其他法律文书指定的期间履行给付金钱义务的，应当加倍支付迟延履行期间的债务利息。被执行人未按判决、裁定和其他法律文书指定的期间履行其他义务的，应当支付迟延履行金。加倍支付迟延履行期间债务利息，是指在银行同期贷款最高利率计付的债务利息的基础上增加 1 倍。

被执行人未按判决、裁定和其他法律文书指定的期间履行其他非金钱给付义务的，无论是否给申请执行人造成损失，都应当支付迟延履行金。

十、威慑性措施

《民事诉讼法》第 255 条规定，被执行人不履行法律文书确定的义务的，人民法院可以对其采取或者通知有关单位协助采取限制出境，在征信系统记录、通过媒体公布不履行义务信息以及法律规定的其他措施。这些威慑性措施的采取，旨在敦促被申请人积极履行债务。

1. 限制出境。根据《最高人民法院关于适用〈中华人民共和国民事诉讼法〉执行程序若干问题的解释》（以下简称《执行司法解释》）的规定，限制出境人员的具体范围是：被执行人为单位的，可以对其法定代表人、主要负责人或者影响债务履行的直接责任人员限制出境。被执行人为无民事行为能力人或者限制民事行为能力人的，可以对其法定代理人限制出境。

对被执行人限制出境的，应当由申请执行人向执行法院提出书面申请。必要时，

执行法院可以依职权决定。

在限制出境期间，被执行人履行法律文书确定的全部债务的，执行法院应当及时解除限制出境措施。被执行人提供充分、有效的担保或者申请执行人同意的，可以解除限制出境措施。

2. 征信系统记录不履行义务信息。被执行人拒不履行法律文书确定的义务，人民法院可以将被执行人或被执行单位的法定代表人、负责人不履行义务的信息记录在个人征信系统之中。由于征信系统一般由银行等金融机构管理，故法院可以通知有关单位协助记录不履行义务的信息。

3. 媒体公布不履行义务信息。根据《执行司法解释》的规定，执行法院可以依职权或者依申请执行人的申请，将被执行人不履行法律文书确定义务的信息，通过报纸、广播、电视、互联网等媒体公布。媒体公布的有关费用，由被执行人负担。申请执行人申请在媒体公布的，应当垫付有关费用。

相关法律规范

1.《中华人民共和国民事诉讼法》第 241～255 条；

2.《最高人民法院关于适用〈中华人民共和国民事诉讼法〉的解释》第 484～521 条。

项目三　民事执行中特殊情况的处理

引例

卞某和某服装公司债务纠纷一案，经法院调解达成协议：某服装公司于 2008 年 8 月 31 日前偿还卞某材料款 237 000 元，法院出具民事调解书对上述协议内容予以确认。2008 年 10 月 20 日，卞某因服装公司未执行调解协议，申请法院强制执行，法院依法冻结了服装公司的银行存款。服装公司为了让法院解除冻结，提供了益信担保公司的担保，担保期限为 6 个月，法院于是解除了对服装公司银行存款的冻结，并决定暂缓执行 6 个月。在法院暂缓执行期间届满后，服装公司仍未履行义务，法院决定对益信担保公司的财产强制执行。但在法院还未强制执行时，卞某和该服装公司达成了和解协议，卞某自愿放弃 17 000 元的债权，剩下的 220 000 元债务服装公司表示 15 日内清偿，执行员将协议内容记入笔录，裁定中止执行。和解协议签订 10 日后，双方履行了协议。

问题：

1. 在执行中，被申请人是否可以向法院申请担保？执行担保应具备哪些条件？会产生哪些法律效力？

2. 在执行中，双方当事人是否可以进行和解？执行和解应具备哪些条件？会产生哪些法律效力？

基本原理认知

一、委托执行

委托执行，是指债务人或者被执行的财产在外地，受理执行申请的人民法院委托当地人民法院代为执行的一种制度。

根据《民事诉讼法》第 229 条的规定，委托执行应具备以下条件：①委托法院已经受理执行案件；②被执行人或被执行的财产在外地；③受委托法院是被执行人或被执行财产所在地的人民法院；④委托执行一般在同级人民法院之间进行。

受委托人民法院收到委托函件后，必须在 15 日内开始执行，不得拒绝。执行完毕后，应当将执行结果及时函复委托人民法院。在 30 日内如果还未执行完毕，也应当将执行情况函告委托人民法院。

受委托人民法院自收到委托函件之日起 15 日内不执行的，委托人民法院可以请求受委托人民法院的上级人民法院指令受委托人民法院执行。

二、到期债权的执行

《关于适用民诉法的解释》第 501 条规定："人民法院执行被执行人对他人的到期债权，可以作出冻结债权的裁定，并通知该他人向申请执行人履行。该他人对到期债权有异议，申请执行人请求对异议部分强制执行的，人民法院不予支持。利害关系人对到期债权有异议的，人民法院应当按照民事诉讼法第 227 条规定处理。对生效法律文书确定的到期债权，该他人予以否认的，人民法院不予支持。"此条规定即为到期债权执行制度。

对于到期债权执行制度，由于执行标的是具有相对性的债权，因此，对于该制度的适用，既要促进申请执行人生效法律文书确定债权的实现，也要注意保护次债务人、相关利害关系人的合法权益。具体而言，应注意如下问题：①可以作为执行标的的债权仅限于到期债权；②冻结该债权需要作出裁定；③人民法院可以通知第三人向被执行人履行，第三人对其与被执行人之间的债权债务关系提出异议的，执行法院不得继续执行该债权，可以由申请执行人通过代位诉讼寻求救济；④如果利害关系人对该到期债权有异议的，比如主张自己是该到期债权的真实权利人，可以按照《民事诉讼法》第 227 条的规定进行救济，这里的利害关系人就是《民事诉讼法》第 227 条所规定的案外人；⑤对生效法律文书确定的到期债权，第三人不能予以否认，这里当事人只是不能否认生效法律文书确定的债权，但是如果第三人在法律文书作出后已经履行了该债务的，则有权提出债务已履行的异议。

三、执行和解

执行和解，是指在法院执行过程中，双方当事人经过自愿协商，达成协议，结束执行程序的活动。双方当事人可以通过执行和解协议变更生效法律文书确定的履行义务主体、标的物及其数额、履行期限和履行方式。

执行和解应具备以下条件：①达成和解协议必须出自双方当事人的自愿；②和解的内容必须符合法律、法规的规定；③执行和解必须在执行程序开始后尚未结束前进行。根据《民事诉讼法》第230条的规定，在执行中，双方当事人自行和解达成协议的，执行员应当将协议内容记入笔录，由双方当事人签名或者盖章。

执行和解协议一经达成，即产生两个方面的效力：一是导致执行程序的中止；二是和解协议履行完毕后，执行程序不再进行。

和解协议不属于法律文书，因而不具有强制执行的效力。在申请执行人因受欺诈、胁迫与被执行人达成和解协议，或者当事人不履行和解协议时，人民法院可以根据当事人的申请，恢复对原生效法律文书的执行，但和解协议已履行的部分应当扣除。

四、执行担保

执行担保，是指在执行中，被执行人或第三人向人民法院提供担保，经申请执行人同意，人民法院可以决定暂缓执行及暂缓执行的期限，被执行人逾期仍不履行的，人民法院有权执行被执行人的担保财产或者担保人财产的一种制度。

执行担保应当具备以下条件：①须由被执行人向人民法院提出申请；②经申请执行人同意；③有确定的担保或者担保人。执行担保的形式，既可以由被执行人向人民法院提供财产作担保，也可以由第三人作担保，但担保人应当具有代为履行或者代为承担赔偿责任的能力。他人提供执行保证的，应当向执行法院出具保证书，并将保证书副本送交申请执行人。被执行人或者他人提供财产担保的，应当参照《物权法》《担保法》的有关规定办理相应手续。

执行担保由被执行人提出申请，并经申请的执行人同意，由人民法院决定是否准许。人民法院决定暂缓执行的，如果担保是有期限的，暂缓执行的期限应与担保期限一致，但最长期限不得超过1年。

被申请人的担保申请得到法院批准后，即产生以下法律效力：①在暂缓执行的期限内，执行担保产生中止执行的效力，申请执行人无正当理由不得要求被执行人履行义务，但可以接受被执行人的主动履行；②被执行人或担保人对担保的财产在暂缓执行期间有转移、隐匿、变卖、毁损等行为的，人民法院可以恢复强制执行；③被执行人在人民法院决定暂缓执行的期限届满后仍不履行义务的，人民法院有权执行被执行人的担保财产或者担保人的财产，但执行担保人的财产以担保人应当履行义务部分的财产为限。

五、执行中止

执行中止是指在执行过程中，由于某种特殊情况的发生而暂时停止执行程序，待该情况消除后再恢复执行程序的制度。

根据《民事诉讼法》第 256 条和《执行规定》，在执行过程中出现以下情形之一的，人民法院应当中止执行：

1. 申请人表示可以延期执行的；

2. 案外人对执行标的提出确有理由的异议的；

3. 作为一方当事人的公民死亡，需要等待继承人继承权利或承担义务的；

4. 作为一方当事人的法人或其他组织终止，尚未确定权利义务承受人的；

5. 人民法院认为应当中止执行的其他情形，主要包括：①人民法院按审判监督程序决定再审；②人民法院已受理以被执行人为债务人的破产申请；③被执行人确无财产可供执行；④执行的标的物是其他法院或仲裁机构正在审理的案件争议标的物，需要等待该案件审理完毕确定权属；⑤一方当事人申请执行仲裁裁决，另一方当事人申请撤销仲裁裁决；⑥仲裁裁决的被申请执行人请求不予执行，并提供适当担保。

执行中止，人民法院应当作出裁定。执行中止的原因消除后，由当事人申请或人民法院依照职权恢复执行程序，继续执行。

六、执行终结

执行终结，是指在执行过程中，由于发生某些特殊情况，执行程序不可能或没有必要继续进行，从而结束执行程序的制度。执行终结是执行程序的非正常结束。

根据《民事诉讼法》第 257 条和《执行规定》的规定，在执行过程中出现以下情形之一的，人民法院应当终结执行：

1. 申请人撤销执行申请的；

2. 据以执行的法律文书被撤销的；

3. 作为被执行人的公民死亡，无遗产可供执行，又无义务承担人的；

4. 追索赡养费、扶养费、抚育费案件的权利人死亡的；

5. 作为被执行人的公民因生活困难无力偿还借款，无收入来源，又丧失劳动能力的；

6. 人民法院认为应当终结执行的其他情形，主要包括：①企业法人终止，又确无偿还能力和连带债务人的；②被执行人被法院宣告破产，未得到清偿的债权不再清偿；③当事人达成不再执行的和解协议等。

执行终结，应当由人民法院作出裁定。

相关法律规范

1. 《中华人民共和国民事诉讼法》第 229～231、256～258 条；

2. 《最高人民法院关于适用〈中华人民共和国民事诉讼法〉的解释》第 466～471、501 条；

3. 《最高人民法院关于人民法院执行工作若干问题的规定（试行）》第 76～109、111～136 条；

4. 《最高人民法院关于适用〈中华人民共和国民事诉讼法〉执行程序若干问题的解释》第 25、26 条。

项目四 民事执行的救济

引例

2008 年 11 月 2 日，孙某依据甲区法院的判决，向债务人财产所在地的乙区人民法院申请强制执行，要求债务人田某支付违约金 12 万元，乙区人民法院立案执行后，经过调查发现田某名下有：桑塔纳轿车一辆，价值约 5 万元；存款 1 万元；房产两处，一处自用，一处准备出租，均登记在其妻子邢某名下。2009 年 3 月 5 日，乙区人民法院划拨了田某的 1 万元存款，并将桑塔纳轿车以 4 万元的价格抵债给孙某，并查封了邢某名下的计划出租的房产，准备拍卖。

对法院的执行行为，被执行人田某认为，法院将桑塔纳轿车以 4 万元的价格抵债给孙某远低于市场价，是违法的，侵害了自己的合法权益。而邢某则认为被查封的房产是婚前父母赠与自己的个人财产，而判决书中已认定 12 万元债务是田某的个人债务，非夫妻共同债务，法院的查封行为严重侵害了自己的财产权益。

问题：

1. 本案中，邢某提出的异议是什么异议？提出该异议须具备哪些条件？人民法院对该异议应如何处理？

2. 本案中，田某提出的异议是什么异议？提出该异议须具备哪些条件？人民法院对该异议应如何处理？

基本原理认知

民事执行救济制度，是指执行当事人或案外人认为自己的合法权益受到执行机关违法或不当执行行为的侵害，依法请求有关机关采取保护措施和补救措施的制度。

在民事执行过程中，受各方面因素影响，难免会发生违法或不当的执行行为，侵犯和损害执行当事人及有利害关系的第三人的合法权益。有损害就应当给予救济，而且这种救济应当有制度上的保障。我国现行《民事诉讼法》确立了案外人异议和执行异议制度，最高人民法院发布的《执行司法解释》又进一步完善了这两种制度。从广义上讲，执行回转也带有执行救济的性质。

一、执行异议

执行异议，是指当事人、利害关系人认为执行行为违反法律规定的，在执行程序终结前向负责执行的人民法院提出书面异议。

（一）执行异议的条件

根据《民事诉讼法》第225条的规定，执行异议应具备以下条件：

1. 提出执行异议的主体是当事人或利害关系人。当事人是指申请执行人和被申请执行人。利害关系人是指因违法执行行为受到损害的案外人。

2. 执行异议的提出理由是执行法院的违法执行行为对当事人或利害关系人的合法权益造成了损害。

3. 执行异议的提出需在执行程序开始后尚未终结前。

4. 执行异议需向执行法院提出。

5. 执行异议的提出必须采用书面形式。

（二）执行异议的审查和处理

根据《民事诉讼法》第225条和《执行司法解释》第5条的规定，当事人、利害关系人提出书面异议的，人民法院应当自收到书面异议之日起15日内作出裁定，理由成立的，裁定撤销或者改正。理由不成立的，裁定驳回。当事人、利害关系人对裁定不服的，可以自裁定送达之日起10日内向上一级人民法院申请复议。

二、案外人异议

案外人异议，是指案外人对执行标的提出异议或主张权利，请求执行法院作出不得对该标的实施民事强制执行的救济方法。例如：执行依据中确认申请执行人甲与被执行人乙存在债权债务关系，现甲请求拍卖乙的财产，以其所得清偿本案债权，此时，丙向法院提起诉讼，主张对该财产拥有所有权，反对以拍卖财产所得归还乙所欠债务，丙提起的异议就是案外人异议。

（一）案外人异议的条件

1. 提出异议的主体只能是案外人。所谓的案外人是指执行当事人以外，对执行标的主张权利，认为法院对某一项或几项财产的执行侵害其实体权利的公民、法人和其他组织，即与执行标的有利害关系的人。

2. 必须在强制执行程序终结前提出。执行程序开始之前，法院未对被执行人采取执行措施，根本无法谈及损害案外人合法权利的问题，案外人异议自然无从谈起。相反，在执行程序终结后，执行标的的权属已经发生了转移，除非另行取得执行依据，不能将已经结束的执行行为撤销并恢复原状，此时提出异议没有意义。

3. 必须是案外人对执行标的主张自己的权利。只有案外人对执行标的主张所有权或者有其他足以阻止执行标的转让、交付的实体权利的，该行为才会直接涉及执行程序能否继续进行的问题，如果案外人仅仅是对法院的执行工作提出自己的意见或者建议，则不属于案外人异议。

4. 提出申请必须采用书面形式。案外人对执行标的提出异议，一般应采取书面形式。如果书写困难，应当允许口头提出，由书记员记入笔录。不论以哪种方式提出执行异议，均应说明理由，并提供证据。

（二）案外人异议的审查与处理

根据《民事诉讼法》第227条及《关于适用民诉法的解释》第465条的规定，对于案外人提出的异议，执行法院应当自收到书面异议之日起15日内进行审查。审查期间可以对财产采取查封、扣押、冻结等保全措施，但不得进行处分，正在实施的处分措施应当停止。审查完毕后，应按照下列情形分别处理：

1. 案外人对执行标的不享有足以排除强制执行的权益的，裁定驳回其异议。驳回案外人执行异议裁定送达案外人之日起15日内，人民法院不得对执行标的进行处分。

2. 案外人对执行标的享有足以排除强制执行的权益的，裁定中止执行。

（三）案外人、申请人异议之诉

案外人、申请人异议之诉，是指案外人、申请人对人民法院作出的案外人异议的裁定不服，但与原判决、裁定无关，在执行程序终结前，向执行法院提起的诉讼。

1. 案外人异议之诉的当事人与管辖。根据《执行司法解释》第17、18条的规定，案外人提起诉讼，对执行标的主张实体权利，并请求对执行标的停止执行的，应当以申请执行人为被告。被执行人反对案外人对执行标的所主张的实体权利的，应当以申请执行人和被执行人为共同被告。由执行法院管辖。

2. 案外人异议之诉的处理。《执行司法解释》第19、20条规定，案外人异议之诉，执行法院应当依照诉讼程序审理。经审理，理由不成立的，判决驳回其诉讼请求。理由成立的，根据案外人的诉讼请求作出相应的裁判。案外人提起诉讼的，诉讼期间，不停止执行。案外人的诉讼请求确有理由或者提供充分、有效的担保请求停止执行的，可以裁定停止对执行标的进行处分。申请执行人提供充分、有效的担保请求继续执行的，应当继续执行。案外人请求停止执行，请求解除查封、扣押、冻结或者申请执行人请求继续执行有错误，给对方造成损失的，应当予以赔偿。

3. 申请人异议之诉及处理。《执行司法解释》第21～24条规定，申请执行人提起诉讼，请求对执行标的许可执行的，应当以案外人为被告。被执行人反对申请执行人请求的，应当以案外人和被执行人为共同被告。申请执行人提起异议之诉的，由执行法院管辖。人民法院裁定对异议标的中止执行后,申请执行人自裁定送达之日起15日内未提起诉讼的,人民法院应当裁定解除已经采取的执行措施。对于申请执行人提起的该异议诉讼,执行法院应当依照诉讼程序审理。经审理,理由不成立的,判决驳回其诉讼请求。理由成立的,根据申请执行人的诉讼请求作出相应的裁判。

三、执行回转

执行回转,又称再执行,是指在执行完毕后,因据以执行的法律文书被依法撤销,由执行人员采取措施,强制一方当事人将执行所得的利益退还给原来被执行人,恢复到执行程序开始前状态的一种制度。例如,甲公司因侵犯乙公司的专利权被人民法院判处向乙公司赔偿经济损失10万元,该生效判决强制执行后不久,被人民法院撤销。乙公司根据新判决要求甲公司返还10万元,甲公司拒绝,乙公司便向人民法院申请强制执行,该执行即为执行回转。执行回转就其实质来说仍是执行活动,只是当事人的地位发生了变化,原来的权利人变成了义务人,原来的义务人变成了权利人。

(一)执行回转的原因

根据《民事诉讼法》及有关司法解释的规定,造成执行回转的原因主要有以下几种:

1. 人民法院制作的判决书、裁定书、调解书已执行完毕,依审判监督程序再审后,被本院或者上级人民法院依法撤销。

2. 人民法院作出的先予执行的裁定,在执行完毕后,被生效的判决撤销。因此,因先予执行获得财产的一方当事人就应当将其所得返还给对方当事人。

3. 其他机关制作的法律文书,依法由人民法院执行完毕,但又被制作机关撤销的。其他机关制作的法律文书包括仲裁裁决书、公证债权文书等。

(二)执行回转的条件

根据《民事诉讼法》第233条的规定,执行回转应具备以下条件:

1. 执行程序已经进行完毕。这是产生执行回转的形式要件。如果是在执行进行过程中,发现执行根据有错误,执行人员可以报院长批准中止执行,也就不会产生执行回转的问题。

2. 执行根据被依法撤销。这是产生执行回转的实质要件。作为执行根据的法律文书被撤销后,申请人依照原生效的法律文书得到的权益便无根据,成为不当得利,因此,取得财产的人应将其取得的财产返还给被执行人,如果拒不返还,人民法院应当采取措施,予以强制执行,自然就会产生执行回转的问题。

3. 有执行回转的必要。据以执行的法律文书被撤销后,并不是都要进行回转,只有在原执行根据的权利人拒不返还已取得财产的情况下,才采用执行回转措施。

4. 根据新的生效法律文书执行。执行中,据以执行的法律文书被撤销或者变更,人民法院应根据新的生效法律文书执行回转。

相关法律规范

1.《中华人民共和国民事诉讼法》第 225、227、233 条;

2.《最高人民法院关于适用〈中华人民共和国民事诉讼法〉的解释》第 464、465 条;

3.《最高人民法院关于人民法院执行工作若干问题的规定(试行)》第 110 条;

4.《最高人民法院关于适用〈中华人民共和国民事诉讼法〉执行程序若干问题的解释》第 17~24 条。

学习情境十三　执行的申请

【情境案例】

甲公司与乙公司因买卖合同产生纠纷,并将纠纷提交广州市仲裁委员会进行仲裁。仲裁庭裁决由甲公司向乙公司支付违约金 60 万元。裁决生效后,甲公司未在裁决书确定的期限内履行义务,乙公司遂向甲公司财产所在地的某区法院申请强制执行。

【训练目的和要求】

结合案例和相关知识,通过训练,学生能够判断是否符合申请执行的条件,并会办理申请执行的相关法律事务。

【训练方法】

参训学生 5 名为一组,分角色扮演。由 1 名学生模拟申请人,1 名学生模拟被申请人,3 名学生模拟法官。

【工作任务】

任务一:审查是否符合申请执行的条件,提交相关证件。

步骤 1:根据案情,确定是否提出执行申请。申请人可从申请执行应具备的五个条件进行分析。

步骤 2:提出执行申请,并提交相关证件。

【文书样式】

执行申请书

申请人:×××(自然人写明姓名、性别、年龄、民族、籍贯、职业或者工作单位和职务、住址,法人、其他组织写明名称、地址及法定代表人或者主要负责人的姓名、住址、联系方式。)

被申请人:×××(自然人写明姓名、性别、年龄、民族、籍贯、职业或者工作单位和职务、住址,法人、其他组织写明名称、地址及法定代表人或者主要负责人的姓名、住址、联系方式。)

申请人与被申请人之间因_____一案，业经_____人民法院（或仲裁委员会）于_____年_____月_____日作出（ ）字第_____号民事判决书（或裁决、调解书），被申请人拒不遵守判决（或裁决、调解书）履行。为此，特申请你院给予强制执行。

事实与理由：

_____

_____

（写明：相关生效法律文书中的主文部分涉及的财产执行内容；被执行人应当给付事项的种类、范围、数量等；被执行人没有履行的情况；被执行人逾期拒不履行法律文书中指定义务的情况。）

此致

×××人民法院

申请人：×××（签字或者盖章）

附：生效判决书（裁定、调解书）_____份。

步骤3：预交申请费。

步骤4：向人民法院提供其所了解的被执行人的财产状况或线索。

任务二：审查执行申请并强制执行。

步骤1：法院对执行申请进行审查，决定是否受理。

步骤2：法院决定受理后，向被执行人发出执行通知，责令其在指定的期间履行义务。

步骤3：展开执行调查。

步骤4：强制执行。

思考题

1. 申请执行需具备哪些条件？

2. 民事执行的具体措施主要有哪些？

3. 什么是委托执行？委托执行需具备哪些条件？

4. 到期债权的执行应注意哪些问题？

5. 什么是执行和解？执行和解需具备哪些条件？

6 什么是执行担保？执行担保需具备哪些条件？

7. 简述执行中止和执行终结的法定事由。

8. 什么是执行异议？对执行异议应如何处理？

9. 什么是案外人异议？对案外人异议应如何处理？

10. 什么是执行回转？执行回转需具备哪些条件？

单元十一

其他诉讼程序

本单元知识结构图

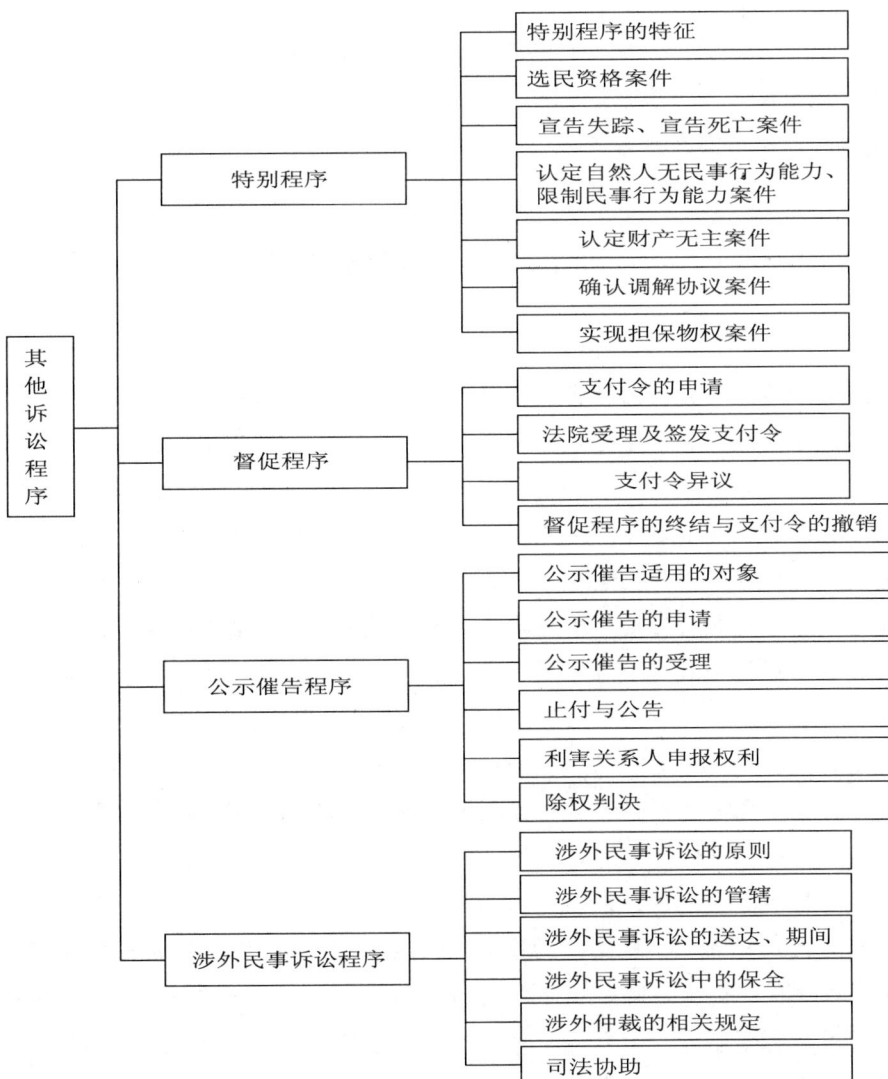

```
                                    ┌─ 特别程序的特征
                                    ├─ 选民资格案件
                                    ├─ 宣告失踪、宣告死亡案件
                          特别程序 ──┼─ 认定自然人无民事行为能力、
                                    │   限制民事行为能力案件
                                    ├─ 认定财产无主案件
                                    ├─ 确认调解协议案件
                                    └─ 实现担保物权案件

                                    ┌─ 支付令的申请
                          督促程序 ──┼─ 法院受理及签发支付令
其                                  ├─ 支付令异议
他                                  └─ 督促程序的终结与支付令的撤销
诉
讼                                  ┌─ 公示催告适用的对象
程                                  ├─ 公示催告的申请
序                      公示催告程序─┼─ 公示催告的受理
                                    ├─ 止付与公告
                                    ├─ 利害关系人申报权利
                                    └─ 除权判决

                                    ┌─ 涉外民事诉讼的原则
                                    ├─ 涉外民事诉讼的管辖
                      涉外民事诉讼程序┼─ 涉外民事诉讼的送达、期间
                                    ├─ 涉外民事诉讼中的保全
                                    ├─ 涉外仲裁的相关规定
                                    └─ 司法协助
```

✎ 知识目标

1. 掌握特别程序所适用的案件范围、处理程序和具体要求，理解特别程序在不同类型案件中的实质适用条件；

2. 了解督促程序、公示催告程序以及涉外民事诉讼的适用对象和适用范围，掌握相关程序的申请、受理、审查、处理的流程；熟悉督促程序、公示催告程序的终结与撤销的适用情况；理解涉外民事诉讼的管辖，期间、送达和财产保全等有关内容。

◼ 能力目标

1. 能够运用所学知识，对选民资格案件提起起诉、申请宣告失踪和宣告死亡、申请认定自然人无民事行为能力和限制民事行为能力、申请认定财产无主，会处理人民法院适用特别程序审理的几类案件；

2. 能够申请、制作、签发支付令及提起支付令异议；

3. 会独立处理公示催告及除权判决的相关法律事务；

4. 能够依法提起涉外民事诉讼。

项目一　特别程序

📖 引例

小陈是一个单亲家庭里的独子，早年因为盗窃入狱，出狱后已 34 岁。小陈回到家后，并没有过上安稳日子，碰上了三件麻烦事：

第一件事，小陈出狱后，正巧碰上当地选举人民代表，于是想去凑个热闹。当他看到人人都在投票的时候，自己也想投一张。可是大家都说他曾犯过法，刚坐过牢，没有资格选人民代表。小陈虽然很不服，但由于人们百般阻挠，还是没有投成票。小陈越想越生气，于是向一位法律本科毕业的同学高某咨询。高某告诉小陈："你虽然坐过牢，但是没有被剥夺政治权利，所以你依法享有选举权，他们那样做是不合法的，如果你想讨个说法，可以向人民法院起诉。"小陈听了以后，马上写了起诉书，跑去人民法院提起诉讼。人民法院的工作人员看了小陈的起诉书后，告诉小陈不能直接跑到法院来起诉，应该先向选区选举委员会提起申诉，如果对申诉结果不服，才可以向人民法院起诉，小陈于是向选区选举委员会提出了申诉，目前还没答复。

第二件事，小陈出狱后，发现母亲刘某由于小陈入狱的事而遭受打击，患了精神病，导致生活无法自理，小陈想把母亲接回家照顾，然后将空置出来的房屋租出去。小陈又向同学高某咨询，高某告诉小陈可以向人民法院申请认定母亲为限制民事行为能力人或无民事行为能力人，当他成为你母亲的监护人后，再出租房屋就顺理成章了。于是，小陈准备好材料后，就去人民法院申请办理此事。但是，当小陈办完事回家后，发现母亲已经离家出走了！小陈的母亲离家出走后就再也没有回来过，小陈用尽了一切办法都没有找到她。就这样，四年过去了，小陈想将母亲的旧房子卖掉，但是发现自己不是房屋产权人，办理不了过户手续。当小陈想向高某咨询时，才得知高某已经出国，没有办法联系到他了。

第三件事，小陈在找母亲的路上曾丢失一箱行李，后来小陈无意中在法院的认领财产公告栏处看到了一模一样的行李箱，于是认为这就是自己丢失的行李，想取回这个行李箱，但是不知道具体应该怎么做。

问题：

1. 高某的第一次建议正确吗？法院工作人员要求小陈先向选区选举委员会提起申诉合法吗？

2. 高某的第二次建议正确吗？如果是正确的，小陈应该怎样做呢？

3. 小陈碰到新问题后，找不到高某了，如果小陈向你咨询，你给小陈什么法律上的建议？

4. 法院为什么会公告行李箱？小陈想提出认领申请应该怎样做？

基本原理认知

在日常生活中，由于一些特殊原因的出现，会造成自然人的某种民事法律资格存疑，某些民事法律事实状态无法确定的特殊情况。这些悬而未决的特殊情况往往关系到自然人的实体民事权利义务，如果不对这些情况进行法律上的确定，将会造成其合法权益受损。特别程序是指人民法院审理非民事权利义务争议案件所适用的特殊审判程序。特别程序是我国民事审判程序体系中的重要组成部分。与民事诉讼中的普通程序和简易程序不同，特别程序并不解决一般的民事权利义务纠纷案件，只解决选民资格案件和几类非讼案件。

一、特别程序的特征

（一）特别程序有特定的适用范围

特别程序仅适用于选民资格案件和某些非讼民事案件，不对涉及民事实体权利义务争议的案件进行审理。适用特别程序的案件包括两大类：一类是选民资格案件，另一类是非讼案件。所谓非讼案件，是指无对抗当事人，而仅由某一自然人、法人或其他组织，就某种权利或法律事实存在与否请求人民法院加以认定的案件。具体包括：①宣告自然人失踪、宣告自然人死亡案件；②认定自然人无民事行为能力、限制民事行为能力案件；③认定财产无主案件；④确认调解协议案件；⑤实现担保物权案件。

如果人民法院在适用特别程序的审理过程中，发现该案涉及民事实体权利义务争议的，应当裁定终结特别程序，并告知当事人另行起诉。

（二）特别程序的当事人和启动方式具有特殊性

适用特别程序的案件，因并不涉及民事权利义务的争议，故不存在针锋相对的原告和被告。特别程序只为确认相关法律资格或确定相关法律事实而设置，当事人只有依法提起诉讼的起诉人或依法提出申请的申请人。因此，特别程序的启动有两种方式：其一，确认民事法律资格的案件因起诉人起诉而启动；其二，确定相关法律事实的案件因申请人提出申请而启动。

（三）适用特别程序的法院及其审判组织具有特定性

依照我国《民事诉讼法》的规定，适用特别程序进行审理的法院只能是基层人民法院。在审判组织的设置上，原则上采用独任制进行审理，在对选民资格案件和重大疑难的非讼案件进行审理时，才采用合议制，并且合议庭的组成人员应全部是审判员而不包括陪审员。

（四）特别程序实行一审终审

依照特别程序进行审理的案件一律实行一审终审制，判决书一经送达即发生法律效力，申请人或起诉人不得上诉。

（五）特别程序的审理期限较短

适用特别程序进行审理的案件，应当在立案之日起或者公告期满后 30 日内审结。选民资格案件则必须在选举日前审结。

（六）特别程序免予交纳案件受理费

适用特别程序进行审理的案件，不论当事人的经济状况如何，基本无须交纳案件受理费。但免予交纳案件受理费并不意味着免除任何其他的诉讼费用。

（七）特别程序的生效判决确有错误的，由原审人民法院撤销

特别程序是为解决某种法律资格存疑，某些民事法律事实状态无法确定的特殊情况而设置的特殊审判程序。人民法院依照特别程序确定状态不明法律资格和法律事实，是一种依赖法律权威裁判而作出的推断。这种推断可能会因为客观事实的变化发展而被推翻。但是，适用特别程序进行审理的案件并不适用再审程序撤销原判决。《关于适用民诉法的解释》第 374 条规定，人民法院适用特别程序审理作出的判决，如果出现新情况，可以由原审人民法院根据申请人的申请，撤销原判决，作出新判决。

二、选民资格案件

选民资格案件，就是公民不服选举委员会对选举资格异议申诉的处理决定，而向选区所在地基层人民法院提起诉讼的案件。

《中华人民共和国宪法》第 34 条规定："中华人民共和国年满 18 周岁的公民，不分民族、种族、性别、职业、家庭出身、宗教信仰、教育程度、财产状况、居住期限，

都有选举权和被选举权；但是依照法律被剥夺政治权利的人除外。"《中华人民共和国选举法》第 26 条第 2 款规定："精神病患者不能行使选举权利的，经选举委员会确认，不列入选民名单。"因此，在我国，未满 18 周岁的公民和依法被剥夺政治权利的人没有选举权，而精神病患者虽享有选举权，但不列入选民名单。在选民登记过程中，由于选区的具体划分、人口的流动、人口的死亡、人口年龄、政治权利的变化，选举委员会公布的选民名单难免会发生错误。比如应当列入选民名单的没有列入，或不应当列入的被列入了等。如果出现这种情况，公民本人或其他有关公民可以向选举委员会进行申诉，要求纠正登记错误的情况。选举委员会应及时作出处理决定，如果申诉人对申诉处理决定不服的，可以向人民法院提起诉讼。

（一）选民资格案件的起诉

1. 起诉人。选民资格案件的起诉人必须具有民事诉讼行为能力。与普通民事案件的起诉不同，在选民资格案件当中，起诉人只能是我国公民，外国人、无国籍人和法人、其他组织都不能成为起诉人。起诉人可以与本案无任何利害关系，也就是说，任何有民事诉讼行为能力的公民，只要对选举委员会公布的选民名单的申诉处理决定有异议，都可以就该处理决定向人民法院提起诉讼。

2. 申诉前置。依据《中华人民共和国选举法》的规定，我国选民资格案件实行申诉前置。也就是说，起诉人必须先向选区选举委员会提起申诉，选举委员会应当在 3 日内作出处理决定。申诉人如果对选举委员会所作出的申诉处理决定不服，才能向人民法院提起选民资格诉讼直接向人民法院起诉的，人民法院不予受理。

3. 受理时间。依据《中华人民共和国选举法》第 28 条、《民事诉讼法》第 181 条的规定，选民资格案件的起诉必须在选举日的 5 日前提出。如果在离选举日的 5 日内提出，人民法院将不予受理。

4. 管辖。《民事诉讼法》第 181 条规定，选民资格案件由起诉人所在选区所在地的基层人民法院管辖。我国法律这样规定，既方便起诉人提起诉讼，也方便人民法院展开调查，有利于案件的审理和判决。

（二）选民资格案件的审理

1. 审判组织。依照《中华人民共和国宪法》规定，公民依法享有选举权和被选举权。选民资格案件关系到公民的基本政治权利，审理必须严肃谨慎，与其他适用特别程序的案件不同，人民法院审理选民资格案件必须由审判员组成合议庭进行审理，不得适用独任制，人民陪审员不得参加审理。

2. 诉讼参与人。人民法院审理选民资格案件，为作出正确判决，必须充分听取各方意见。因此，人民法院应当在庭审前通知以下人员参加案件的审理：起诉人、选举委员会的代表、涉及选民资格的公民。但是，在起诉人因为自己的选民资格而向法院起诉的情况下，参与诉讼的人员只包括起诉人和选举委员会的代表。

（三）选民资格案件的判决

人民法院审理选民资格案件实行一审终审制。在审判文书方面，人民法院审理选民资格案件一律使用判决，判决书一经送达即发生法律效力。在审理期限方面，人民法院应当在选举日前作出判决，并在选举日前及时将判决书送达起诉人和选举委员会，并将内容通知其他有关公民，否则将使案件的审理和裁判失去实际意义。

三、宣告失踪、宣告死亡案件

在现实生活中，意外事故、离家出走、人口拐卖等事件都会造成自然人的失踪。自然人长期失踪，会导致与其相关的民事法律关系不稳定、合法财产因无人管理而受损、家庭关系破裂、社会经济秩序不稳定等一系列严重后果。为了解决这种民事法律关系的不稳定造成的一系列问题，我国《民法通则》确立了宣告失踪、宣告死亡制度，《民事诉讼法》规定了宣告失踪、宣告死亡案件的审理程序。

（一）宣告失踪、宣告死亡的实质条件

如果出现自然人下落不明满2年的情况，申请人可以向人民法院申请宣告其失踪。

宣告死亡的法定期限包括以下几种情况：①正常情况下，该自然人下落不明满4年；②因意外事故下落不明的，自意外事故发生之日起满2年；③在意外事故中下落不明后，经有关机关证明不可能生存的，可以不受2年的时间限制。

（二）宣告失踪、宣告死亡案件的形式条件

宣告失踪、宣告死亡案件由利害关系人向人民法院提出申请而启动，由接受申请的人民法院对案件进行审查后，对符合申请条件的案件进行审理。

1. 申请人。宣告失踪、宣告死亡案件的申请人是利害关系人。利害关系人是指与下落不明的自然人存在人身法律关系或财产法律关系的人。依照我国规定，申请宣告失踪案件的利害关系人包括以下人员：下落不明人的配偶、父母、成年子女、兄弟姐妹、祖父母、外祖父母、孙子女、外孙子女，以及其他与被申请人有民事权利义务关系的人，如失踪人的债权人、债务人、共同经营的合伙人等。

需要注意的是，宣告死亡案件的申请人须按法律规定的以下顺序行使申请权：①配偶；②父母、成年子女；③兄弟姐妹、祖父母、外祖父母、孙子女、外孙子女；④其他与被申请人有民事权利义务关系的人。顺序在前的申请人有权优先申请，其申请权不因顺序在后申请人的反对而受影响。顺序在前的申请人不同意申请的，顺序在后的申请人不得申请。同一顺序的申请人有不同意见的，人民法院应当受理。《关于适用民诉法的解释》第346条规定，符合法律规定的多个利害关系人提出宣告失踪、宣告死亡申请的，列为共同申请人。下落不明人为被申请人。

2. 申请人应提交的材料。申请人应当向人民法院提交书面申请书，申请书中应提出申请下落不明人失踪的具体诉讼请求，以及被申请人下落不明的时间和具体情况。

申请人提交申请的时候，应当附有公安机关或者其他有关机关关于该公民下落不明的书面证明。一般来说，申请人在向人民法院提交申请前，需向公安机关或其他有关机关报案或要求出具书面证明。在公安机关或其他有关机关发出通告，经过一段时间之后，申请人才能取得证明。

3. 受理的人民法院。根据《民事诉讼法》第 183 条第 1 款的规定，申请人应当向下落不明人住所地的基层人民法院提出书面申请。

（三）宣告失踪、宣告死亡案件的审理

1. 受理。人民法院收到申请后，应当审查该申请是否符合宣告失踪、宣告死亡案件的实质条件和形式条件，对同时符合这两个条件的申请应当立案受理。

2. 公告。公告是人民法院审理宣告失踪、宣告死亡案件的必经程序。人民法院受理申请后，应当发出寻找该下落不明人的公告，申请人应当提供公告内容的相关信息。公告应当包括以下具体事项：申请人的姓名、住所；被申请人的姓名、性别、出生年月（年龄）、民族、职业、户籍所在地、面貌特征和其他特征；被申请人下落不明的时间；公告的期间；向法院提供被申请人信息的邀请等。公告可以在法院公告栏中予以张贴，可以登报，也可以登载上网。根据《关于适用民诉法的解释》第 347 条的规定，寻找下落不明人的公告还应当记载以下内容：①被申请人应当在规定期间内向受理法院申报其具体地址及其联系方式，否则被申请人将被宣告失踪、宣告死亡；②凡知悉被申请人生存状态的人，应当在公告期间内将其所知道情况向受理法院报告。

宣告失踪与宣告死亡的公告期不同，宣告失踪的公告期为 3 个月。宣告死亡的公告期一般情况下为 1 年，但是被申请人在意外事故中下落不明后，经有关机关证明不可能生存的，宣告死亡的公告期为 3 个月。

3. 判决。在公告期间，如果被申请人重新出现或得知被申请人的下落或信息的，经查证属实后，人民法院应当裁判驳回申请。公告期满后，如果被申请人仍然下落不明，人民法院应当作出判决，确认该自然人失踪或死亡的法律事实，宣告其失踪或死亡。该判决一经送达即发生法律效力。宣告失踪的案件，应当指定财产代管人。宣告死亡的案件，判决书中应当确定被宣告人的死亡日期，判决书中未确定死亡日期的，则以判决宣告之日为该自然人的死亡日期。

4. 申请的撤回。在人民法院受理宣告失踪、宣告死亡案件后，作出判决前，申请人撤回申请的，人民法院应当裁定终结案件，但其他符合法律规定的利害关系人加入程序要求继续审理的除外。

（四）宣告失踪、宣告死亡的法律效果

1. 宣告失踪的法律效果。当人民法院宣告自然人为失踪人后，其民事权利能力并不因此消失，与其人身有关的法律关系（如婚姻关系、收养关系、继承关系等）也不发生变化。因此，判决宣告自然人失踪后的法律效果主要表现在财产方面。由于被宣告失踪后，失踪人不能直接对其财产进行管理，为避免失踪人的财产因无人管理而受损或丢失，法院应为其指定财产代管人。根据《民法通则》的有关规定，法定财产代管人包括失踪人的配偶、父母、成年子女或者关系密切的亲戚朋友。法院在指定代管人的时候应当按照法律规定的先后顺序，以有利于财产管理的原则指定适宜的人进行财产代管。但在以下情况下，应当另行指定财产管理人：①没有上述代管人；②上述代管人没有能力代管；③上述代管人虽有能力代管但因某种原因不宜代管；④上述代管人对代管人的指定存在争议的。

另外，在无行为能力人和限制行为能力人被宣告失踪的情况下，依照法律规定，其监护人即成为财产代管人，人民法院不必另行指定。

财产代管人在财产代管期间应当承担失踪人的财务管理和财产保护责任，为失踪人清理债务、缴交税费等。也可以在失踪人的财产受到他人侵犯时，以原告的身份向法院提起诉讼。在财产代管过程中，代管人应当以有利于失踪人的原则进行财产代管。如果出现代管人因故不愿代管或不能代管的情形，代管人有权向法院申请变更代管人，人民法院应当适用特别程序进行审理，申请理由合理充分的，撤销原财产代管人，另行指定财产代管人。申请理由不合理的，裁定驳回申请。如果出现财产代管人疏于管理、利用管理便利谋私等有损失踪人合法利益的情况，失踪人或未被指定的其他亲戚或朋友可以以财产代管人为被告，向法院提起诉讼，要求变更财产代管人，人民法院应当依照普通诉讼程序进行审理，并依法作出裁判。

2. 宣告死亡的法律效果。宣告死亡是依据自然人长期失踪的事实从法律上推定其已死亡的一种制度，与自然死亡的法律效果相同。自然人被宣告死亡后，其民事权利能力随之终止，婚姻关系归于消灭，继承得以开始。但被宣告死亡的自然人如果实际上并未死亡，其在被宣告死亡期间实施的民事法律行为有效。

（五）宣告失踪、宣告死亡判决的撤销

1. 宣告失踪判决的撤销。在失踪人重新出现的情况下，失踪人或其利害关系人有权向作出判决的人民法院提出申请，请求撤销原判决。人民法院审理查证属实后，应当依法撤销原审判决，财产代管人应当将财产及时返回给重新出现的失踪人。

2. 宣告死亡判决的撤销。由于宣告死亡判决仅是法律上推定的结果，因此可能存在被宣告死亡的自然人实际上并未死亡的情况。当被宣告死亡人重新出现时，其本人和利害关系人可以向作出原判决的人民法院提出申请，撤销原来宣告死亡的判决。人民法院依法受理后，查证属实，应当撤销原判，作出新判决。新判决生效后，该公民的民事权利能力随之恢复。但在其被宣告死亡期间发生一定变化的民事法律关系则应当依法区别处理。

四、认定自然人无民事行为能力、限制民事行为能力案件

依照《民法通则》有关规定，以年龄和精神健康状况为标准对自然人的民事行为能力进行了划分。如果自然人精神健康状况正常，只要根据其出生证明、户籍资料、身份证信息等材料对其年龄予以确认，即可认定其民事行为能力。但是，对精神病人民事行为能力的认定，却需要用特别程序予以解决。

认定自然人无民事行为能力、限制民事行为能力的案件，是指人民法院根据申请人的申请，对不能辨认自己行为或不能完全辨认自己行为的精神病人，依照法定程序确认其为无民事行为能力人或限制民事行为能力人的案件。

（一）申请与受理

1. 申请人与被申请人。认定自然人无民事行为能力、限制民事行为能力的案件，须由利害关系人提出申请，人民法院不能依职权主动进行。这里的"利害关系人"主要指被申请人的近亲属，包括配偶、父母、子女、兄弟姐妹、祖父母、外祖父母、孙子女、外孙子女。另外，与精神病人关系密切的其他亲属、朋友，愿意承担监护责任，经精神病人所在单位或住所地的居委会、村委会或者民政部门同意后，也可作为申请人提出申请。在没有以上利害关系人的情况下，被申请人的所在单位或其住所地的居民委员会、村民委员会或者民政部门也可以提出申请。被申请人的债权人、债务人也可以提出申请。被申请人必须是患有精神病的人。

2. 申请书。申请人向法院申请认定自然人无民事行为能力、限制民事行为能力，必须以书面方式提出申请。申请人应当在申请书中写明以下内容：①申请人和被申请人的姓名、性别、年龄、住址、联系方式等基本信息；②向法院认定该自然人无民事行为能力或限制民事行为能力的请求；③无民事行为能力或者限制民事行为能力的事实和根据；④被申请人的医疗诊断证明或病历资料等相关证据。

3. 管辖。根据《民事诉讼法》第187条规定，认定自然人无民事行为能力、限制民事行为能力案件，应当由被申请人住所地的基层人民法院管辖，住所地与经常居住地不一致的，应当由经常居住地人民法院管辖。

4. 受理。人民法院在收到申请人的书面申请后，应当对该申请就申请人、被申请人、申请理由、管辖法院这几个方面进行审查，对符合法律要求的申请，应当依法受理。

在实践中会出现在人民法院审理其他案件的过程中，当事人的利害关系人提出申请认定该当事人无民事行为能力、限制民事行为能力的情况。依照《关于适用民诉法的解释》的有关规定，这种情况下，应当由利害关系人向人民法院提出申请，由受诉人民法院按照特别程序立案审理，并裁定中止原来的诉讼。

（二）审理

1. 鉴定。根据《民事诉讼法》第188条的规定，人民法院受理申请后，必要时应当对被请求认定为无民事行为能力或者限制民事行为能力的公民进行鉴定。申请人已提供鉴定意见的，应当对鉴定意见进行审查。

2. 代理人。根据《民事诉讼法》第189条的规定，人民法院审理认定自然人无民事行为能力或者限制民事行为能力的案件，应当确定代理人，以便了解情况。一般情况下，为避免申请人和代理人身份上的利益冲突，应当由除申请人以外的被申请人的近亲属作为代理人。如果出现近亲属之间互相推诿，不愿担任代理人的情况，人民法院应当指定近亲属中的一人为代理人。另外，在审理过程中，如果该被申请人健康情况许可的，人民法院还应当询问本人的意见。

根据《关于适用民诉法的解释》第352条的规定，被申请人没有近亲属的，人民法院可以指定其他亲属为其代理人。被申请人没有亲属的，人民法院可以指定经被申请人所在单位或者住所地的居民委员会、村民委员会或者民政部门担任代理人。

代理人可以是一人，也可以是同一顺序中的两人。

（三）裁判

1. 判决。人民法院经过审理后，如认定该申请有事实依据的，应当根据被申请人的具体病情，依法判决该自然人为无民事行为能力或者限制民事行为能力人。如认定该申请没有事实依据的，应当依法判决驳回申请。

2. 监护人。经人民法院宣判被认定为无民事行为能力人或限制行为能力人的自然人，应当在判决生效后为其确定监护人。监护人的确定直接依照法律的有关规定，无需人民法院指定。《民法通则》第17条规定了无民事行为能力或者限制民事行为能力精神病人的监护人范围：配偶；父母；成年子女；其他近亲属；关系密切的其他亲属、朋友（需经该自然人所在单位或者住所地的居民委员会、村民委员会同意）。如果上述人员对担任监护人有争议的，由该公民的所在单位或者住所地的居民委员会、村民委员会在近亲属中指定。被指定的监护人对该指定不服的，可以在接到指定通知的30日内向被监护人住所地的基层人民法院提起诉讼，由人民法院比照特别程序进行审理并裁决。人民法院审理后，认为该指定正确的，应当裁定驳回起诉。认为指定确实不正确的，应当判决撤销原来的指定，另行指定监护人。该判决应送达起诉人、原来的指定单位和新指定的监护人，该判决送达生效。

（四）裁判的撤销

由于精神病可以因医学治疗而改善病情或得到痊愈，因此，有可能出现原本被认定为无民事行为能力人或限制民事行为人的自然人精神全部或部分恢复正常的情况。在这种情况下，人民法院应当根据本人或其监护人的申请，作出新判决，撤销原判决。

五、认定财产无主案件

在日常生活中，经常会出现某项财产脱离原来的主人之后，却还没有新主人的情况。这时，该财产就处于无主状态，成了无主财产。无主财产由于无人管理，必然造成你争我夺或资源浪费的现象，既影响社会经济稳定，又浪费社会经济资源。因此，

《民事诉讼法》规定了无主财产的认定程序。及时认定无主财产，并将其转变为有主财产，有利于消除财产无主所造成的不良现象。

认定财产无主案件，是指人民法院根据申请人就某项财产向法院提出确认该财产为无主财产的申请，经审理，依法将该财产认定为无主财产，并将其判为国家或集体所有的案件。

（一）申请

1. 依申请启动。认定财产无主案件的审理因申请人向人民法院提起申请而启动，没有申请人的申请，法院不得主动启动法律程序认定某项财产为无主财产。

2. 申请人。根据《民事诉讼法》的规定，只要是认为某项财产处于无主状态，任何自然人、法人或者其他组织均可以向人民法院提出认定该财产为无主财产的申请。

3. 申请书。申请人申请认定财产无主，应当向人民法院提交书面申请。在提交给法院的申请书中，应当写明财产的种类、数量、形状、功能以及要求认定财产无主的根据。

4. 实质条件。

（1）被申请认定的无主财产必须是有形财产，无形财产（如名誉）不在申请认定范围之内。一般来说，实践中常见的无主财产有以下几种：所有人不明的埋藏物或隐藏物、拾得的遗失物、漂流物、无人认领的走失饲养动物、没有继承人的遗产等。

（2）财产所有人确已消失或者财产所有人无法确知，财产的权利归属长期无法确定。同时，这种状态须满一定期限，达到法定的期限，才能申请认定。

（二）受理

1. 管辖。根据《民事诉讼法》第191条第1款规定，申请认定财产无主，由公民、法人或者其他组织向财产所在地基层人民法院提出。

2. 受理。人民法院接到申请书后，应当审查申请该财产为无主财产的事实理由是否符合法定条件，对符合法定条件的申请，应当依法立案受理。当场不能确定是否符合起诉条件的，应当先行接收起诉材料，并出具书面凭证。需要补充必要材料的，告知其及时补充，材料补齐后，应在7日内确定是否立案。

（三）公告

公告是认定财产无主案件的必经程序。《民事诉讼法》第192条规定："人民法院受理申请后，经审查核实，应当发出财产认领公告。公告满1年无人认领的，判决认定财产无主，收归国家或者集体所有。"首先公告中应当写明财产的种类、数量、形状、所在地、颜色及功能等情况，同时还应注明财产系动产还是不动产；其次还要写明财产所有人应在公告期内认领该财产和该财产无人认领的法律后果；最后还需要写明公告期间。认定财产无主案件的公告期为1年，公告期内人民法院应对该财产进行保护或委托有关单位代管，避免财产因无人管理而受损。

（四）裁判

人民法院发出认领财产的公告后，应根据不同的情况分别作出判决和裁定：①公告期满后，该财产依然无人认领，人民法院应当判决认定该财产无主，并依法收归国家或集体所有；②在公告期间，有人认领该财产的，人民法院应当裁定终结认定财产无主的特别程序，告知认领人另行起诉，该诉讼适用普通程序进行审理。

（五）判决的撤销

由于认定财产无主的判决仅是人民法院依法在法律上推定的结果，因此可能存在判决生效后，该财产实际上确有所有人或继承人的情况。为保护该所有人或继承人的合法权益，依照《民事诉讼法》第193条的规定，认定财产无主的判决生效后，如果原来的财产所有人或者继承人出现，他们可以在民法通则所规定的诉讼时效期间（2年）内向法院提出撤销原审判决的请求。人民法院在审查属实后，应当撤销原判决，并作出新判决。原来的财产所有人或者继承人可以依据新判决收回财产，依据原判决占有该财产的国有单位或集体单位应当予以返还，如果该财产已经灭失的，应当按其实际价值折价补偿。超过诉讼时效期间，原财产所有人或继承人请求返还财产的，法院不予保护。

六、确认调解协议案件

为建立多元化纠纷解决机制，使民事调解协议具有更强的法律效力，促进调解与诉讼更有效地对接，《中华人民共和国民事诉讼法》和《中华人民共和国人民调解法》确立了民事调解协议司法确认程序。

（一）申请

民事调解协议的当事人可以向人民法院书面申请确认调解协议。该申请应该是双方共同提起，一方当事人提出申请，另一方当事人同意的，视为共同提出申请。一方当事人申请，另一方当事人未表态的，人民法院应当确认其是否同意申请。需要注意的是，当事人可以由其符合民事诉讼法有关规定的代理人提出申请。

当事人可以口头方式提出申请，也可以书面形式提出申请。口头方式提出申请的，人民法院应当记入笔录，并由当事人签名、捺印或者盖章。

当事人申请确认调解协议，应当提交以下证明材料：司法确认申请书、调解协议和身份证明、资格证明以及与调解协议相关的财产证明等证明材料，同时还应当提供双方当事人的送达地址、电话号码等联系方式。未能按时提交的，人民法院应当要求当事人限期补交。

申请确认调解协议应当自调解协议生效之日起30日内提出申请。

（二）管辖

申请司法确认调解协议的，双方当事人应当向调解组织所在地的基层人民法院或者人民法庭提出申请。两个以上调解组织参与调解的，各调解组织所在地基层人民法院均有管辖权。双方当事人可以共同向其中任一具有管辖权的基层人民法院提出申请。同时向两个以上基层人民法院提出申请的，由最先立案的人民法院管辖。如果当事人向人民法院提起诉讼，人民法院在立案前委派人民调解委员会进行调解，对所达成的调解协议的确认，由委派的人民法院管辖。

（三）受理

对于当事人的申请，人民法院应当在 3 日内决定是否受理。有下列情形之一的，人民法院裁定不予受理：①不属于人民法院受理范围的；②不属于收到申请的人民法院管辖的；③申请确认婚姻关系的、亲子关系、收养关系等身份关系无效、有效或者解除的；④涉及适用其他特别程序、公示催告程序、破产程序审理的；⑤调解协议内容涉及物权、知识产权确权的。

（四）裁定

人民法院受理申请后，经审查，符合法律规定的，裁定调解协议有效，作出确认裁定书，一方当事人拒绝履行或者未全部履行的，对方当事人可以向人民法院申请执行。不符合法律规定的，人民法院裁定驳回申请，当事人可以通过调解方式变更原调解协议或者达成新的调解协议，也可以向人民法院提起诉讼。有下列情形之一的，人民法院依法不予确认该调解协议的效力：①违反法律、行政法规强制性规定的；②侵害国家利益、社会公共利益、他人合法权益的；③违背公序良俗的；④违反自愿原则的；⑤内容不明确的；⑥其他不能进行司法确认的情形。

人民法院应当自受理申请之日起 15 日内作出是否确认的裁定，出现特殊情况需要延长的，经本院院长批准，可以延长 10 日。

在人民法院作出是否确认的裁定之前，当事人申请撤回司法确认申请的，人民法院应当准许。

对人民法院作出的确认调解协议的裁定，当事人有异议的，应当自收到裁定之日起 15 日内提出。利害关系人有异议的，自知道或者应当知道其民事权益受到侵害之日起 6 个月内提出。

七、实现担保物权案件

担保物权是民商事往来中的重要权利，为使担保物权的实现更加简便，更好地保障债权人的合法利益，降低诉讼成本，《民事诉讼法》确立了通过特别程序实现担保物权的制度。

（一）申请

《民事诉讼法》规定，担保物权以及其他有权请求实现担保物权的人依法享有申请权，有权向有管辖权的人民法院提出申请，要求通过特别程序实现担保物权。

根据《关于适用民诉法的解释》第 361 条的规定，担保权人包括抵押权人、质权人、留置权人，其他有权请求实现担保物权的人包括抵押人、出质人、财产被留置的债务人或者所有权人等。

同一财产上设立多个担保物权，登记在先的担保物权尚未实现的，不影响后顺位的担保物权人向人民法院申请实现担保物权。

申请人应当向有管辖权的人民法院提交以下材料：①申请书；②证明担保物权存在的材料；③证明实现担保物权条件成就的材料；④担保财产现状的说明；⑤人民法院认为需要提交的其他材料。

（二）管辖

实现担保物权案件由担保财产所在地或者担保物权登记地基层人民法院管辖。根据《关于适用民诉法的解释》的规定，实现票据、仓单、提单等有权利凭证的权利质权案件，可以由权利凭证持有人住所地人民法院管辖；无权利凭证的权利质权，由出质登记地人民法院管辖。实现担保物权案件属于海事法院等专门人民法院管辖的，由专门人民法院管辖。同一债权的担保物有多个且所在地不同，申请人分别向有管辖权的人民法院申请实现担保物权的，人民法院应当依法受理。

（三）受理

申请人向人民法院提交材料后，人民法院应当及时审查申请人提交的材料，人民法院认为申请人提交的材料符合法定要求时，应当受理该申请。

被担保的债权同时有物的担保又有人的担保，当事人对实现担保物权的顺序有约定，实现担保物权的申请违反该约定的，人民法院裁定不予受理。没有约定或者约定不明的，人民法院应当受理。

人民法院受理申请后，应当在 5 日内向被申请人送达申请书副本、异议权利告知书等文书。被申请人在收到文书后，对该申请有异议的，应当在收到人民法院通知后的 5 日内向人民法院提出异议，同时向人民法院说明理由并提供相应的证据材料。

（四）审查

人民法院对受理的实现担保物权案件可以由审判员一人独任审查，但当担保财产标的额超过基层人民法院管辖范围的，应当组成合议庭进行审查。

人民法院审查案件时，可以询问申请人、被申请人、利害关系人，必要时可以依职权调查相关事实。人民法院审查的内容应当包括以下内容：主合同的效力、期限、履行情况，担保物权是否有效设立、担保财产的范围、被担保的债权范围、被担保的债权是否已届清偿期等担保物权实现的条件以及是否损害他人合法权益等。对于被申请人或者利害关系人提出异议的情况，人民法院应当一并进行审查。

（五）裁定

经过人民法院的审查后，人民法院应当按以下情形分别作出处理：①当事人对实现担保物权无实质性争议且实现担保物权条件成就的，裁定准许拍卖、变卖担保财产；②当事人对实现担保物权有部分实质性争议的，可以就无争议部分裁定准许拍卖、变卖担保财产；③当事人对实现担保物权有实质性争议的，裁定驳回申请，并告知申请人向人民法院提起诉讼。

人民法院受理申请后，申请人对担保财产提出保全申请的，可以按照民事诉讼法关于诉讼保全的规定进行办理。

人民法院作出裁定后，当事人认为有错误的，应当自收到裁定之日起 15 日内提出。利害关系人有异议的，自知道或者应当知道其民事权益受到侵害之日起 6 个月内提出。

人民法院作出的裁定发生法律效力后，应当由作出裁定的人民法院或者与其同级的被执行财产所在地的人民法院执行。

相关法律规范

1.《中华人民共和国宪法》第 34 条；

2.《中华人民共和国全国人民代表大会和地方各级人民代表大会选举法》第 26、28 条；

3.《中华人民共和国民法通则》第 11 ~ 14、16、17、19、20 ~ 25 条；

4.《中华人民共和国物权法》第 176、195、219、220、236、237 条；

5.《中华人民共和国民事诉讼法》第 177 ~ 197 条；

6.《中华人民共和国人民调解法》第 33 条；

7.《最高人民法院关于适用〈中华人民共和国民事诉讼法〉的解释》第 343 ~ 374、462 条。

项目二　督促程序

引例

2003 年 4 月，成都甲公司与广州乙集团公司签订了一份买卖合同，由成都甲公司向广州乙公司提供一套生产设备。双方在合同中约定了以下主要条款：①成都甲公司在 5 月 10 日到 5 月 20 日之间向广州乙公司供应某生产设备一套。广州乙公司收货后，若认为该生产设备存在质量问题的，可以在 5 月 30 日前向成都甲公司提出，成都甲公司应及时予以更换。②广州乙公司在收货后应当在 6 月 5 日以前将货款 30 万元人民币付给成都甲公司。

成都甲公司 5 月 15 日发货，广州乙公司于 5 月 18 日收到货物。直到 6 月 20 日，虽成都甲公司多次催促，但广州乙公司既没有提出质量问题，也没有交付货款。成都甲公司遂要求其公司的法务部门处理此事。据了解，广州乙公司资金充裕，经营状况良好，同时公司还拥有有债券、股票等证券投资项目。成都甲公司法务部门遂派员向人民法院申请支付令。

人民法院受理成都甲公司的申请后，决定组成合议庭对该案进行开庭审理，并通知成都甲公司和广州乙公司参加审理。人民法院经审理确认相关债权债务关系后，当庭宣判广州某乙公司应当向成都某甲公司支付货款 30 万元人民币，并向广州某乙公司签发了支付令。

问题：

1. 假如你是成都甲公司法务部门的工作人员，你认为应当首先确定哪些事实？申请书中应当写明什么内容？

2. 成都甲公司应当将申请书提交给哪个人民法院？人民法院应当在申请提交后的几天内确定是否受理？

3. 假如你是人民法院受理该申请的审判员，应从哪些方面对该申请书进行受理审查？该申请是否应该受理？

4. 案例中人民法院的以上做法是否符合法律规定？为什么？

基本原理认知

在市场经济条件下，资金需要快速和高频率地流转，关于债权债务的纠纷非常普遍，债务人拖欠债权人金钱或有价证券的情况时有发生。经济生活中常出现债权人和债务人对债权债务关系虽无争议，但债务人仍不按时清偿债务的情况。因此，为节省诉讼资源，提高诉讼效率，法律规定了法律适用较普通程序简便的督促程序对这类案件进行审理，以督促债务人及时履行义务。

督促程序，是指基层人民法院依据债权人要求债务人支付金钱或有价证券的申请，向债务人发出支付令，催促债务人限期履行义务的一种特别程序。

督促程序是非讼程序，也是可选择程序。在督促程序中，申请支付令的债权人即为申请人。债权人可以选择采用督促程序促使债务人履行债务，也可以直接向人民法院提起普通民事诉讼。督促程序较普通民事诉讼有简便、迅速、廉价的优点，债权人可根据自己的需要选择适当的诉讼方式进行维权。当然，债权人如果选择督促程序，在其申请被驳回或债务人在法定期限内提出异议后，仍可提起诉讼。但是，如果债权人首先选择了诉讼程序，就不能再适用督促程序了。

一、支付令的申请

（一）申请支付令的实质条件

债权人向法院申请支付令，必须符合以下实质条件：

1. 请求给付的是金钱或有价证券。债权人申请要求债务人支付的内容是金钱或有价证券，常见的有价证券有汇票、本票、支票，以及股票、债券、国库券、可转让的存款单等。支付内容不是金钱或有价证券的，不适用督促程序。

2. 请求给付的金钱或者有价证券已到期且数额确定。债务履行的期限和具体数额是债权人与债务人在债务履行之前协商一致确定下来的。债务人只对到期的债务负有履行责任，债权人在债务未到期时不得要求债务人提前履行债务。而在债务的具体数额无法确定的情况下，无法确认债务人是否已经完成债务。因此，债权人只能就到期且数额确定的债务申请支付令。

3. 债权人与债务人没有其他债务纠纷。"没有其他债务纠纷"是指在债权人与债务人之间，仅存在申请支付令所涉及的单向的债权债务，债权人没有对待给付义务。实务中存在"其他债务纠纷"主要包括以下几种情况：①债权人对债务人有先履行义务或同时履行义务而未完全履行的。②双方还有除支付令所涉及的债权债务关系外的其他未确定的债权债务关系。③对于附条件的债权债务关系，该条件未达成的。④双方有可以抵销的债权债务关系而还未抵销的。

4. 债务人没有履行清偿义务。债务人对申请支付令所涉及的义务负有履行责任，但债务人没有履行或没有完全履行该义务。

5. 支付令能够送达债务人。支付令债务人不在我国境内的，或者虽在我国境内但下落不明的，不适用督促程序。根据《民事诉讼法》规定，向债务人本人送达支付令，债务人拒绝接收的，人民法院可以留置送达。

（二）申请支付令的形式条件

申请人向人民法院申请支付令，应当以书面形式向人民法院提交申请书。申请书应当写明以下内容：①申请人和被申请人的基本情况；②请求给付金钱或者有价证券的种类、数量和所根据的事实、证据；③申请人和被申请人之间有无其他债务纠纷。

二、法院受理及签发支付令

（一）管辖

债权人申请支付令的管辖适用民事诉讼的一般管辖规定。一般情况下由债务人住所地人民法院管辖，债务人住所地与经常居住地不一致的，由经常居住地的人民法院管辖。债务人是法人或其他组织的，应由法人或其他组织的住所地基层人民法院管辖。如果案件中涉及几个债务人，并且几个债务人不在同一法院辖域的，债权人可以选择其中任何一个有管辖权的基层人民法院提出支付令申请。债权人向两个以上有管辖权的基层人民法院申请支付令的，由最先立案的人民法院管辖。基层人民法院受理申请支付令的案件，不受债权金额的限制。

（二）受理

债权人向有管辖权的人民法院提出支付令申请后，人民法院应当在 5 日内通知债权人是否受理。人民法院在收到债权人的书面申请后，认为申请书符合要求的，应当受理。如果认为申请书不符合要求的，人民法院可以通知债权人限期补正。

人民法院受理支付令申请后，应当由审判员 1 人对申请进行书面审查，无需询问当事人和开庭审理。经审查，人民法院认为该申请符合法定的实质要件和形式要件，债权债务关系明确、合法，应当在受理之日起 15 日内向债务人发出支付令。申请不成立的，应当在受理之日起 15 日内裁定予以驳回，该裁定不得上诉。

《关于适用民诉法的解释》第 430 条规定，人民法院受理申请后，经审判员审查，存在以下情形之一的，应当在受理之日起 15 日内裁定驳回申请：①申请人不具备当事人资格的；②给付金钱或者有价证券的证明文件没有约定逾期给付利息或者违约金、赔偿金，债权人坚持要求给付利息或者违约金、赔偿金的；③要求给付的金钱或者有价证券属于违法所得的；④要求给付的金钱或者有价证券尚未到期或者数额不确定的。裁定书由审判员、书记员署名，加盖人民法院印章。

（三）签发支付令

人民法院向债务人签发支付令，应记明以下事项：①债权人、债务人姓名或名称等基本情况；②债务人应当给付的金钱、有价证券的种类、数量；③清偿债务或者提出异议的期限；④债务人在法定期间不提出异议的法律后果。支付令由审判员、书记员署名，加盖人民法院印章。

三、支付令异议

（一）异议成立的条件

对法院发出的支付令，债务人不能提起上诉，但在法定期限内有权提出异议。债务人提出异议应符合以下条件：

1. 异议应在法定期限内提出。债务人应当自收到支付令之日起 15 日内向人民法院提出异议，超出法定期限提出异议的，视为未提出异议。

2. 异议应以书面形式提出。债务人应当以书面形式向人民法院提出异议，口头异议无效。

3. 异议的内容必须针对债权人的请求。债务人提出的异议必须表明对支付令要求的具体给付义务存在异议而拒绝给付。债务人对债务没有异议，但对清偿能力、清偿期限、清偿方式等存在异议的，不影响支付令的效力。债务人对债权人基于同一债权债务关系，向其提出的多项支付请求中的一项或几项提出异议的，不影响其他各项请求的效力。多个债务人中的一人或几人，对债权人基于同一债权债务关系，就可分之债向多个债务人提出支付请求提出异议的，不影响其他请求的效力。

4. 异议必须向受理人民法院提出，向其他人民法院起诉的，不影响支付令的效力。

5. 对设有担保的债务的主债务人发出的支付令，对担保人没有拘束力。

（二）异议的效力

《关于适用民诉法的解释》第437条规定，经形式审查，债务人提出的书面异议有下列情形之一的，应当认定异议成立，裁定终结督促程序，支付令自行失效：①属于司法解释中不予受理申请情形的；②属于司法解释中裁定驳回申请情形的；③属于司法解释中应当裁定终结督促程序情形的；④人民法院对是否符合发出支付令条件产生合理怀疑的。裁定一经作出，债权人不得再提出异议，也不得提出上诉。支付令失效的，转入诉讼程序，但申请支付令的一方当事人不同意提起诉讼的除外。

根据《关于适用民诉法的解释》第440条的规定，支付令失效后，申请支付令的一方当事人不同意提起诉讼的，应当自收到终结督促程序裁定之日起7日内向受理申请的人民法院提出。申请支付令的一方当事人不同意提起诉讼的，不影响其向其他有管辖权的人民法院提起诉讼。第441条规定："支付令失效后，申请支付令的一方当事人自收到终结督促程序裁定之日起7日内未向受理申请的人民法院表明不同意提起诉讼的，视为向受理申请的人民法院起诉。债权人提出支付令申请的时间，即为向人民法院起诉的时间。"

人民法院在作出终结督促程序或者驳回异议裁定前，债务人请求撤回异议的，应当裁定准许。债务人对撤回异议反悔的，人民法院不予支持。

四、督促程序的终结与支付令的撤销

（一）督促程序的终结

督促程序的终结，主要有以下几种情况：

1. 债务人收到支付令后，在法定的期限内履行了债务，督促程序自然终结；

2. 债务人受到支付令后，在法定期限内未提出异议，支付令依法生效，督促程序自然终结；

3. 在债务人收到支付令前，申请人向人民法院要求撤回支付令申请，人民法院应当裁定终结督促程序，支付令自行失效；

4. 债务人在法定期限内对支付令提出合法异议，法院应当裁定终结督促程序，支付令自行失效；

5. 债务人提出的支付令异议被法院驳回，支付令依法生效，法院应当裁定终结督促程序；

6. 法院受理支付令申请后，债权人就同一债权债务关系又提起诉讼的，法院应当裁定终结督促程序；

7. 法院自发出支付令之日起30日内无法送达债务人的，应当裁定终结督促程序。

（二）支付令的撤销

根据《关于适用民诉法的解释》有关规定，如果人民法院发现本院已发生法律效力的支付令确有错误，认为需要撤销的，应当提交审判委员会讨论决定后，裁定撤销支付令，驳回债权人的申请。

📖 相关法律规范

1. 《中华人民共和国民事诉讼法》第214～217条；
2. 《最高人民法院关于适用〈中华人民共和国民事诉讼法〉的解释》第427～443条。

学习情境十四　支付令的申请与签发

【情境案例】

陈甲与刘乙签订了一份买卖合同，陈甲将自有的一台手提电脑以一万元人民币的价款卖给刘乙，双方约定陈甲交货一周内刘乙给付相应货款。陈甲按期履行了合同义务，将手提电脑如期交付给刘乙。一个月后，陈甲向刘乙催要货款未果，且双方没有其他债权债务关系，陈甲遂欲向法院申请支付令。

【训练目的及要求】

通过训练，学生能够熟悉我国支付令的申请与签发的具体操作过程，运用法律知识解决相关问题，提高处理相关法律事务的实操能力。

【训练方法】

参训学生4～5名为一组，分角色扮演。由1名学生模拟原告陈甲，1名学生模拟被告刘乙，2～3名学生模拟法官。

【工作任务】

任务一：根据案件基本情况，考察支付令申请书，制作申请支付令的申请书。

步骤1：根据案件基本情况，考察具体案情是否符合法律规定的支付令实质性事实条件。

步骤2：如符合申请条件，制作申请书，向法院递交申请书。

【文书样式】

支付令申请书

申请人：……（申请人为自然人的，写明姓名、性别、民族、出生年月日、籍贯、现住址、联系电话；申请人为法人、其他组织的，写明名称、地址、联系电话及法定代表人或主要负责人的姓名、职务、现住址、联系电话。）

被申请人：……（被申请人为自然人的，写明姓名、性别、民族、出生年月日、籍贯、现住址、联系电话；被申请人为法人、其他组织的，写明名称、地址、联系电话及法定代表人或主要负责人的姓名、职务、现住址、联系电话。）

申请事项：

请求法院责令被申请人支付所欠＿＿＿＿＿＿＿＿款项共计人民币＿＿＿＿＿＿元。

事实与理由：①事实与证据；②理由。

此致

＿＿＿＿＿＿人民法院

申请人：＿＿＿＿＿＿＿＿

＿＿＿＿＿＿年＿＿＿＿＿＿月＿＿＿＿＿＿日

任务二：人民法院受理申请，进行审查，并签发支付令。

步骤1：法院审查是否具备签发支付令的条件。

步骤2：如符合申请的条件，制作并签发支付令。

【文书样式】

支付令

（＿＿＿＿＿＿＿）＿＿＿＿＿＿民督字第＿＿＿号

申请人：……（写明申请人姓名或者名称及其基本情况。）

被申请人：……（写明被申请人姓名或者名称及其基本情况。）

（写明事实和证据；请求给付的金钱或者有价证券的名称和数量。）：

申请人于＿＿＿＿＿＿年＿＿＿＿＿＿月＿＿＿＿＿＿日向本院申请支付令，因＿＿＿＿＿＿＿＿＿＿＿＿＿＿＿＿＿（写明事实和证据。），要求被申请人＿＿＿＿＿＿＿给付＿＿＿＿＿＿＿。

本院经审查认为，申请人的申请符合《中华人民共和国民事诉讼法》第214条的规定的条件，依照该法第216条的规定，特发出如下支付令：

被申请人＿＿＿＿＿＿＿应当自收到本支付令之日起15日内，给付申请人＿＿＿＿＿＿＿，并承担相关诉讼费用。

被申请人如有异议，应当自收到本支付令之日起15日内向本院书面提出；逾期不提出书面异议，本支付令即发生法律效力。

审判员＿＿＿＿＿＿＿

（院印）

＿＿＿＿＿＿年＿＿＿＿＿＿月＿＿＿＿＿＿日

项目三　公示催告程序

引例

陈某是公司的一名会计。某日，陈某拿着老板为公司员工开工资的10万元支票，准备去银行支取工资。当陈某到了银行，准备把放在钱包中的支票拿出来支取工资时，发现自己的钱包不见了！原来，陈某的钱包早在从公司去往银行的路上就被窃贼刘某偷走了。刘某在陈某的钱包中发现了这张支票，径直跑到东山购物中心买了一块 10 万元的名表。陈某发现支票丢失后，遂向人民法院申请公示催告。人民法院对陈某的申请进行了审查，受理了申请，同时要求承兑银行止付并进行了公示。后来，东山购物中心在向银行要求支付支票的款项时，被银行以该支票正被公示催告为由拒绝承兑。

问题：

1. 票据灭失者陈某应当采取什么措施维护自己的票据权利？具体步骤应当是怎样的？

2. 为什么该支票的承兑行可以拒绝承兑？

3. 假如你是东山购物中心的法务部门工作人员，你应该如何处理此事？

基本原理认知

随着市场经济的发展，各类商业票据作为一种具有信用功能的重要结算方式，被广泛运用在经济活动中。然而，在日常生活中，各类票据经常会出现遗失、灭失或被盗的情形，为使票据的权利人免于因为这些情况而导致票据的权利无法实现，法律规定了公示催告程序。

公示催告程序，是指人民法院根据当事人的申请，以公示的方法催促、告知利害关系人在法定的期间内申报权利，如果逾期无人申报或申报无效的，法院可根据申请人的申请，做出除权判决，宣告票据或其他事项无效的程序。

一、公示催告适用的对象

（一）依法可以背书转让的票据

经济生活中常见的票据有很多，但并不是所有的票据都可以成为公示催告程序的适用对象。只有依照法律规定，可以背书转让的票据，才能成为公示催告的适用对象。背书转让是指票据的权利人为了转移票据权利，在票据背面或背面粘单上以签名的方式表明票据权利转移的一种票据行为。我国《民事诉讼法》和《票据法》均规定了以下票据可以背书转让：汇票、本票、支票。

（二）法律规定的其他事项

《民事诉讼法》第 218 条规定，法律规定的其他事项，也可以成为公示催告程序的适用对象。如《公司法》第 143 条中规定，记名股票被盗、遗失或者灭失，股东可以依照《民事诉讼法》规定的公示催告程序，请求人民法院宣告该股票失效。

二、公示催告的申请

（一）申请人

公示催告程序的申请人应当是该票据被盗、遗失或灭失前的最后持有人。由于申请人是因票据的灭失而申请公示催告的，因此申请人也称失票人。"最后持票人"就是指在票据签发或票据背书转让的流转过程中，最后对该票据享有票据权利的人。比如，某甲签发一张汇票，权利人是某乙，某乙将其背书转让给了某丙，某丙又将该汇票背书转让给了某丁，某丁拿着汇票去某银行要求承兑。此时，假如票据在某丙准备背书转让给某丁前在某丙手中被盗，那么最后持有人便是某丙，其他人不能作为申请人。假如某丙将该汇票背书转让给某丁后，该汇票灭失的话，那么最后持有人便是某丁，其他人不能作为申请人。假如某丁拿着汇票去某银行承兑时，某银行虽已付款给某丁，但某丁还没签收，该汇票就在某银行手中灭失的，最后持有人就是某银行，其他人不能作为申请人。

申请人申请公示催告应当依法向人民法院提交书面申请书，申请书应当写明以下内容：①票面金额、出票人、持票人、背书人等票据主要内容；②申请的理由、事实；③通知票据付款人或者代理付款人挂失止付的时间；④付款人或者代理付款人的名称、通信地址、电话号码等；⑤申请的具体法院；⑥申请人的姓名或者名称。

（二）申请的理由和事实

申请人必须要有需要公示催告程序救济的理由和事实。

1. 必须有票据遗失、被盗或灭失的情况，票据持有人才有权向人民法院提出公示催告的申请。只有在因申请人被动、不自愿地灭失票据的情况下，申请人才能适用公示催告程序进行救济。假如票据持有人是主动、自愿地使票据灭失，按照意思自治原则，应当认定该票据持有人有舍弃票据权利、免除承兑人债务的意思，不应适用公示催告程序。

2. 存在票据的利害关系人不明的事实。正是由于票据的遗失、被盗或灭失，才造成了最后持有人无法凭票据实现票据权利的情况。这时票据的具体客观状态和实际权利所有人无法确定，票据有可能出现客观灭失无法复原、被他人占有、已被他人承兑或者被他人背书转让等情况。而进行民事诉讼又必须要求要有明确的被告，这样便容易造成持票人的权利无法得到保障，票据权利不稳定的情况。而在利害关系人明确的情况下，应当通过诉讼的方式进行救济。

三、公示催告的受理

（一）管辖

依照《民事诉讼法》的有关规定，申请人应当向票据支付地的基层人民法院申请公示催告。票据支付地是指票据上载明的付款地。票据未载明付款地的，以票据付款人或代理付款人的住所地或主营业所所在地为票据付款地。规定票据支付地的基层人民法院对公示催告案件进行管辖，既有利于便利申请人提出申请，又有利于人民法院及时通知付款人停止支付，防止票据权利受损。

（二）受理

人民法院收到公示催告的申请后，应当立即对该申请进行审查。依照法律规定，适用公示催告程序进行审理的，可以由审判员一人独任审理。但是，判决宣告票据无效的，应当组成合议庭进行审理。人民法院进行的审查应当是程序性审查而不是实质性审查，主要依据申请书的内容，从以下方面进行审查：①申请人是否符合主体资格；②申请的对象是否属于法律规定的公示催告程序的适用范围；③申请的事由是否符合法律规定；④申请的人民法院是否有管辖权；⑤申请的形式是否合法完备等。

经审查后，人民法院认为符合受理条件，决定予以受理的，应当同时通知支付人停止支付，并在立案之日起 3 日内发出公告，催促利害关系人申报权利。经审查后，人民法院认为不符合受理条件的，应当在 7 日内以裁定驳回该申请。《关于适用民诉法的解释》第 446 条规定："因票据丧失，申请公示催告的，人民法院应结合票据存根、丧失票据的复印件、出票人关于签发票据的证明、申请人合法取得票据的证明、银行挂失止付通知书、报案证明等证据，决定是否受理。"

公示催告申请人有权撤回该申请。申请人撤回申请的，应当在公示催告前向受理的人民法院提出。公示催告期间申请撤回的，人民法院可以直接裁定终结公示催告程序。

四、止付与公告

（一）通知止付

人民法院决定受理申请的，应当同时通知支付人停止支付。止付通知自送达支付人之日起生效。支付人收到人民法院停止支付的通知后，应当停止支付，即对要求支付的任何人不予支付，直到公示催告程序终结为止。人民法院通知支付人停止支付，是为保护票据权利相关人而设置的一种临时性保全措施，应当符合有关财产保全的规定。止付通知具有法律上的强制力，支付人应当无条件停止支付，如果出现支付人收到人民法院的停止支付通知后，仍继续进行交付的，人民法院除了可依照《民事诉讼法》第 111、114 条的规定采取强制措施外，在除权判决生效后，支付人仍应承担支付义务。如果因此给申请人造成损失的，支付人还应承担损害赔偿责任。

但如果支付人在收到停止支付通知以前，已对该票据支付的，法院应裁定终结公示催告程序，并及时通知申请人。申请人可向有管辖权的法院起诉，来主张自己的权利。

（二）发布公告

人民法院适用公示催告程序受理案件后，应当对确认受理的案件依法发出公告。对外发出公告有两个目的：一是催促利害关系人及时向人民法院申报权利；二是告知大众该票据存在瑕疵。公告应当写明以下内容：①公示催告申请人的姓名或名称；②票据的种类、票面金额、出票人、持票人、背书人、付款期限等事项以及其他可以申请公示催告的权利凭证的种类、号码、权利范围、权利人、义务人、行权日期等事项；③申报权利的期间；④在公示催告期间转让票据权利、利害关系人不申报权利的法律后果。

公告可以通过以下几种方式予以公布：①张贴在人民法院公告栏内；②刊登在有关报刊上；③登载在其他的宣传媒介上；④人民法院所在地如果有证券交易所的，还应当在该交易所进行张贴。

公示催告的期间，不得少于60日，且公示催告期间届满日不得早于票据付款日后15日。

五、利害关系人申报权利

利害关系人知悉对票据公示的情况后，应当在公示催告期间向人民法院申报权利。

（一）申报权利的申请人

公示催告期间向人民法院申报权利的申请人，必须是持有该票据的利害关系人。《票据法》规定，票据的权利依附在票据上。持有票据才能主张票据权利，才能说明公示催告的票据没有灭失。因此，申报权利的申请人必须是持有票据的利害关系人。

（二）申报权利的期间

利害关系人应当在申报期内进行申报，人民法院收到利害关系人的申报后，应当裁定终结公示催告程序，并通知申请人和支付人。申请人或申报人可以向人民法院起诉。利害关系人在申报期限届满后，判决作出之前申报权利的，也产生同样的法律效果。

（三）申报权利的审查

利害关系人申报权利的，人民法院应当通知其向法院出示票据，并通知公示催告申请人在指定的期间查看该票据。人民法院在进行审查时，不进行实质审查，也就是说不查明利害关系人是否享有票据权利，也不查明公示宣告申请人是否享有票据权利，而是对申报权利人提交的票据与申请公示催告的票据进行比对，以确定是否为同一票据。

法院对利害关系人的申报进行审查，经查实证明符合申报条件的，应当裁定终结公示催告程序，并通知申请人和支付人。如果经查实证明公示催告申请人申请公示催告的票据与利害关系人出示的票据不一致的，人民法院应当裁定驳回利害关系人的申报。裁定书由审判员、书记员署名，加盖人民法院印章。双方收到通知后，可提起诉讼。

六、除权判决

如果直到公示催告期间届满，也没有人申报权利，或者虽然申报权利，但被法院驳回的，申请人应当自公示催告期间届满的之日起1个月内，申请人民法院依法作出宣告票据无效的判决，即除权判决。逾期不申请判决的，终结公示催告程序。裁定终结公示催告程序的，应当通知申请人和支付人。

（一）除权判决的特点

除权判决有以下特点：

1. 除权判决不由法院在公示催告期间届满后主动依职权作出，必须由申请人向人民法院提出申请。

2. 除权判决一经作出，即时生效。自判决生效后，申请人有权依据判决要求支付人付款。

3. 除权判决只确定票据有效与否，不确定票据关系人之间的权利义务关系。票据关系人就该票据有其他纠纷的，可以向有管辖权的人民法院提起诉讼。

4. 除权判决宣告后应当公告，并通知支付人。自判决公告之日起，申请人有权向支付人请求支付。

（二）除权判决的撤销

除权判决一经生效不能上诉，不能要求再审，一般情况下，不得撤销。但为了保护利害关系人的合法权益，法律规定允许利害关系人在法定的情况下向法院以提起诉讼的方式进行救济。《民事诉讼法》第223条规定，利害关系人因正当理由不能在判决前向人民法院申报的，自知道或者应当知道判决公告之日起1年内，可以向作出判决的人民法院起诉。按照《关于适用民诉法的解释》第460条的规定，"正当理由"包括以下情形：①因发生意外事件或者不可抗力致使利害关系人无法知道公告事实的；②利害关系人因被限制人身自由而无法知道公告事实，或者虽然知道公告事实，但无法自己或者委托他人代为申报权利的；③不属于法定申请公示催告情形的；④未予公告或者未按法定方式公告的；⑤其他导致利害关系人在判决作出前未能向人民法院申报权利的客观事由。

该诉讼可按票据纠纷适用普通程序审理。依照《关于适用民诉法的解释》第461条的规定，利害关系人请求人民法院撤销除权判决的，应当将申请人列为被告。利害关系人仅诉请确认其为合法持票人的，人民法院应当在裁判文书中写明，确认利害关系人为票据权利人的判决作出后，除权判决即被撤销。

相关法律规范

1. 《中华人民共和国票据法》第 15 条；

2. 《中华人民共和国公司法》第 143 条；

3. 《中华人民共和国民事诉讼法》第 25、111、114、218 ~ 223 条；

4. 《最高人民法院关于适用〈中华人民共和国民事诉讼法〉的解释》第 444 ~ 461 条。

项目四　涉外民事诉讼程序

引例

关某和张某均为中国国籍，在 1985 年于北京结婚，并育有一子关辽。1996 年，关某出国经商，妻子张某和儿子关辽则留在国内。2003 年，关某提出要定居国外，张某则要求关某回国，双方意见不合，张某提出离婚。就在关某答应与张某离婚的两天后，关某在去往大使馆办理事务的路上遭遇车祸身亡。其死后在国外留下房产一处，被已到该国留学的儿子独占。现张某与儿子关辽为该项房产的继承问题产生纠纷，欲向人民法院起诉，请求法院予以解决。

问题：

1. 该案件是否属于涉外案件？为什么？

2. 张某应当向哪个人民法院提起诉讼？

3. 人民法院进行审理应当适用哪国法律？

4. 该案中的房产可否进行财产保全？

5. 人民法院对该案进行宣判以后，应当如何送达判决书？如何执行？

基本原理认知

在诉讼实践中，经常会出现涉及外国因素的民事案件，这类民事诉讼即为涉外民事诉讼。一般来说，涉外因素包含以下三方面内容：①当事人涉外，即当事人一方或双方是外国人、无国籍人、外国企业或组织；②法律关系或法律事实涉外，即当事人之间民事法律关系的设立、变更或者终止的法律事实发生在外国；③诉讼标的物涉外，即诉讼中争议涉及的诉讼标的物在外国。

依照《关于适用民诉法的解释》第 522 条的规定，有以下情形之一的，人民法院可以认定为涉外民事案件：①当事人一方或者双方都是外国人、无国籍人、外国企业或者组织的；②当事人一方或者双方的经常居所地在中华人民共和国领域外的；③标的物在中华人民共和国领域外的；④产生、变更或者消灭民事关系的法律事实发生在中华人民共和国领域外的；⑤可以认定为涉外民事案件的其他情形。

涉外民事案件可以诉讼方式解决，也可以通过仲裁解决。

一、涉外民事诉讼的原则

根据我国《民事诉讼法》的规定，在处理涉外民事诉讼案件时，应当遵守以下基本原则：

（一）适用我国民事诉讼法原则

《民事诉讼法》第 259 条规定，在中华人民共和国领域内进行涉外民事诉讼，适用我国民事诉讼法的规定。我国《民事诉讼法》的此项规定，符合国际惯例。按照国际惯例，法院审理涉外民事案件，原则上适用法院所在地国家的民事诉讼法。

（二）信守国际条约原则

《民事诉讼法》第 260 条规定，中华人民共和国缔结或者参加的国际条约同本法有不同规定的，适用该国际条约的规定，但中华人民共和国声明保留的条款除外。国际条约是国际主体之间以国际法为准则，确立相互之间享有权利和负有义务的一种书面协议。在国际交往中，我国也会在自愿平等的基础上缔结或参加一些国际条约，并信守和执行这些国际条约。对于已经缔结或参加的国际条约，需要通过国内法将其确认下来。一般来说，国内法确认国际条约有两种方式：一种方式是在国内法中以立法的形式予以确定下来；另一种方式是在国内法中以原则的形式承认条约的效力。我国民事诉讼法就是以原则的形式将其规定在法律条文中，承认国际条约在本国内的效力。

（三）司法豁免原则

《民事诉讼法》第 261 条规定，对享有外交特权与豁免权的外国人、外国组织或者国际组织提起的民事诉讼，应当依照中华人民共和国有关法律和中华人民共和国缔结或者参加的国际条约的规定办理。司法豁免是依照国际法或有关协议，在国家间互惠的基础上，为保证和便利外交代表执行正常职务，各国根据相互尊重主权和平等互利的原则，按照惯例或有关协议相互给予的司法上一定程度的特殊权利和优惠待遇。我国原则上承认外交特权和外交豁免权，但依照法律的规定，以下情况除外：①享有司法豁免权的人其所属国的主管机关，明确宣布放弃司法豁免权的；②享有司法豁免权的人，因私人事务涉及诉讼的，如外交代表以私人身份进行的遗产诉讼；③享有司法豁免权的人向驻在国法院提起诉讼而引起反诉的。

（四）使用我国通用语言、文字原则

《民事诉讼法》第 262 条规定，人民法院审理涉外民事案件，应当使用中华人民共和国通用的语言、文字。当事人要求提供翻译的，人民法院可以提供，费用由当事人承担。这也是国家主权的体现。

（五）委托中国律师代理诉讼原则

《民事诉讼法》第 263 条规定："外国人、无国籍人、外国企业和组织在人民法院起诉、应诉，需要委托律师代理诉讼的，必须委托中华人民共和国的律师。"每个国家的司法制度相互独立且各有不同，各国法律都禁止外国律师在本国出庭诉讼。但是，在涉外民事诉讼案件中，外籍当事人可以委托本国人或本国律师以非律师的身份作为诉讼代理人参加诉讼。同时，外籍当事人也可以委托外国驻华使、领馆的官员以个人名义担任诉讼代理人，但在诉讼中不享有外交特权和外交豁免权。由此可见，我国法律禁止外国人以律师身份代理涉外诉讼，对于不以律师身份而以个人名义担任诉讼代理人的情况不予禁止。

二、涉外民事诉讼的管辖

涉外民事诉讼管辖，是指一国法院受理涉外民事案件的范围。它包含两个方面内容：一是某一涉外民事案件是否应由我国法院管辖；二是由我国管辖的涉外民事案件应由哪一级、哪一区域的人民法院行使审判权。

我国在涉外民事诉讼中对管辖的确定原则是，以属地原则为主，同时结合国际通行做法和本国国情，在充分尊重当事人的意愿和维护国家主权的基础上产生的。其内容主要包括：①诉讼与法院所在地有实际的联系原则，只要该案件的诉讼与我国法院有一定的实际联系，我国法院都有管辖权；②尊重当事人的意思自治原则，当事人可以依法按照自己的意思，以书面协议的形式事先确定管辖的具体人民法院；③维护国家主权，为维护国家的主权，法律规定对于某类涉外案件我国人民法院享有绝对的管辖权。

在这些主要原则的基础上，法律明确规定了涉外案件管辖的具体适用方式，总体来说包括以下几种：

（一）一般地域管辖

根据《民事诉讼法》的规定，一般情况下民事案件由被告住所地人民法院管辖。因此，除非法律有另外的规定，不论当事人双方的国籍如何，只要被告住所地在我国，我国人民法院就对该案有管辖权。

（二）特殊地域管辖

涉外民事案件的特殊地域管辖，主要是针对在我国领域内没有住所的被告，提起因合同或其他财产权益纠纷的诉讼所作的管辖方面的特殊规定。

《民事诉讼法》第265条规定，因合同纠纷或者其他财产权益纠纷，对在中华人民共和国领域内没有住所的被告提起的诉讼，如果合同在中华人民共和国领域内签订或者履行，或者诉讼标的物在中华人民共和国领域内，或者被告在中华人民共和国领域内有可供扣押的财产，或者被告在中华人民共和国领域内设有代表机构，可以由合同签订地、合同履行地、诉讼标的物所在地、可供扣押财产所在地、侵权行为地或者代表机构住所地人民法院管辖。

（三）协议管辖

涉外民事案件的协议管辖，是指对某些案件，由当事人协商确定由某个国家的法院行使管辖权的制度。《关于适用民诉法的解释》第 531 条规定："涉外合同或者其他财产权益纠纷的当事人，可以书面协议选择被告住所地、合同履行地、合同签订地、原告住所地、标的物所在地、侵权行为地等与争议有实际联系地点的外国法院管辖。"依照我国《民事诉讼法》以及相关法律的规定，涉外合同或涉外财产权益纠纷的当事人，可以用书面协议选择与争议有实际联系的地点的法院管辖。选择中华人民共和国人民法院管辖的，不得违反《民事诉讼法》关于级别管辖和专属管辖的规定。

（四）专属管辖

涉外民事案件的专属管辖，是指对某些涉外民事案件只能由某个特定国家的法院管辖。《民事诉讼法》第 266 条规定："因在中华人民共和国履行中外合资经营企业合同、中外合作经营企业合同、中外合作勘探开发自然资源合同发生纠纷提起的诉讼，由中华人民共和国人民法院管辖。"我国法院对于这类案件享有绝对的管辖权，当事人不得以协议管辖的方式排除专属管辖，协议管辖不适用于此类案件。但是，当事人协议选择仲裁裁决的除外。

（五）应诉管辖

涉外民事诉讼案件的被告对人民法院的管辖不提出异议而应诉答辩的，视为承认人民法院有管辖权。

（六）其他管辖规定

涉外民事案件同时符合下列情形的，人民法院可以裁定驳回原告的起诉，告知其向更方便的外国法院提起诉讼：①被告提出案件应由更方便外国法院管辖的请求，或者提出管辖异议；②当事人之间不存在选择中华人民共和国法院管辖的协议；③案件不属于中华人民共和国专属管辖；④案件不涉及中华人民共和国国家、公民、法人或者其他组织的利益；⑤案件争议的主要事实不是发生在中华人民共和国境内，且案件不适用中华人民共和国法律，人民法院审理案件在认定事实和适用法律方面存在重大困难；⑥外国法院对案件享有管辖权，且审理该案件更加方便。

我国法院和外国法院都有管辖权的案件，一方当事人向外国法院起诉，而另一方当事人向中华人民共和国起诉的，人民法院可以受理。判决后，外国法院申请或者当事人请求人民法院承认和执行外国法院对本案作出的判决、裁定的，不予准许。但双方共同缔结或者参加的国际条约另有规定的除外。

外国法院判决、裁定已经被人民法院承认，当事人就同一争议向人民法院起诉的，人民法院不予受理。

三、涉外民事诉讼中的送达、期间

（一）送达方式

在涉外民事诉讼中，当事人涉外的，其送达方式，依当事人在我国领域内有无住所而有所区别。受送达人在我国领域内有住所的，应按照我国《民事诉讼法》规定的国内送达方式送达。如果受送达人在我国领域内没有住所的，应按照《民事诉讼法》第 267 条第 8 项规定的方式公告送达，主要包括以下 7 种送达方式：

1. 依照受送达人所在国与中华人民共和国缔结或者共同参加的国际条约中规定的方式送达。我国与其他国家签订了司法协助的协议和条约，应当按照协议和条约的规定履行义务，送达相关诉讼文书。

2. 通过外交途径送达。如果受送达人所在国与我国没有订立协议或条约，可以经省、自治区、直辖市高级人民法院送交我国外交机关，由我国外交部领事司送交当事人所在国驻我国的外交机构，再由其转交给该国的外交机关，然后按照该国法律规定的方式送达。

3. 对具有中华人民共和国国籍的受送达人，可以委托中华人民共和国驻受送达人所在国的使领馆代为送达。对于身在外国而在中国没有住所的中国籍当事人，不能直接送达诉讼文书，但可以通过我国驻该国使领馆代为送达。

4. 向受送达人委托的有权代其接受送达的诉讼代理人送达。当受送达人所在国与我国没有订立协议或条约时，可以向受委托接收诉讼文书的诉讼代理人送达诉讼文书。需要注意的是，该委托的诉讼代理人须有当事人授权收受诉讼文书的授权委托书。

5. 向受送达人在中华人民共和国领域内设立的代表机构或者有权接受送达的分支机构、业务代办人送达。涉外诉讼的当事人是外国企业或组织，而其在我国境内又无住所时，如果这些外国企业或组织在我国设有代表机构，法院可以向其送达诉讼文书。如未设代表机构，法院可以向有接受诉讼文书授权的分支机构或业务代办人送达。

6. 受送达人所在国的法律允许邮寄送达的，可以邮寄送达，自邮寄之日起满 3 个月，送达回证没有退回，但根据各种情况足以认定已经送达的，期间届满之日视为送达。

7. 受送达人同意采用电子方式送达并且能够确认受送达人收悉的，可以采用传真、电子邮件等方式送达诉讼文书。电子送达以传真、电子邮件等到达受送达人特定系统的日期为送达日期。

8. 公告送达。不能用上述方式送达的，才可以采用公告送达。公告送达是将需要送达的诉讼文书的内容在送达国的媒体上以登载或张贴的形式公告，自公告之日起满 3 个月，即视为送达。

（二）答辩期间、上诉期间、审理期间

涉外民事诉讼案件由于有涉外的因素，在时间和空间上相对于普通民事诉讼案件较为特别。由于涉外民事诉讼的空间跨度较大，审理难度比较高，因此，涉外民事诉讼的期间较普通民事诉讼长，而且该期间还可以申请延长，甚至法律没有规定审结的期限。

1. 答辩期间。被告在中华人民共和国领域内没有住所的，人民法院应当将起诉状副本送达被告，并通知被告在收到起诉状副本后 30 日内提出答辩状。被告申请延期的，是否准许，由人民法院决定。

2. 上诉期间。在中华人民共和国领域内没有住所的当事人，不服第一审人民法院判决、裁定的，有权在判决书、裁定书送达之日起 30 日内提起上诉。被上诉人在收到上诉状副本后，应当在 30 日内提出答辩状。当事人不能在法定期间提起上诉或者提出答辩状，申请延期的，是否准许，由人民法院决定。

当事人双方分别居住在我国领域内和领域外，对第一审人民法院判决裁定的上诉期，居住在我国领域内的，不服一审判决的上诉期为 15 天，不服一审裁定的上诉期为 10 天。居住在我国领域外的上诉期为 30 天，双方的上诉期均已届满没有上诉的，第一审人民法院的判决、裁定即发生法律效力。

3. 审理期间。人民法院审理涉外民事案件的期间，不受法律规定的普通程序一审、普通程序二审规定的审限的限制，审理期间可以视具体案件的情况而定。人民法院对涉外民事案件的当事人申请再审进行审查的期间，也不受法律对非涉外案件规定的限制。

四、涉外民事诉讼中的保全

（一）保全的申请和监督

在涉外案件中，当事人也可以向人民法院申请诉前保全和诉中保全。申请的具体要求与普通民事案件的保全基本一致，详细参见单元五"诉讼保障制度"中关于保全的申请的内容。涉外民事案件的保全与非涉外案件保全的申请相比，主要有两点不同：

1. 涉外民事案件的保全只能依申请而启动，人民法院不得依职权主动启动保全程序。

2. 涉外民事案件的保全申请人范围比普通民事案件的保全申请人的范围更广，除当事人、利害关系人可以成为申请人之外，仲裁案件的当事人也可以成为申请人。

人民法院决定保全的财产需要监督的，应当通知有关单位负责监督，费用由被申请人承担。

（二）保全的解除和错误赔偿

保全的解除在以下两种情况下出现：

1. 申请人在人民法院裁定准许诉讼保全的情况下，没有在法定的时间内起诉的，人民法院应当解除保全。

2. 人民法院裁定准许保全后，被申请人提供担保的，人民法院应当解除保全。

在出现以上需要解除保全的情况时，人民法院应当作出命令解除保全，该命令由人民法院的执行员执行。

如果出现错误申请保全的情况，申请人应当依法赔偿被申请人因保全所遭受的损失。

五、涉外仲裁的相关规定

涉外仲裁，是指中国涉外仲裁机构根据双方当事人在合同中订立的仲裁条款或者事后签订的仲裁协议，依法对涉外经济贸易、运输和海事中发生的纠纷在事实上作出判断，在权利义务上作出裁决的法律制度。

《民事诉讼法》第 271 条规定："涉外经济贸易、运输和海事中发生的纠纷，当事人在合同中订有仲裁条款或者事后达成书面仲裁协议，提交中华人民共和国涉外仲裁机构或者其他仲裁机构仲裁的，当事人不得向人民法院起诉。当事人在合同中没有订有仲裁条款或者事后没有达成书面仲裁协议的，可以向人民法院起诉。"第 273 条也规定，"经中华人民共和国涉外仲裁机构裁决的，当事人不得向人民法院起诉。"可见，在仲裁与诉讼的关系上，我国实行或裁或审制度。

（一）涉外仲裁保全申请

涉外仲裁案件涉及保全时，应当按照我国《民事诉讼法》第 272 条和《仲裁法》的有关规定处理：当事人申请采取保全的，中华人民共和国的涉外仲裁机构应当将当事人的申请，提交被申请人住所地或者财产所在地的中级人民法院裁定。当事人申请证据保全的，涉外仲裁机构应当将当事人的申请提交证据所在地的中级人民法院。

人民法院可以裁定是否进行保全，裁定保全的，应当责令申请人提供担保，申请人不提供的，裁定驳回申请。当事人申请证据保全，人民法院经审查认为无需提供担保的，申请人可以不提供担保。

（二）涉外仲裁裁决的执行申请

涉外仲裁案件经我国涉外仲裁机构裁决后，一方当事人不履行仲裁裁决，对方当事人可以向被申请人住所地或者财产所在地的中级人民法院申请执行。申请人须提交书面申请书，并附裁决书正本。如申请人为外国一方当事人，其申请书应为中文。

根据《民事诉讼法》第 274 条的规定，对中华人民共和国涉外仲裁机构作出的裁决，被申请人提出证据证明仲裁裁决有下列情形之一的，经人民法院组成合议庭审查核实，裁定不予执行：①当事人在合同中没有订有仲裁条款或者事后没有达成书面仲裁协议的；②被申请人没有得到指定仲裁员或者进行仲裁程序的通知，或者由于其他不属于被申请人负责的原因未能陈述意见的；③仲裁庭的组成或者仲裁的程序与仲裁规则不符的；④裁决的事项不属于仲裁协议的范围或者仲裁机构无权仲裁的。人民法院认定执行该裁决违背社会公共利益的，裁定不予执行。涉外仲裁裁决被人民法院裁定不予执行的，当事人可以根据双方达成的书面仲裁协议重新申请仲裁，也可以向人民法院起诉。

《关于适用民诉法的解释》541 条规定，人民法院强制执行涉外仲裁机构的仲裁裁决时，被执行人以有民事诉讼法第 274 条第 1 款规定的情形为由提出抗辩的，人民法院应当对被执行人的抗辩进行审查，并根据审查结果裁定执行或者不予执行。

六、司法协助

司法协助是指不同国家的法院，因国家间订立协议、条约，或者同时参加某个国际组织，或者两国存在互惠关系时，在司法上互为对方司法活动提供协助的行为。具体来说，主要包括代为送达文书、调查取证和相互承认并执行彼此生效法律裁判的司法活动。在学理上，我们将代为送达文书、代为调查取证或提供相关法律资料等法律行为称为一般司法协助。将承认并执行生效法律裁判文书的法律行为称为特殊司法协助。

（一）一般司法协助

一般司法协助是指国内法院和外国法院之间因相互请求，彼此提供代为送达文书、调查取证或提供相关法律资料的活动。跨国法院之间相互提供这样的司法协助，能够为涉外民事诉讼的顺利进行提供便利。

我国《民事诉讼法》第 277 条规定，请求和提供司法协助，应当依照中华人民共和国缔结或者参加的国际条约所规定的途径进行。没有条约关系的，通过外交途径进行。外国驻中华人民共和国的使领馆可以向该国公民送达文书和调查取证，但不得违反中华人民共和国的法律，并不得采取强制措施。除此之外，未经中华人民共和国主管机关准许，任何外国机关或者个人不得在中华人民共和国领域内送达文书、调查取证。

外国法院请求协助的事项有损于中华人民共和国的主权、安全或者社会公共利益的，人民法院不予执行。

（二）特殊司法协助

特殊司法协助是指在国内法院和外国法院之间，互相承认并执行生效法律裁判文书的司法活动。特殊司法协助不限于法院的裁判，其范围也包括仲裁机构作出具有法律效力的仲裁裁决。

特殊司法协助建立在两国订立的协议、国际条约或互惠原则基础上，是一种司法裁判法律效果上的互认。在我国，特殊司法协助具体分为两个方面：一方面是我国人民法院的裁判在外国的承认和执行；另一方面是我国人民法院对外国裁判的承认和执行。

1. 我国人民法院的裁判在外国的承认和执行。《民事诉讼法》第280条规定，人民法院作出的发生法律效力的判决、裁定，如果被执行人或者其财产不在中华人民共和国领域内，当事人请求执行的，可以由当事人直接向有管辖权的外国法院申请承认和执行，也可以由人民法院依照中华人民共和国缔结或者参加的国际条约的规定，或者按照互惠原则，请求外国法院承认和执行。中华人民共和国涉外仲裁机构作出的发生法律效力的仲裁裁决，当事人请求执行的，如果被执行人或者其财产不在中华人民共和国领域内，应当由当事人直接向有管辖权的外国法院申请承认和执行。

2. 我国人民法院对外国裁判的承认和执行。《民事诉讼法》第281条规定，外国法院作出的发生法律效力的判决、裁定，需要中华人民共和国人民法院承认和执行的，可以由当事人直接向中华人民共和国有管辖权的中级人民法院申请承认和执行，也可以由外国法院依照该国与中华人民共和国缔结或者参加的国际条约的规定，或者按照互惠原则，请求人民法院承认和执行。

《民事诉讼法》第282条规定，人民法院对申请或者请求承认和执行的外国法院作出的发生法律效力的判决、裁定，依照中华人民共和国缔结或者参加的国际条约，或者按照互惠原则进行审查后，认为不违反中华人民共和国法律的基本原则或者国家主权、安全、社会公共利益的，裁定承认其效力，需要执行的，发出执行令，依照本法的有关规定执行。违反中华人民共和国法律的基本原则或者国家主权、安全、社会公共利益的，不予承认和执行。

3. 对国外仲裁机构裁决的承认与执行

根据《民事诉讼法》第283条的规定，国外仲裁机构的裁决需要中华人民共和国人民法院承认和执行的，应当由当事人直接向被执行人住所地或者其财产所在地的中级人民法院申请，人民法院应当依照中华人民共和国缔结或者参加的国际条约，或者按照互惠原则办理。

相关法律规范

1. 《中华人民共和国民事诉讼法》第33、259～283条；

2. 《中华人民共和国仲裁法》第6～73条；

3. 《最高人民法院关于适用〈中华人民共和国民事诉讼法〉的解释》第522～550条；

4. 《最高人民法院、外交部、司法部关于执行〈关于向国外送达民事或商事司法文书和司法外文书公约〉有关程序的通知》；

5. 《最高人民法院、外交部、司法部关于我国法院和外国法院通过外交途径相互委托送达法律文书若干问题的通知》。

学习情境十五　外国法院裁判在我国的承认和执行

【情境案例】

陈甲系美籍华人,在美国某州经营一旅馆。其中国籍侄女陈乙在其帮助下于2011年到美国某大学留学。陈乙留学期间与陈甲感情甚笃,情同父女。2014年6月,陈乙去往法国实习时接到通知称陈甲因心脏病突发死亡,留下500万美金的财产和中国的一处房产。陈甲父母早亡,生前一直单身,并且没有任何子女,依照美国某州的法律,陈乙是其唯一的合法遗产继承人。陈乐2014年7月向该州某法院提起诉讼,要求继承陈甲的遗产。该法院8月判决陈乙继承其叔叔的所有遗产。现陈乙回国,欲向人民法院申请确认该判决有效并执行。

【训练目的及要求】

通过训练,使学生熟悉外国法院的裁判如何在我国承认和执行。

【训练方法】

参训学生4~6名为一组,分角色扮演。由1名学生分别模拟申请人陈某,2~3名学生模拟人民法院的法官。

【工作任务】

任务一:根据案件基本情况,向我国有管辖权的人民法院提出申请。

步骤1:根据案件基本情况,核实是否需要承认和执行。

步骤2:如需要,向人民法院提交申请。

【文书样式】

申 请 书

申请人:……(写明申请人姓名或者名称及其基本情况。)

请求事项:

事实与理由:

此致

_____人民法院

申请人:_____

_____年_____月_____日

任务二:人民法院进行审查,并作出处理。

步骤1:人民法院依照国际条约和互惠原则进行审查,审查该外国判决是否违反我国法律基本原则或损坏我国主权、安全、社会公共利益。

步骤2:对该申请进行形式审查,不审查事实认定和法律适用问题。

步骤3:如承认且需要执行,人民法院制作并签发执行令。

【文书样式】

中华人民共和国

_____中级人民法院

执 行 令

（_____）_____执字第____号

申请人_____向本院申请承认和执行_____国_____法院对_____

____一案于_____年_____月____日作出的第____号判决。本院已于_____年_____

月____日作出（_____）_____执字第____号裁定，承认该判决的法律效力。对于

该判决内容的执行事项，本院依照《中华人民共和国民事诉讼法》第282条的规定，

发出如下执行令：

（写明：①制作文书的法院名称、文书名称、文书编号、当事人的基本情况；②案

件来源；③发生执行令的理由和依据；④执行的具体内容。）

院长：

（院印）

_____年_____月____日

思考题

1. 简述特别程序的概念和特征。

2. 简述选民资格案件的审理程序。

3. 简述宣告失踪、宣告死亡案件的审理程序。

4. 简述申请认定自然人无民事行为能力或限制民事行为能力案件的审理程序。

5. 简述认定财产无主案件的审理程序。

6. 什么是督促程序？申请支付令需具备哪些条件？

7. 支付令异议的成立需具备哪些条件？

8. 申请公示催告需具备哪些条件？简述公示催告的审理程序。

9. 如何认定案件的涉外因素？

10. 涉外民事诉讼应遵循哪些原则？

11. 我国涉外民事诉讼的管辖是怎样规定的？这样的规定对我国的涉外民事诉讼有什么影响？

12. 简述涉外民事诉讼的送达方式。

13. 什么是一般司法协助？一般司法协助的途径有哪些？

14. 什么是特殊司法协助？我国人民法院如何承认和执行外国法院的裁判？

参考文献

1. 江伟主编：《民事诉讼法学原理》，中国人民大学出版社 1999 年版。

2. 江伟主编：《民事诉讼法专论》，中国人民大学出版社 2005 年版。

3. 江伟主编：《民事诉讼法学》，北京大学出版社 2012 年版。

4. 张卫平：《民事诉讼法学》，法律出版社 2013 年版。

5. 田平安主编：《民事诉讼法原理》，厦门大学出版社 2012 年版。

6. 田平安主编：《民事诉讼法》，中国人民大学出版社 2013 年版。

7. 常怡主编：《民事诉讼法学》，中国政法大学出版社 2013 年版。

8. 谭兵、李浩主编：《民事诉讼法学》，法律出版社 2013 年版。

9. 王福华：《民事诉讼法学》，清华大学出版社 2012 年版。

10. 翟雪梅主编：《民事诉讼律师基础实务》，中国人民大学出版社 2014 年版。

11. 王亚新：《民事诉讼与法律服务》，法律出版社 2015 年版。